GOLDMANN

Buch

Wer war Klint? In Triest, »wo die meiste Arbeit vergeben wird an Pfleger und Ärzte für die an Leib oder Seele Kranken und wo die Arbeitslosigkeit nur die Totengräber verschont«, starb er als Unbekannter. Als der Erzähler, angereist, um eine Reportage über die Stadt zu schreiben, von dem sonderbaren Deutschen erfährt, macht er sich auf die Suche. Er findet dessen letzte Heimstatt, eine Karsthöhle, und dort, eingewickelt in Zeitungspapier, ein Bündel Manuskripte.

Aufgeschlagen vor dem Leser werden Stationen der Verwirrung eines Menschen, der an seiner Leidenschaft für das kreative Leben zugrunde geht, eines Journalisten, der verstummt, weil die Sprache zu trivialem Müll verkommt, der sich besänftigend über jede Katastrophe legt. Unentrinnbar verstricken sich in Klints Kopf Wirklichkeit und sehnsüchtige Phantasien, bis ihm Hieronymus Boschs »Garten der Lüste« zum ökologischen Menetekel wird und der Ritt auf einem Kentauren durch das griechische Arkadien zu einem apokalyptischen Galopp entlang den Abgründen einer Welt, die sich selbst zum Tod verurteilt hat.

Autor

Horst Stern, 1922 geboren, brachte als einer der ersten Journalisten mit seinen Fernsehfilmen über gestörte Mensch-Tier-Beziehungen und den Ausverkauf der Natur die ökologische Diskussion in Deutschland in Gang. Nach seinen aufsehenerregenden Veröffentlichungen – besonders zu nennen ist hier das Buch »Rettet den Wald« – überraschte er seine Leser 1986 mit der Publikation seines ersten literarischen Werks, des Romans »Mann aus Apulien. Die privaten Papiere des italienischen Staufers Friedrich II.«. Ihm folgte 1989 die »Jagdnovelle«, 1993 »Klint«. Horst Stern lebt heute in Irland.

HORST STERN
KLINT

ROMAN

GOLDMANN VERLAG

Ungekürzte Ausgabe

Umwelthinweis:
Alle bedruckten Materialien dieses Taschenbuches
sind chlorfrei und umweltschonend.

Der Goldmann Verlag
ist ein Unternehmen der Verlagsgruppe Bertelsmann

Umschlagentwurf: Design Team München
Druck: Elsnerdruck, Berlin
Verlagsnummer: 42809
MV · Herstellung: Heidrun Nawrot
Made in Germany
ISBN 3-442-42809-2

1 3 5 7 9 10 8 6 4 2

Stationen einer Verwirrung

Im November 1986, dem Jahr, das man später das Tschernobyljahr nennen sollte, fuhr ich nach Triest. Nach zehnstündiger, ermüdender Bahnfahrt durch Oberbayern, das Salzburger Land, Kärnten und Friaul kam ich um zehn Uhr abends an. Die Langsamkeit des Zuges, sein Stocken in den Bahnhöfen kleiner Städte, sein lähmendes Verweilen an kleinlichen Staatsgrenzen – das alles hatte in mir das Gefühl aufkommen lassen, daß das ganze Leben um mich herum zu stocken begann, daß der Blutfluß alles Lebendigen thrombotisch wurde, verklumpt vom Müll gescheiterter hybrider Gedanken und träge geworden durch die Ermüdung der Gewissen. Ich folgte den wenigen mit mir Angekommenen aus dem Bahnhof. Es regnete, und die Bora probierte mit böigen Stößen die Kraft ihrer Lungen für ihre bevorstehenden Winterattacken auf die Stadt an der Adria, eine Stadt, der man schon den Namen *Nekropolis* gegeben hat: Triest, wo das weiße Haar der Greisinnen im Caffè degli Specchi an der Piazza Unità den Blauschimmer der Autoabgase trägt. Triest, wo dreimal soviel gestorben wie geboren wird, so daß man dem Andrang der Toten auf dem Friedhof Santa Anna nur noch mit der Reihenbettung nach Sterbejahren beikommt. Triest, wo die meiste Arbeit vergeben wird an Pfleger und Ärzte für die an Leib oder Seele Kranken und wo die Arbeitslosigkeit nur die Totengräber verschont. Triest, wo die Winterbora um die Häuser heult und sie mit Türen und Fensterläden klappern läßt wie Totengebein. Die Stadt, in deren Straßenschluchten das Gold der im Meer versinkenden Sonne für die Armen ist und das Gold der Rentenberge in den

Banken und Versicherungen für die Reichen. Triest, die schöne Verkalkte, die sich in ihren habsburgisch-nostalgischen Festen dem Karst hinter sich zuwendet, während sie dem Hafen und seinen Versprechungen von Zukunft den Rücken kehrt und die marmornen Quais vor dem Blau des adriatischen Meeres zu Parkplätzen macht. Triest, das den nekrophysikalischen Forschungen Paläste baut und den Studenten und Professoren die aufgelassenen Irrenhäuser von San Giovanni als Orte des Nachdenkens über die Welt von morgen zuweist. Triest, in dessen Kongreßhaus auf der Hafenmole die Warnungen der Wissenden in den Wind gesprochen sind und die Worte der Nichtwisser zu Taten werden: Betonpisten um die weißen, mit Hibiskus und Oleander, Steineichen und wilden Oliven geschmückten Karstschultern der Stadt und Tunnelbauten, die wie Wunden sind in ihrem schönen, ans Meer hingelagerten Leib.

Über diese Stadt wollte ich schreiben.

Ich hatte im *Jolly* reserviert, obwohl ich mir einen unpassenderen Namen für ein Hotel in dieser Stadt kaum vorstellen konnte. Es war nicht mein erster Aufenthalt hier. Ich war durch die Romane Italo Svevos auf sie aufmerksam geworden, eines Triestiners, den einzig der Ire James Joyce gefördert hatte, der hier eine Zeitlang als Lehrer für Englisch lebte und an seinem *Ulysses* arbeitete. Die italienische literarische Kritik nahm kaum Notiz von Svevo, zu neu war, was er schrieb. Durch seine Figuren des frühen zwanzigsten Jahrhunderts geht ein heilloser Riß; hinter den bürgerlichen Fassaden aus Anstand und Konvention versuchen sie sich insgeheim an einem Triebleben, in dem schon das Wetterleuchten der heraufkommenden Psychoanalyse ist und die Zersplitterung moderner Seelen unter den Bedrohungen des Menschen und der Natur.

War ich in Triest, wurde ich von zwei Orten angezogen und konnte ihrem Besuch nicht widerstehen: Santa Anna zuerst, ein Totenacker von stadtgleicher Ausdehnung und mit Quartieren für die gängigsten Religionen; es herrscht auf diesem Friedhof eine Geschäftigkeit der Totengräber und der Blumenverkäufer, der Trauernden und der bloß Flanierenden, der zahllosen streunenden Katzen auch, daß einem hier der Tod vollends vorkommen will wie ein Hauptdarsteller Triestiner Lebens.

Und dann San Giovanni.

Seit den siebziger Jahren ist dieses Spital ein Wallfahrtsort für die Jünger der Antipsychiatrie, einer Bewegung, die das Irrenhaus für die eigentliche Krankheit seiner Insassen hält und ihre Betreiber, die Ärzte, für die intellektuellen Handlanger der konservativ Mächtigen, auf deren Geheiß sie Freiheitsberaubung an Menschen verüben, die schuldlos aus der Norm des Bürgerlichen herausgefallen waren. 1973 revoltierten junge Ärzte, Pfleger und Patienten gegen diese Mesalliance aus pervertierter Medizin und politischer Macht. Sie öffneten die Tore und schwärmten singend und tanzend in eine entsetzte Stadt aus. An die Gebäude von San Giovanni schrieben sie mit dicken Lettern: «La Libertà è la Therapia».

Ich ging gern im großen Park von San Giovanni spazieren. Mit großem Vergnügen betrachtete ich die Wände der vielen, nun leerstehenden Häuser, auf die die Kranken von damals im Verein mit kunstgewandten Therapeuten grellfarbige, kühn konzipierte Symbole der Freiheit gemalt hatten, Bilder des Ausstiegs aus einem Leben voll ärztlicher Gewalt: auffliegende Vögel, startende Hubschrauber, Leitern, über die sie zu den Fenstern hinaus himmelwärts kletterten – alles so, als sei die Erde mit ihren Schrecken kein lebenswerter Ort mehr. Traf ich einen hier Verbliebenen, grüßte ich freundlich und blieb nur selten ohne Gegengruß. Manchmal versuchte ich ein Gespräch und erfuhr Wissenswertes, das einer Nachprüfung standhielt. Daß, zum Beispiel, die Triestiner Universität die aufgelassenen Irrenhäuser hier für Lehrzwecke benutzen würde, hörte ich von einem, der sich als *Cato* vorstellte, mit den korrekten Vornamen des römischen Rhetors. Dabei faßte er sein schäbiges Jackett auf eine Weise bei den Revers, als raffte er über der Brust eine Toga zusammen. Während er sprach, wetterleuchtete eine Art grimmiger Lust auf seinem von innen heraus zerstörten, sehr beweglichen Gesicht, so als hielte er es für einen Akt höherer Gerechtigkeit, daß die Adepten des wissenschaftlichen Fortschritts sich alsbald Auge in Auge mit jenen befinden würden, denen sie die Welt immer unbegreiflicher, fremder, angstvoller machten. Als er ging, drehte er sich noch einmal um und hob, meine Aufmerksamkeit fordernd, einen Zeigefinger. «Ceterum censeo», sagte er würdevoll, ganz der alte Rhetor, «Carthaginem esse delendam.» Dabei wies er mit einer schwungvollen Rundumbewegung der Hand auf die alten Irrenhäuser um uns herum. Ich ließ mich mit einem zustimmenden Nicken auf ihn ein, und es schien ihn zu freuen. Gemessenen Schritts ging er davon.

Längst schon empfinde ich den Schauder nicht mehr, der an einem Ort wie diesem den Gesunden bei der Begegnung mit einem Kranken leicht befällt. So setzte ich mich im oberen Teil des Parks auch gern unter diese Menschen, in einer Cafeteria, die sie selber betrieben. Aus den Fenstern kann man auf eine kleine Piazza schauen, einen von Arkadengängen gesäumten Platz, der ein beliebter Treffpunkt von Patienten ist, die es vorziehen, in San Giovanni als freie Menschen zu bleiben und das Angebot der neuen Psychiatrie, hier Bett und Essen zu bekommen, annehmen, statt als Ungeliebte zu ihren Familien zurückzukehren. Eine der Arkadenwände ist mit einem großen Segelboot bemalt, es hat den Märchennamen *Califfo* am Bug und trägt mehrere nach Haartracht und Hautfarbe deutlich unangepaßte Menschen unter einem tiefblauen Himmel mit dem Wind fort. Es ist ein hintergründiges Bild, das sich erst dem erschließt, der die unmittelbare Umgebung in seine Betrachtung einbezieht. Unter der Wasserlinie des Bootes ist die Wand, auf die es gemalt ist, vorgezogen, so daß ein Behältnis entstand für zwei Mülltonnen hinter eisernen Türen. Man kann sich des Eindrucks nicht erwehren, daß das Boot dem Abfall der Gesellschaft, ja ihr selbst davonsegelt, ist doch auf die Eisentüren vor den Mülltonnen mit dickem Pinsel groß das Wort INFERNO gemalt.

Das Behältnis ist oben mit einer Abdeckung in der Breite der Mülltonnen versehen. Dadurch entsteht eine Liegefläche, auf die ich am Tag meines diesmaligen Besuches einen Mann hinaufsteigen und sich auf ihr ausstrecken sah. Er trug seine Verstörung deutlich im Gesicht, schien aber nichts dagegen zu haben, daß einige Psychotouristen, die in San Giovanni stets anzutreffen sind, der Versuchung nicht widerstehen konnten, ihn zu fotografieren, war die Szene für den einschlägig Interessierten doch symbolträchtig wie ein Bild aus einem Fellini-Film: Hingestreckt zwischen Himmel und höllischem Inferno ein an der Gesellschaft der Angepaßten gescheiterter, auf ihrem Müll gestrandeter Mensch.

Als ich mit einem Pfleger, der an einem Nachbartisch sein *Cornetto* in den Kakao tunkte, über den Mann auf dem Müll eine Unterhaltung anfing, erfuhr ich, daß dieser nicht der Entdecker der Liegestatt dort drüben sei, daß er vielmehr auf ihr eine Haltung nachahmte, wie sie hier kürzlich von einem Mann eingenommen worden war, den keiner gekannt hatte, der auch nur zwei, drei Tage lang hier gesehen worden war und dann auf eine merkwürdige Weise in einer abgelegenen Karsthöhle nördlich von Triest ums Leben kam, ob durch Selbstmord oder Unfall, das wisse man nicht. Er soll von Beruf Journalist gewesen sein, aus München stammend.

So erfuhr ich von Klint.

Ich zog bei Zeitungen und Polizei Erkundigungen ein. Das Interesse an diesem Mann war nicht groß, ein Geisteskranker offenbar, wie so viele in Triest, denn wer sonst würde im beginnenden Winter in eine offene Karsthöhle hinabsteigen, um in ihr zu übernachten. So sei er halt erfroren. Immer folgte der Auskunft ein Achselzucken.

Ich fuhr zu der Höhle, die man mir auf meiner Karte bezeichnet hatte. Sie lag unter einer umzäunten Baustelle der Universität Triest, die hier irgendwelche seismografischen Geräte zu installieren im Begriff war. Über der Höhle befand sich eine muldenartige Doline aus brüchigem Kalkgestein, wie sie im Karst häufig ist. Als sie eingestürzt war, hatte sie den Weg in die Tiefe einer Tropfsteinhöhle freigegeben. Vom Abbruchrand führte eine Eisenleiter nach unten, neben ihr verliefen die Seile eines Materialaufzugs. Die Höhle lag verlassen, nirgendwo sah man Arbeiter. Ich stieg über die Leiter in die Tiefe. Auf dem Höhlenboden erschwerte Bauschutt das Gehen. Papierabfälle und leere Flaschen lagen herum. Was hatte ein deutscher Journalist an diesem entlegenen Ort zu suchen gehabt?

Während ich so umherging und mit einem Fuß absichtslos an dieses oder jenes stieß, wie einer, der etwas sucht, doch nicht recht weiß, was eigentlich, stolperte ich über einen Packen Papier, der in Zeitungen eingewickelt und mit Bindfaden verschnürt war. Er lag inmitten kleinerer Felsbrocken in der Nähe eines noch rohen, erst teilweise mit wissenschaftlichem Gerät bestückten Betonfundaments, über dem von der hohen Decke an einem Stahlseil ein Pendel hing. Ich hockte mich hin und schnürte das Paket auf. Zum Vorschein kamen maschinengeschriebene Texte in deutscher Sprache. Sie waren mit Korrekturzeichen versehen, wie sie nur Berufsschreiber benutzen. Zwischen den Seiten lagen kleinformatige handschriftliche Notizen und szenische Entwürfe von einer solchen Phantastik, daß es mir schwerfiel, mit dem Lesen aufzuhören. Ich blickte zum Deckenloch hinauf, um zu sehen, ob mich jemand beobachtete. Da war keiner. Wozu die Papiere den Behörden ausliefern? Nicht nur, daß ihre Untersuchung der Höhle höchst oberflächlich ausgefallen sein mußte, denn sie hatten übersehen, was ich fand, oder es für bedeutungslos gehalten, Obdachlosengepäck, Warmhaltepapier. Also würden sie sich von meinem Fund womöglich bis zu einem Grad belästigt fühlen, wo sie ihn ungelesen in einem Aktenschrank verschwinden ließen.

Im Hotel las ich weiter. So fasziniert war ich, daß ich meine geplante Arbeit über Triest aufgab, anderntags nach Deutschland zurückfuhr und mit Recherchen an Orten begann, die in den Klintschen Manuskripten genau beschrieben waren. Ich befragte Kollegen, die ihn gekannt hatten. Ich reiste nach Madrid und Rom, an die Schauplätze seiner phantastischen Geschichte, und suchte dort nach den Personen, die er beschrieben hatte. Einige fand ich, einen Priester darunter und eine Astronomin, Ärzte, Polizisten, Gefängniswärter und einen Richter. Andere fand ich trotz großer Anstrengung nicht. Ich mußte sie schließich, wie die römischen Untersuchungsbehörden auch, für die Produkte von Halluzinationen halten, zu denen Klint dennoch in Beziehungen gelebt hatte, als wären sie Menschen aus Fleisch und Blut gewesen.

Ich brauchte ein ganzes Jahr. Danach kannte ich diesen Klint wie einen Bruder und kann es nun wagen, seine Texte nicht einfach nur zu veröffentlichen, sondern sie mit Übergängen zu versehen, die, wie unsicher und schwankend auch immer, über Abgründe hinweggeleiten, die sich vor dem Leser unversehens auftun.

Klint war Journalist gewesen, einer von der unspezifischen, dafür in Leinen gebundenen Sorte, die man Publizist nennt. Kollegen hatten ihn sagen hören, nicht er hätte sich diesen Beruf gewählt, sondern dieser ihn. Er war in jungen Jahren durch ein ungewöhnliches Schreibtalent aufgefallen, als er in München Biologie studierte. Wenn man ihn damals fragte, warum gerade Biologie, pflegte er achselzuckend zu sagen: «Es war nichts anderes frei.» Eine Leidenschaft für das kreatürliche Leben, an der er einmal zugrunde gehen sollte, hatte am frühen Klint niemand bemerkt. In studentischen Blättern schrieb er Glossen und Satiren auf Uni-Klatsch und war damit in der Lokalpresse zitierfähig geworden, und eines Tages fand er sich als festangestellter Schreiber in einer Zeitungsredaktion wieder. Das Studium gab er auf, dagegen nicht, wie seine frühen Arbeiten ausweisen, die Ernsthaftigkeit im Umgang mit geistigen Materialien. Der Autodidakt wurde, über die Jahre, Autor, und schließlich Autist. Man sagte mir, daß er stets Schwierigkeiten damit gehabt hätte, offen auf andere Menschen, besonders auf Fremde, zuzugehen. Im Umgang mit Informanten scheute er jede Vertrautheit, die den Boden von Interview und Informationsgespräch verließ. Er ging selten Beziehungen ein, die durch anderes am Leben erhalten werden mußten als das Wechselspiel von Fragen und Antworten und den Austausch der Argumente. Schon das Anknüpfen solcher Kontakte fiel ihm schwer, und es kam vor, daß er auf ein Thema verzichtete, wenn eine erste Recherche erkennen ließ, daß es ohne intensive Einfühlung in die Motive fremder Menschen nicht machbar sein würde.

Mit zunehmenden Jahren schien sich seine von ihm zwar diskret, aber doch unübersehbar für andere zur Schau getragene Distanziertheit noch verstärkt zu haben, und bald trug er sie als einen von Gefühlen entleerten, Kälte abstrahlenden Raum um sich herum, so wie eine undressierte Raubkatze ihre Flucht- und Angriffsdistanzen stets mit sich trägt: Überschreitet man die äußere Grenze eines solchen Individualraumes, so weicht das Tier aus, verletzt man die innere, attackiert es im Zorn.

In dieser Entfremdung von den Menschen ist gewiß der Grund zu suchen für Klints späteren Rückzug in die Essayistik, wo die kühle Reflexion des mit feinsten Antennen Aufgenommenen herrscht, wo der Gedanke zählt und das abgewogene Wort. Ich fand eine diesbezügliche Randglosse in einem seiner Texte: «Zum Greuel geworden ist mir die einem Interviewpartner abgewonnene direkte, meist banale Rede und die Vulgarität gedankenarmer, vor *action* keuchender Sätze, die sich meist auch noch an einer Interpunktion verschlucken, wie sie von manchen Redakteuren in sie hineingeworfen wird wie Fleischbrocken in einen hechelnden Hund.» Darum wohl begann er gegen Ende seines Lebens, sich in zwei «Schreibsträngen», wie er das nannte, zu äußern: einem an Fakten orientierten und von Recherchen getragenen, das war sein Brotberuf, er mußte leben, und einem zweiten, spekulativen. Darin brauchte er keine Rücksicht zu nehmen auf kollegiale Ermahnungen, einfacher zu schreiben und «Sprachanhäufungen» zu vermeiden – ein Wort, das ich in seiner Korrespondenz mit einer Redaktion fand. Er ließ in diesem Strang II seine Gedanken fliegen, ließ Wörter miteinander kopulieren, die dann absonderliche Kinder hervorbrachten, und baute statisch bedenkliche Sätze. Das las sich dann, etwa in einem Text über die globale Verschmutzung der Erde, so:

Komme ich an, wo ich noch niemals war, sehe ich, daß ich alles schon kenne. Es sind selbst die Orte mit den magischen Namen schon mit einem Schmutzfilm überzogen, der kein in Würde gealterter Firnis ist. Es faulen diese Orte von außen und haben ihre Fäulnis vom fauligen Denken, sind sie doch Gedankenorte, und keiner ist von der Fäulnis ausgenommen –

– Nicht die capricornischen Joseph-Conrad-Orte mit den großen, sich träge drehenden Ventilatoren über den Kneipentresen. Wo früher von der Malaria vergilbte, vom Tod abgemahnte, gleichwohl in rohseidenen Anzügen einhergehende Weiße den schlitzäugigen Barfrauen am hibiskusroten Abend in die Kleidausschnitte fielen (und am safrangelben Morgen in die Schmuddelbetten), da sitzen heute die Jogging-Shoe-Kids mit den Billigtickets von Hongkong Air und den Wegwerfkameras von Kodak und halten ihre halbsteife Lust auf curryfarbenes Fleisch mit Aidsängsten nieder

– Nicht die einst blauen Buchten mit den grün wogenden Schatten des Wasserfarns auf rosaquarzenem Grund. Es beißen in ihn nun die rostigen Anker der Tankschiffe. Der schlierige Abschaum aus ihren Bäuchen ist Letzte Ölung für ein Wasser, das schon sein Leichenhemd trägt, eines, das bestickt ist mit braunblasigem Teerschaum und zersplitterten Paletten, mit leeren Whiskyflaschen und zerfleddertem Tabak, mit Waschmitteltrommeln und Mennigeimern, mit kopflastig schwimmenden Kondomen und fett eingeschwärzten toten Möwen

– Nicht die im atlantischen Meer versunkene Insel Platons.

Auf ihre algenbärtigen Häuser und Türme mit den im Golfstrom lautlos schwingenden Glocken aus Fischblasenhaut, darin die Seelen der Ertrunkenen wohnen, sinkt nun aus den Kloaken schwarzer Schiffe ein Säureschleier nieder. Er ist verwoben mit immer wiederkehrenden, ihn in die Tiefe ziehenden feststofflichen Mustern, an denen die Heringe zerren, mit denen die Dorsche spielen, an die der Kabeljau prüfend die Kiemen legt. Muster aus dem strahlenden Müll der Pharmazien

– Nicht der mit Odinshühnchen gesprenkelte eisblaue Nordmannshimmel. Seine einst reinweißen Wolken haben jetzt schwefelgelbe Ränder, so daß der Schnee, der aus ihnen zur Erde fällt, die schimmernden Gesichter der Gletscher verätzt ...

Was die Kritiker solcher Texte anging, so sagte er von ihnen in einem Brief an Paul B., den, soweit ich feststellen konnte, einzigen Redakteur, zu dem Klint bis zum Schluß eine freundschaftliche Beziehung unterhielt (und der zu einer meiner wichtigsten Informationsquellen wurde): Es seien dies Kollegen, die mutlos wurden im langen Sklavendienst an Lesern und Verlegern, bucklig geschliffen vom Strom trivialer Texte, der über sie hingeht und dem sie kein säuberndes Wehr mehr sind in einer Zeit jedweden Mülls, materiellen wie geistigen, und dessen rasch wachsende Halden vielen noch immer als die wahren Pegel von Fleiß und Wohlstand gelten. Das sei so, als nähme einer die sich mehrenden syphilitischen Schwären an seinem Leib für den Ausweis eines erfüllten Trieblebens und nicht als das, was sie in Wirklichkeit sind: Anzeichen heraufziehender Wüstungen in Körper und Seele.

Gedanken an seine Entnormung, an die Möglichkeit, es könnte sein Gemüt sich verdüstern, hatte Klint, wie seine Texte noch zeigen werden, in den zurückliegenden Jahren immer wieder einmal gehabt. Es war ihm aufgefallen, daß er vermehrt zu spontanen Handlungen neigte, für die es eine rationale Erklärung nicht gab. Er suchte auch gar nicht danach. Das Irrationale war ihm langsam vertraut geworden. Es verlor sich in ihm das anfängliche Gefühl, Unsinn zu reden, wenn er mit einem kranken Baum in Wendungen des Mitgefühls sprach oder wenn er, etwa bei einem Ausflug in eine Sumpflandschaft, eine kreisende Rohrweihe um einen Zustandsbericht über das unter ihr liegende Ökosystem bat. Daß Antworten ausblieben, ernüchterte ihn nicht. Er erwartete keine. Er kannte sie ja.

Das alles hatte ihn nicht wirklich in Angst versetzt, wenigstens so lange nicht, wie er sich noch im Stadium des Erwägens seiner Gefährdung befunden hatte, denn allein schon in dieser Erwägung «glaube ich mich als Mensch zu erkennen, symbiotischer Teil der Natur, Geist ihrer Materie, der unausweichlich krank werden muß, wenn sie krank wird». Eher schon hatte er sich über das Andauern seiner geistigen Gesundheit gewundert. «Sie kommt mir bisweilen wie ein Makel vor, ein beschämend Unsensibles, das auf die Not der Natur nicht mit eigener Not zu antworten weiß und mich fast schon in eine Reihe stellt mit ihren geistlosen Zerstörern.»

Klint litt besonders unter Faulstellen am Leib der Sprache, aus dem er lebte wie aus seinem eigenen. Von Jahr zu Jahr mehr wurde alles in den Medien Gesprochene und Gedruckte von ihnen befallen, und es waren nicht die kleinen Unreinheiten der Sprachhaut, die Klint zunehmend Ekel bereiteten, die Wortpusteln, die vom unreinen Denken kamen, oder die

Jargon-Akne der Jugend. Das hatte es zu allen Zeiten in allen Sprachen gegeben und nach einer Zeit der Gewöhnung oft interessante Narben am Sprachleib hinterlassen. Klint litt an anderem. Es waren die krebsigen Wortmelanome, die, wenn es stimmte, daß der Mensch nur durch Sprache Mensch ist, zu seiner Zerstörung führen mußten. Schon der erste Buchstabe des Alphabets war zu einem Präfix des Todes geworden, das in Gestalt von A-Waffen über allem Leben hing. Einmal notierte er grimmig: «Schlage ich auf der Schreibmaschine das A an, wie ich es zur Prüfung des Farbbandes vor längeren Texten tue, dann werden daraus so geschwind, als flögen sie mir zu, Wörter wie *Abgas* und *Abwasser, Abfall, Atommüll* und *Artenschwund*. Und nehme ich zum Testen das G, dann tippe ich ohne großes Nachdenken *Gülle* und *Giftmüll* hin, *Grenzwert, Genmanipulation* und *Grundwasservergiftung*. Manchmal wähle ich, um meinen Vorrat an Unwörtern zu prüfen, eine Taste mit geschlossenen Augen. Erwische ich dabei das T, dann schreibe ich zügig *Tropenwaldzerstörung, Treibhauseffekt, Treibgas, Tierversuche*. Überprüfe ich die noch weiter hinten im Alphabet gelegenen, schwierigeren Buchstaben auf ihre sprachverschmutzende Ergiebigkeit, so komme ich, beim W etwa, mühelos auf *Waldsterben, Wüstenausdehnung* und *Wattenmeerverschmutzung*.»

Er mußte das Gefühl entwickelt haben, daß diese Begriffe, Tumormetastasen gleich, jeden seiner Texte besiedelten und daß ohne sie schier nicht mehr auszukommen war, wenn man, wie er, aus Gründen der Berufs- und Themenwahl den Zustand der materiellen Welt zu beschreiben hatte. Er notierte: «Jedesmal, wenn ich wieder auftauche aus der Informationsflut meiner Quellen, hängen diese Wörter, die Zynismus und Gleichgültigkeit benennen und von der Gewalt gegen die Natur zeugen, mir wie Blutegel an, saugen mich leer und machen all mein für den Broterwerb Geschriebenes grau.»

Ich beginne jetzt, Klints Texte in der Reihenfolge, wie ich sie für wahrscheinlich halte, wiederzugeben. Wo ich es eines besseren Verständnisses wegen für nötig hielt, mich zu Wort zu melden, sind solche Einschübe in kursiver Schrift gesetzt, oder ich habe mich als Erzähler kenntlich gemacht. Gleichwohl kann ich dem Leser Gedankensprünge nicht ersparen. Auf Chronologie kann er nicht immer rechnen. Auch Fragen nach Ort und Zeit von Klints Schreiben müssen gelegentlich ohne Antwort bleiben. Den einzelnen Texten gab ich knappe Überschriften, gedacht als Wegzeichen am dunklen Strom Klintscher Bilder und Gedanken.

Die Uhr

Die Schrift war lange schon an der Wand: sich mehrende Zeichen meiner geistigen Verwirrung, die kaum noch deutbar waren als die bloß phantastischen Produkte eines schillernden Intellekts und der Sensibilität einer wie linksgewendet getragenen Haut. Und nun, nachmittags gegen halb fünf, am vorletzten Tag des Jahres, das Tschernobyl voraufging, der atomaren Katastrophe, die ich seit langem erwartete, und während ich auf einem Balkon hoch über dem Lago Maggiore stand, entschlüsselten sich mir die Zeichen zu einer Gewißheit, die ich im schwarzen Licht eines einzigen grundstürzenden Augenblicks von der friedvollen Landschaftskulisse ablas: ICH VERLIERE MEIN ICH.

Auf der Rückreise von Rom nach München hatte ich in Mailand Station gemacht und mir ein Auto gemietet und war, um mich von einer voraufgegangenen tiefgreifenden Verwirrung zu erholen, an den Lago Maggiore gefahren. Gleich hinter der Schweizer Grenze, bei Brissago, in Höhe der gleichnamigen ufernahen Inseln, war ich den Steilhang hinaufgefahren, nach Ronco, und hatte mir dort ein Zimmer genommen, das ich früher schon einmal bewohnt hatte. Es versprach Ruhe.

Die Abendsonne strich rot an, was ihr an der Szenerie hervorhebenswert zu sein schien: die von spärlichem Schnee graumelierten Köpfe der Berge hinter den Uferstädten Ascona und Locarno, zwischen denen die Maggia in einem schütteren Auwaldstück in den See mündet. Der Himmel färbte sich eisblau, die Nacht begann ihn mit Kälte zu zeichnen. Ich glaubte schier zu sehen, wie diese Kälte aus dem

Himmel stürzte, hinunter durch die Falten des winterbraunen, von ungeordneter Bebauung löchrig gewordenen Waldmantels der Berge auf den See. Das Wasser schien vor der Kälteattacke fliehen zu wollen, gänsehäutig, mit dem Geriffel kleinster Wellen.

Landschaftsbilder, die ich sah, waren stets von Physik grundiert. So auch jetzt, doch mit dem Unterschied zu früher, daß diesmal nicht das kleine Glücksgefühl aufkommen wollte, das eine gelungene, weil physikalisch stimmige Metapher mir bisher noch immer bereitet hatte. Vielmehr spürte ich nun, während meine Augen über den Himmel, die Berge und den See gingen, eine seelische Veränderung heraufziehen.

Zuerst dachte ich an eine Sehstörung, an eine Übermüdung meiner Augen, als mir der Versuch mißlang, das schöne Panorama, das sich vom Balkon bot, nach meiner Gewohnheit mit einem einzigen Blick zu erfassen, es gewissermaßen mit einem Schluck in mich hineinzutrinken. Vielmehr fand ich meinen nach Norden in die Berge gehenden Blick, als ich ihm Gedanken zuordnete, auf einem einzigen Punkt versammelt, auf einer Sennhütte, vermutete ich; vielleicht war es auch nur ein aus der Vegetationsdecke herausstarrender Felsblock, es befand sich, was immer es war, in zu großer Höhe und war zu weit weg, als daß sich Genaues darüber hätte sagen lassen. Es kam darauf auch nicht an, für mich war nur bemerkenswert, daß dieser Blick, der ja nicht absichtlich auf diesem Punkt ruhte, sondern dem Gesamtbild der Nordberge galt, nicht wirklich panoramahaltig war. Nicht, daß ich die Sehweise des menschlichen Auges bisher für stets weitwinklig und randscharf zeichnend gehalten hatte, dem kurzbrennweitigen Objektiv einer Kamera vergleichbar. Ich hatte nur nie darüber nachgedacht. Heute nun, nach lebenslangem, mehr oder weniger gedankenlosem Augengebrauch, überfiel mich die Erkenntnis, daß jedes Anschauen der Welt auf einem punktförmigen Detail begann und auf einem ebensolchen anderen endete, sobald man einhielt im Schweifenlassen des Blickes, auf einer Nichtigkeit im Verhältnis zum Ganzen, und daß sich mir folglich das Bild der Welt aus lauter Nichtigkeiten zusammensetzte, gesehen wie mit den Facettenaugen einer Fliege. Ich richtete den Blick weiter nach oben, zu den unaufgeregt gezackten Bergkämmen unter purpurnen Wolken. Aber wieder sah ich nicht die Gesamtheit der Berge; wirklich im Auge hatte ich nur einen einzigen Spitzkopf, während das Kammprofil links und rechts von diesem einen, allein scharf gesehenen Punkt in rasch zunehmende Unschärfe überging, in ein Nichtsehen eigentlich. Ich versuchte es mit der Nähe, doch änderte das nichts. Zwar hatte ich jetzt die beiden Brissagoinseln unterhalb meines Balkons vor Augen, aber sehen, so daß dem Gehirn detaillierte Informationen über Art, Kontur und Zustand des Gesehenen übermittelt wurden, konnte ich nur ein rosa Haus am Nordende der kleineren der beiden Inseln und genaugenommen nicht einmal dieses Haus, sondern nur eines seiner Fenster, das linke obere von sichtbaren sechs, und noch genauer genommen nur dessen oberen Rahmen. Das war nun schon zum drittenmal eine isolierte Nichtigkeit, eine geradezu lächerliche Sichtweise auf diese schönen, von subtropischer Vegetation bestandenen Inseln.

Es kam mich etwas an, das dem kalten Wind auf dem riffeligen Wasser des Sees glich. Es äußerte sich in einer plötzlichen Hautkälte, die ich an den Unterarmen und im Nacken spürte, ferner in der Unregelmäßigkeit meines Herzschlags. Unter der Peitsche der Gedanken hetzten meine Augen von einem Punkt der den See umstehenden Bergarena zum andern: Dächer, Kamine, Äste, Steine, Rosen, Wellen, Wolken, Bojen, Boote, Gipfel, Steige, Grate, Treppen, Schluchten, Strände, Terrassen, Palmen, Efeuranken, Fliesen, Ziegel, Hecken, Mauern, Markisen, Möwen... Und selbst diese Atomisierung einer Landschaft, wie ich sie durch die gedankliche Namhaftmachung ihrer Teile betrieb, war in Wirklichkeit noch zu total gesehen. Und als mir klar wurde, daß ich im Plural benannte, was ich nur im Singular der Erscheinungen sah: *ein* Dach, *eine* Hecke, *eine* Palme, *einen* Grat und so fort, da beschleunigte sich das Tempo noch, in welchem meine Augen über die Dinge jagten. Es war, als wollte ich den dumpf empfundenen Verlust an Wirklichkeit durch ein panisches Umherirren meiner Augen wettmachen. Als suchten sie nach einem Halt in einer sich auflösenden Welt.

Mein seelischer Zustand korrespondierte mit einem Wetterleuchten, das hinter den Bergen, über Italien, den rasch dunkel werdenden Himmel theatralisch erhellte. Ich zwang mich, die Augen weit offenzuhalten, ich hatte das Bedürfnis, Licht in mich einzulassen. So wie die Berge im lautlosen Gewitter der Blitze befremdlich weiß aufleuchteten, so leuchteten in meinem Kopf, manchmal synchron mit den Blitzen, ähnlich befremdliche Einsichten in meinen Zustand auf, etwa die, daß die Punktförmigkeit meines Sehens eine Grundbefindlichkeit des westlichen Menschen war: nicht nur im Sehen zerlegte er sich die Welt, er *zerdachte* sie auch, indem sein Denken, genau wie sein Sehen, vom Gehirn her unter Verlust des Ganzen in einem immer schmaler, spitzer werdenden Sektor stets *auf den Punkt* kam, während sich die Welt zu beiden Seiten dieses Denkkeils bis hin zu ihrer Auflösung in Unschärfe verlor. So ist es nur logisch, dachte ich, daß ein dergestalt immer tiefer in die materielle Welt vorangetriebenes sektorales Denken am Ende beim atomaren Kern der Dinge ankommen, ja selbst diesen noch unter Inkaufnahme einer Zerstörung der Welt spalten mußte.

Die Schmerzlosigkeit, mit der ich dies dachte, ließ mich vermuten, daß mein Gedanke schon sehr lange in der Welt sein mußte, ja daß er – Geist vor Materie – dem menschlichen Gehirn voraufging, es sich schuf als ein Organ zur Zerstörung der Welt, wonach dieser Gedanke auf dem Weg evolutiver Auslese alle jene menschlichen Gehirne mit der höchsten Vermehrungsrate und einer stets auf den Punkt kommenden denkerischen Effizienz ausstattete, die ihn auf seinem schleifenden Gang durch ihre Windungen zu einer immer größeren allgemeinen Annehmbarkeit glätteten. Was heißt: ihn von allen Widersprüchen und Zweifeln befreite, so daß dieser weltzerstörerische Gedanke heute niemanden mehr schmerzt, der ihn wieder denkt. Die Auflösung der Welt – ein logisch befriedigender Schluß!

Aus dem Zimmerradio kam die Wettervorhersage für den Kanton Tessin, sie lautete unverändert *schön*.

Mein Schlaf war unruhig in der Nacht zum 31. Dezember. Ein Gliederzucken, das ich in den Wachzeiten auf eine noch nicht abgeklungene Fahrmotorik vom Vortag schob, weckte mich häufig. Ich schwitzte an Hals und Brust. Besondere Gedanken hatte ich nicht, nur Fetzen von diesem und jenem gingen mir durch den Kopf, sie betrafen meine Schreibthemen, meine körperliche Verfassung, Frauen auch, die ich kannte, und anderes, das ich ebenso rasch wieder verlor, wie es mir zugeflogen war. Ich hatte dafür ein Bild parat: Gedankenfetzen, bunt gemischt wie Wäschestücke auf einer Leine, Präsentables und Intimes, Gewichtiges und Leichtes, Grobes und Feines. Und für die Leine, die alles durchzog, an der alles aufgehängt war – Vergangenheit, Gegenwart und Zukunft, Privates und Öffentliches –, hatte ich zwei Namen, die der aus zwei Strängen zusammengedrehten Struktur einer Wäscheleine entsprachen: das Gelebte und das Geträumte, und beides von nun an zu einem einzigen Seelenstrang verflochten, an dem die Gedanken flatterten.

Gegen fünf Uhr früh schlief ich endlich ein. Beim Aufstehen, spät am Morgen des Silvestertages, fühlte ich mich elend, obwohl nichts mich schmerzte, dem man einen Namen hätte geben können; nur die Sonne, die ins Zimmer schien, tat meinen Augen weh. Ich zog die groben Leinengardinen zu und öffnete sie den ganzen Tag nicht mehr. Laut sagte ich: «Mit vier Quadratmetern Stoff gegen den Zerfall der Welt!»

Den Balkon betrat ich nicht wieder. Den Tag verbrachte ich mit Korrekturen an einem Manuskript. In einer Dorfwirtschaft aß ich am Abend einen Teller Spaghetti und trank ein Glas Dôle-Rotwein. Wieder in meinem Quartier, schaltete ich lustlos zwischen drei Fernsehprogrammen hin und her. Als es auf Mitternacht ging, saß ich immer noch vor dem längst stumm geschalteten Gerät. Es zeigte nichts als eine große, den Bildschirm ausfüllende Uhr. Während ich ihre beiden Zeiger anstarrte, Minute um Minute, verengte sich mein Denken auf das Bemühen, an ihnen eine Bewegung zu entdecken. Das führte zu einem so angestrengten Sehen, daß mir dabei die Augen übergingen und ich nur noch die Idee der Uhr wahrnahm, die Uhr vor allen Uhren, die Zeit selber. Und weil die Zeiger sich nicht zu rühren schienen, kam ich zu der festen Überzeugung, daß die Zeit stillstand. Ich dachte feierlich, aber doch auch wieder auf eine zwielichtige Art amüsiert, als hätte ich der Zeit einen Streich gespielt, ihr den Gang gestohlen: Wie sollen die Zeiger sich denn bewegen können, hänge ich doch mit meinem ganzen Gewicht an ihnen!

Und sogleich spüre ich, wie die scharfen schwarzen Kanten des kleinen, oberen Zeigers in meine rechte und die des großen dicht darunter in meine linke Hand schneiden. Meine Füße stehen prekär auf dem Ende der Zeigerwelle. Der am Uhrenrand als Punkt umlaufende Sekundentakt ist deckungsgleich mit dem Schlagintervall meines Herzens, und beide vereinen sich zu einem rhythmischen Beben, das mich wie starke elektrische Schläge durchzuckt; ich habe von mir das Bild einer im Schmerzversuch mit Stromstößen traktierten Laborratte. Zu meinem Glück habe ich eine zwischen die Zwölf und die Zeigerwelle passende Körpergröße! Aber ich hänge mehr, als ich stehe, und während ich die Stöße des immer lauter werdenden Gangwerks und die meines Herzens auszubalancieren suche, fühle ich mich vom Absturz in die Zeitlosigkeit bedroht. In das Nichts. Alles, was ist, ist in der Zeit. Wer aus der Zeit fällt, muß bis ans Ende der Ewigkeit in Kälte und Finsternis ausharren, bis die Zeit, die sich zusammen mit dem Weltraum noch immer ausdehnt, umkehren und zu ihm zurückkommen wird, die Ewigkeit von hinten her aufrollend, bis sie neue Gegenwart ist und ihn mitnimmt in die Vergangenheit des Universums. Vergangenheit ist nun Zukunft, und die Zukunft dehnt sich zu einer neuen, mit dem Rücken vorangehenden Zeit, und das Ende wird wieder wie der Anfang sein: das Universum ein golfballgroßer Klumpen Materie von ungeheuerem, unbezifferbarem Gewicht. Ich schließe die Augen. Ich sehe den kleinen Materieklumpen, der vor Milliarden Jahren das Universum war, in einer großen Hand liegen. Unschlüssig, ob sie den Klumpen zu einem Neuanfang fortschleudern soll, und wenn ja, wohin, denn es gibt keinen Raum mehr, und wenn ja, wann, denn es gibt auch keine Zeit mehr, rollt die Hand ihn auf ihrer Innenfläche hin und her. Ich suche mich mit Anstrengung in diesem

Klumpen auf. Deutlich fühle ich sein Rollen. Übelkeit befällt mich. Ich reiße die Augen auf, suche einen Horizont, an dem der Magen sich über das Auge stabilisieren kann. Aber da ist kein Horizont. Vor mir ist nur das spiegelnde Zifferblatt der großen Uhr. Ein Gesicht ist darin. Das meine kann es nicht sein, dafür ist es zu groß, so groß, daß es mit den Augenbrauen schon an den oberen Uhrrand stößt, für Stirn und Haare ist kein Platz mehr auf der Uhr, das Kinn sitzt tief unter meinen Füßen, die Ohren berühren die Elf und die Eins, die Augen sind so groß, daß mein Kopf auf die Nasenwurzel zwischen den Brauen paßt. Der Blick der Augen lastet mit Strenge auf mir. Ich erkenne in diesem Gesicht das Antlitz meiner toten Mutter. Ich höre sie sagen: *Bete!* Es ist Härte in ihrer Stimme. Ich gehorche, wende aber das Gesicht ab, bis mein qualvoll verzerrter Mund über der linken Schulter steht, so fallen die Wörter *Schuld* und *Übel* und *Vergebung* wie Steine in die Tiefe, wo sie echolos verlorengehen. Danach habe ich fürs Beten keine Wörter mehr. Ich schweige trotzig in das Gesicht meiner Mutter hinein. Bevor sie mich mit Mund und Augen strafen kann, ziehen mich die beiden Zeiger der Uhr in ihrem unerbittlichen Gang zur Zwölf nach oben, hinaus aus dem Blick dieser schrecklichen Augen.

Mit dem Verschwinden der Uhr verschwanden auch meine Gesichte. Ich stand auf und machte ein paar hastige Schritte. Dabei fuhr ich mir mit der Hand über das Gesicht, ich hatte das Gefühl, in wehende Gespinste gelaufen zu sein. Es sind, dachte ich, meine von der Decke hängenden Gedanken. In einem Anflug von Panik beschloß ich, sofort die Weiterreise nach München anzutreten. Meine paar Sachen waren rasch gepackt, das Zimmer im voraus bezahlt. Auf der Straße, wo ich das Auto geparkt hatte, feierten viele Menschen den

Beginn des neuen Jahres, und ich mußte durch sie hindurch. Eine junge Frau umhalste mich und küßte mich lachend mitten auf den Mund. Unter dem Gelächter der Feiernden lief ich davon, zu meinem Auto. Mit zitternder Hand schloß ich auf, schleuderte die Reisetasche nach hinten, auf den Rücksitz, und warf mich hinter das Lenkrad. Ich nahm die Straße nach Ascona und Locarno. Dort zog eine defekt flatternde Leuchtschrift meinen Blick auf sich. Es war der Name einer Leihwagenfirma. Erst da fiel mir ein, daß ich das Auto eigentlich nach Mailand zurückbringen müßte. Ich nahm unschlüssig den Fuß vom Gas, fuhr dann aber weiter. Ich würde es in München abgeben, die Rückführungskosten in Kauf nehmen, vielleicht fanden sie ja auch einen, der von München nach Mailand wollte. Nur nach Hause! Schreiben! Mir diese Nacht vom Halse schreiben. Wörter saugen die Bilder auf, so werden sie ohne Schauder betrachtbar.

Die Kirche

Im Mai 1977 bemühte ich mich um Aufträge für ein paar Kulturreportagen aus Spanien. Zwei bis drei Wochen wollte ich bleiben, Zeit genug, hatte ich gedacht, für Recherchen und Interviews in Ministerien und Universitäten, für Theater und Galeriebesuche und Gespräche in Literatencafés. Es wurden Jahre daraus. Ich war anhaltend fasziniert von einer Gesellschaft, die nach dreieinhalb Jahrzehnten der geistigen und politischen Entmündigung tief durchzuatmen begonnen hatte. Unerhörtes geschah: Die Konservativen legalisierten die Kommunisten, die Kommunisten holten die Kampffahne der von Franco zerschlagenen Republik ein und hißten das Banner der neuen Monarchie, die doch von Francos Gnaden war; der König disziplinierte die putschlüsterne Generalität, und der Staat löste sich aus seinem historischen Konkubinat mit der katholischen Kirche, so daß Ehen geschieden und Leibesfrüchte bald abgetrieben werden konnten. Europa, soweit es von den Verwerfungen an seinem Rand Kenntnis nahm, sah offenen Mundes der Kreuzabnahme einer Nation zu.

Es war mir nach meinem Entschluß, als Korrespondent in Spanien zu bleiben, nicht schwergefallen, mit ein paar ersten Reportagen ein halbes Dutzend Redaktionen von der journalistischen Stoffträchtigkeit auch des kulturellen und wissenschaftlichen Neuanfangs zu überzeugen und sie zur Zahlung von Honorarpauschalen zu bewegen, die mir in ihrer Summe ein zufriedenstellendes Auskommen sicherten. Aus dem farblosen Hotel Gran Via in der gleichnamigen, von Verkehrsströmen bis in die frühen Morgenstunden durchtosten

Straßenschlucht war ich in eine glücklich gefundene kleine Wohnung in der zentrumsnahen, aber ruhigen Calle Moreto umgezogen. Vom Balkon aus nahm ich den Willkommensgruß einer schöngewachsenen Libanonzeder entgegen, die sich mir mit ihrem Wipfeltrieb zuneigte. Auch konnte ich von hier oben, im fünften Stock eines stuckreichen Großbürgerhauses aus den zwanziger Jahren, in Madrids Botanischen Garten hinunterschauen. Keine zehn Minuten zu Fuß war es zu den Schatzhäusern des Pradomuseums und in die Krönungskirche der spanischen Könige, die *Iglesia de los Jerónimos Reales* (ich bin auf eine unentschiedene Art katholisch). Auch das für Picassos Guernica-Gemälde und dessen zahllose tauromachischen Vorstudien ausgewählte Palais war dichtbei, ebenso die berühmten Retiro-Gärten. Und, nicht zuletzt, ein kleines, von marmornen Fußböden und Wänden kühl gehaltenes Souterrainrestaurant, eigentlich bloß eine Cafeteria, die ich schon deshalb zu meinem Stammlokal machte, weil sie die Essensrechnungen lediglich mit ihrem Namen pfefferte: *Calvin*, was gewiß eine Kühnheit war in dieser katholischsten Gegend der katholischsten Stadt der Christenheit, Toledo ausgenommen, wo es mir in früheren Jahren passiert war, daß man mich, den Fremden, ermahnt hatte, christlich zu sprechen, also spanisch.

Aber war Madrid noch, wenn Rom das Herz des Katholizismus war, dessen Seele? Seit die Schafe nicht mehr von den Hunden der Staatsräson zu den hartherzigen, steingesichtigen Hirten in die Weihrauchpferche getrieben wurden, seit die Bigotten nicht mehr die Ängstlichen und die Kleinmütigen, die Zweifler und die Leugner mit stechenden Blicken stigmatisierten, seit die Mädchen nicht mehr nur auf die Namen Maria Concepción, Soledad oder Asunción getauft werden durften, die jungen Frauen die Brüste halterlos trugen und die Männer ihre Augengelüste immer offener am nackten Fleisch stillten, das an den Zeitungskiosken aushing wie Metzgerware – seitdem nahmen auch die spanischen Gotteshäuser zu den Zeiten der Messen und Gebete mit leeren Bänken das trostlose Bild anderer europäischer Kirchen an, mit Gläubigen darin, deren Rücken nicht nur von Demut gebeugt waren, sondern mehr noch von Alter, und meist waren es die Rücken von Frauen.

Über die Jahre zerlegte ich mir, was ich hörte und sah, in viele religiöse, kulturelle und politische Facetten und setzte sie in Reportagen zu einem Bild des neuen Spanien zusammen. Der banalste Anlaß noch entzückte meine schreiberische Phantasie. Als ich an einem heißen Mittag auf einer der hinteren Bänke in der Jeronimoskirche die Füße ausruhte von einem langen Gang über Madrids Boulevards, der mich vorbeigeführt hatte an Banken, die mit ihren himmelhohen Quadrigen über neokorinthischen Säulen wie heidnische Paläste aussahen, herum auch um mächtige Brunnen, die mit ihrem exotischen Getier steingewordenen Bildern aus römischen Triumphzügen glichen, und während ich nun der Essenszeit entgegendöste, fand ich mich in der dämmrigen und angenehm kühlen Kirche bald allein. Ich erwog gerade, den Gedanken, daß der Katholizismus eine vorzügliche Sommerreligion sei, zur Ausgangsüberlegung für eine Artikelüberschrift zu machen, als ich einen Kanoniker aus einem von Alter und Sündengeflüster geschwärzten Beichtstuhl herauskommen sah. Zwei Männer, die kurz vor ihm nacheinander den Beichtstuhl verlassen hatten, waren offenbar nicht nennenswert von Sünden beschwert gewesen, denn absolviert und wohl zu keinen dringlichen Bußgebeten angehalten, waren sie eilig aus der Kirche gegangen, wie nach der Erledigung eines geschäftlichen Termins.

Mit geblähten Backen blies der Geistliche den Atem aus, eher wie einer, der ein Stück harter Arbeit hinter sich gebracht hat, als einer, dem das Feuer fremder, soeben gehörter Sünden Bluthitze machte. Während des Weggehens schon nahm er sich den violetten Schal des Beichthörers vom wulstigen Nacken und trug seine Leibesfülle schlurfend davon, in Richtung Sakristei. Im Passieren einer großen Madonnenstatue knickte er mit einem Knie auf eine so flüchtige Weise ein, daß ich, der wie die meisten älteren Journalisten zum Zynismus neige, dem Vergleich mit einem langen, eheähnlichen Verhältnis zwischen Priester und Madonna nicht widerstehen konnte. Ich folgte ihm, langsam und um Unauffälligkeit bemüht, in einigem Abstand. Meine berufsbedingte Neugier, die zwar nichts Schnüffelndes an sich hatte, aber doch von einer Art war, daß Kollegen damals von mir sagten, ich hätte eine Nase für Ungewöhnliches, Skurriles, war in der Kirche nur schwach ausgeprägt; sie wurde aber belohnt, wider Erwarten und journalistisch sehr brauchbar, als ich auf dem Weg hinaus an der Sakristei vorbeikam, in deren Vestibül man durch eine oben verglaste Tür hineinschauen konnte. Ich sah den Kanoniker in weißen Hemdsärmeln und schwarzer Weste an einem alten Tisch sitzen. Die Soutane hatte er schon abgelegt und mühte sich gerade damit ab, seinen fetten, geweihten Hintern – ich bekreuzigte mich in Gedanken – auf einem dieser schon für ein Normalmaß zu kleinen spanischen Schilfrohrstühle unterzubringen. Die Eile des Kanonikers, in die Sakristei zu kommen, fand ihre Erklärung im Sportteil von *El País*, der aufgeschlagen vor ihm lag und dessen Lektüre ganz sicher vom Beichtbegehren einiger Kirchgänger unterbrochen worden war und nun so absorbiert fortgesetzt wurde, daß ich unbemerkt dabei zuschauen und die Kirche auch ungesehen durch die Sakristeipforte verlassen konnte. In mein Amüsement mischte sich freilich auch ein leises Unbehagen, so als sei ich Gott in Pantoffeln begegnet. Gleichwohl würde meine Beobachtung einen Text über den Verfall des Glaubens nun auch in Spanien nicht nur lesbarer machen, sondern auch dokumentarisch stützen.

Ich ging über die Straße ins Calvin, wo man mich nun schon kannte und mir den Sherry Tio Pepe ungefragt hinstellte. Ich löffelte eine geeiste andalusische Gazpachosuppe, nagte ein auf Reis gebettetes Hühnerbein ab, wozu ich Wasser trank, und traktierte schließlich, gedankenlos zunächst, mit dem Löffel den Karamelpudding meines Menüs dergestalt, daß von dessen dunkelbrauner Haut über dem hellen Puddingfleisch nur ein mittiger runder Fleck stehenblieb, der von fern an einen Brustwarzenhof erinnerte. (Ich bin unverheiratet und bin es immer gewesen.) Ich dachte darüber nach, wie es sich anstellen ließe, meinen lang aufgestauten hormonalen Spannungen abzuhelfen, die vollends sichtbar wurden, als ich den Pudding durch mehrmaliges Anstoßen auch noch zum Erbeben brachte. Während ich so dasaß, schwankend zwischen Geschlechtsnot und Verlegenheit über mein verräterisches Spiel, legte mir der Kellner, der mich kannte und den ich vor ein paar Minuten hatte grinsen sehen, als er an meinem Tisch vorbeigekommen war, wortlos einen Zettel mit einer Adresse neben den Teller, fraglos die eines Bordells. Ich nahm noch einen *Café solo*, zahlte und verließ das Restaurant unter Zurücklassung eines zu reichlichen Trinkgeldes. Dabei war ich doch fest entschlossen, von der Adresse keinen Gebrauch zu machen.

Die Hitze des Nachmittags stieß mir den Atem in den Mund zurück, so als hätte sich dicht vor meinem Gesicht die Tür eines Backofens geöffnet. Nach Luft ringend, blieb ich stehen. Meine rechte Hand in der Hosentasche befingerte den Zettel mit der Bordelladresse. Schweiß durchfeuchtete mir die Nackenhaare und rann mir in den Hemdkragen, auch spürte ich, wie der Stoff meiner Hose an den Oberschenkeln zu kleben und im Schritt ärgerlich zu spannen begann. Ich trat in den Hausschatten, lehnte mich an die Wand und setzte ein Lächeln auf, das die verwunderten Blicke einiger aus dem Restaurant kommender Leute beschwichtigen sollte, mit denen ich im Calvin ein freundliches Kopfnicken zu tauschen pflegte. Als sie, nach kurz verzögertem Weggehen, außer Hörweite waren, murmelte ich, sogleich tief erschrocken über das, was ich da sagte: «Satanas apage!» Ich redete mir ein, es spöttisch gemeint zu haben, aber dafür hatte es zu gepreßt geklungen. Im Wundern über den Gebrauch dieses, einem geworfenen Hammer gleichkommenden Wortes fühlte ich mich wieder deutlicher *katholisch*.

Ein besseres Wort fiel mir, so sehr ich auch danach suchte, zur Benennung meines Zustands nicht ein. Ich habe eine berufsbedingte Abneigung gegen jedwede diffuse Bezeichnung eines Sachverhalts. Diese hier ließ ich mir durchgehen, weil das Wort *katholisch* ein Schuldgefühl in mir beschreibt, das nun einmal diffus ist. Seit meinen Kindheitstagen fühle ich bis heute, wie dieses Wort zwischen den kleinen und den großen Ereignissen meines Lebens herumvagabundiert und sie als gut oder böse, meist böse, zu den Gerichtsakten meines Gewissens nimmt. Und immer versucht dieses stets gegenwärtige, latent die Beichte anmahnende Schuldgefühl mit meinen Taten eine Symbiose aus Schuld und Sühne einzugehen, wie der Pilz mit den Algen. Und flechtengleich auch hat es sich im Verlauf meines Lebens über meine Seele gelegt und ihre Aufschwünge in die Welt der ungebundenen Gedanken behindert.

Ich hing meinen Gedanken nach und führte sie auf meine Art zu Ende: Wie der Klimaforschung die Flechte als ein Indikator für den reinen Zustand der Luft gilt, so nimmt die katholische Kirche dies graue, trockene Geflecht aus beichtbedürftiger Schuld und beichtgerechter Sühne als einen Weiser für den reinen Zustand der Seele. Immer wieder einmal, wie soeben, flackern aus der kalten Asche meines Alterszynismus die Höllenflammen meines Kindheitsglaubens auf, freilich ohne mich noch mit Ängsten zu versehren, aber doch als ein Gedanke, der noch den heitersten Augenblick zu trüben vermag, wie ein Spritzer Absinth ein Glas Wasser.

Ich atmete tief durch. Es ging mir wieder besser: Das Nachdenken über meinen Glauben mündete in die Alternative Beichten oder Duschen und ich entschied mich fürs Duschen. Ich löste mich von der Hauswand und ging resolut in Richtung meiner nahe gelegenen Wohnung.

Die Astronomin

Geduscht und in frischer Wäsche sitze ich an meiner kleinen mechanischen Schreibmaschine. Die mir von Jugend auf gebliebene Schreibhemmung angesichts eines weißen Blattes Papier versuche ich durch eine Methode zu überwinden, die ich «Warmschreiben» nenne: Ich hämmere eine Art Szenario in die Maschine, Beschreibungen meiner Umgebung, meiner Absichten oder Gedankenskizzen, die eigentlich noch nicht zum Manuskript gehören. Ich habe die Erfahrung gemacht, daß mitten in solchem Warmschreiben plötzlich *der Groschen fällt*. Fast übergangslos bin ich dann im eigentlichen Text. Stockt der Schreibfluß, höre ich nicht etwa zu tippen auf, es würde mich heillos zurückwerfen, also schreibe ich Zwischenbemerkungen, die ich dann später, am Schluß der Arbeit, zusammen mit den Formulierungen des Warmschreibens entferne. So verfahre ich auch jetzt: Unschlüssig, ob ich mich an einen Artikel über die optischen Probleme machen soll, welche die meiner Wohnung nahe gelegene Sternwarte mit dem lichtverseuchten Madrider Nachthimmel hat (weshalb an ihm die Ambitionen der Astronomen, unter ihnen eine auf dunkle Weise schöne junge Frau namens Pilar Sorge, oft scheitern). Oder ob es besser wäre, mein Kirchenerlebnis vom Vormittag und die ärgerliche Versuchung meines Fleisches im Schreibstrang II zu verarbeiten. Beim Überdenken dieser beiden Möglichkeiten verringert sich der Gegensatz zwischen ihnen, hat doch das eine wie das andere Thema die Dimension des Unendlichen und handelt von der Kettung des Geistes an die ihn niederziehende Materie. Ich beschließe, die Entscheidung dem Fortgang des

Schreibens zu überlassen, der Wegweisung eines Einfalls sowie gedanklichen, den Text vorantreibenden Assoziationen, die sich vielleicht aus der Farbigkeit eines Wortes ergeben.

Ich ziehe längst keine weitergehenden Schlüsse mehr aus dieser Schreiblotterie, eine für das Ziel einer Arbeit oft blinde Auslieferung an die Sprache. Längst auch habe ich den Gedanken verdrängt, der mir anfangs, einem Warnlicht gleich, gekommen war: Es könnte sich bei meiner auf die Ordnungskraft des Chaos vertrauenden Methode um ein Abbild meines Geistes handeln. Ich hatte sogar mit dem Vergleich gespielt, es seien meine dieserart entstandenen, mitunter ungewöhnlichen Texte ein Enzephalogramm meines Gehirns, mit den Sätzen als dem grafischen Ausdruck neuronaler Elektrizität und den oszillierenden Wörtern als deren Übersprüngen in den Synapsen. Nun wurde es wieder Zeit, in dieser Lotterie ein Los zu ziehen...

Pilar Sorges samtig braune Wangen

Kaum im Text, stocke ich schon: Entweder ich streiche *samtig*, dann konnte eine Wissenschaftsreportage daraus werden, denn eine Personalisierung des Themas am Anfang ist eine erprobte journalistische Technik. Oder ich überlasse mich dem Sog dieses einen, auf Privates, ja Intimes zielenden Wortes und schreibe weiter im Strang II. Aber ich habe, ganz gegen meine aufs Sachliche gerichtete Absicht, keine echte Wahl mehr; ich bin schon mittendrin im Sog dieses schönen Adjektivs:

ihr ganzes Gesicht, das von einem lichten schwarzen Haarflaum auf Wangen und Oberlippe mediterran gezeichnet ist, ihr langer, makelloser Hals, der aus einem eher zum Abend als zum Nachmittag passenden Dekolleté aufsteigt (Madrid brodelt vor Hitze in diesem August) – alles an ihr glüht und ist der Widerschein einer inneren Erregung, denn diese Spätsommertage des Jahres 1977

Thema, Klint!

sind die Tage des größten astronomischen Unternehmens der Menschheit seit der Zeit des Kopernikus: der Start zweier amerikanischer Weltraumsonden, Voyager 1 und 2, zu den äußeren Planeten des Sonnensystems, beginnend beim noch terrestrischen Mars, aber dann, in einem die Sonne mit großer wissenschaftlicher Gebärde umschlingenden Kurs, weiter zu den großen Gasigen, Jupiter und Saturn. Nur alle 176 Jahre einmal ist das sondierende, messende, fotografierende Abhaken aller äußeren Planeten, mit Ausnahme des Exzentrikers Pluto, auf einer einzigen Reise möglich, und 1977 ist ein solches Jahr, in welchem die Planeten günstig zueinander stehen für den Wissensdurst der Irdischen! In vier Jahren schon werden die Voyager-Sonden eindringen in den sich nun mit Unendlichkeit schwärzenden Himmel um Saturn, unbeschädigt hoffentlich von einer Raserei, die in der Nähe der Planeten 100000 Stundenkilometern nahe kommen wird, dreißigmal schneller als eine Gewehrkugel, fortgerissen und fortgeschleudert von Gravitationsfeld zu Gravitationsfeld der riesigen Himmelskörper und ihrer Monde, bedroht mit tausend Gefahren, von denen bei diesem wahnwitzigen, selbst die Ewigkeit relativierenden Tempo schon die kleinste, ein gegenläufiges meteoritisches Steinchen, Voyagers Rechenzentrum beschädigen kann. Der weitere Weg ist Spekulation, Gott versuchende Hoffnung: Werden die mit Hydrazin befeuerten Steuerdüsen dann noch, 1981, die kurskorrigierenden Funksignale aus dem kalifornischen Pasadena annehmen?

Genug, genug! Diese verdammte, von den Redaktionen kindisch geliebte Faktenhuberei, die ihre Faszination aus der Zahl, nicht aus den zu Sprache gewordenen Gedanken bezieht und die mir so großen Ekel macht, daß ich sie nie rasch genug hinter mich bringen kann! Dieses Protzen mit lexikalischem Wissen! Es ist in diesem Sternenstück längst wieder Zeit für einen Menschen, statt für Gas, Staub und Eis, Zeit für Haut und Haar!

Wenn also die Energiezufuhr dort oben ungestört verläuft, wird die Reise nach Einschätzung der jungen spanischen Astronomin mit dem blauschwarzen, im Gehen zwischen ihren Hüften pendelnden Haarzopf weitergehen, bis an die äußersten Grenzen unseres Sonnensystems und sogar noch darüber hinaus! Pilar Sorge, die in München Astrophysik studierte, auf Teneriffa im Teide-Observatorium arbeitete, von wo sie nach Madrid geschickt wurde, um die Modernisierung der Madrider, unter dem Franco-Regime veralteten Sternwarte mit fachlichem Rat zu begleiten – diese Pilar Sorge sagt die weiteren Ziele einer Voyager-Sonde mit einer Innigkeit auf, als betete sie in der Kirche Los Jerónimos den Rosenkranz. Ich frage sie: «Und das Ende, Señora?» Es gäbe keines, sagt sie, theoretisch wenigstens nicht. – Es war Nacht. Wir standen unter der offengestellten Kuppel des alten Observationsraumes, den man über eine von Katzen bewohnte, ausgetretene Treppe erreicht.

Schließlich sagte sie noch dies: «In 20000 Jahren von heute wird Voyager, wenn Gott ihn annimmt...» Sie stockte wie erschrocken.

Darf man das veröffentlichen, diesen Blick in die Seele einer Frau, die Astronomin wurde, vermute ich, um irgendwo im All Gott zu finden? Nicht in persona, dafür war sie zu aufgeklärt, aber als den aristotelischen Ersten Beweger der Sterne, was immer das sein mochte. Und mindert der Gottesbezug nicht den wissenschaftlichen Wert meiner Quelle? Ist bei meinen Lesern nicht Transparenz gefragt statt Transzendenz? Andererseits ist es die Öffentlichkeit nachgerade gewohnt von den Physikern, besonders den großen, am Ende ihres Lebens auch mit dem Ende ihres Lateins konfrontiert zu werden: Gab es Ihn vielleicht doch? Aber dann ist Er, darauf schien man sich verständigen zu können, zumindest Mathematiker, reiner Gedanke, actus purus, nicht Uhrmacher, wie die Mechanisten ihn sahen, die einst das Weltall als ein riesiges Räderwerk verstanden. Über einen solchen, in eigene geistige Höhen empordiskutierten Gott ließe sich reden in den Seminaren der Besten. Und der neue, metaphysikalische Gottesbeweis ähnelte dem alten, metaphysischen: Wenn du Ihn begreifst, ist Er es nicht! Wer, der nicht ein Mathematiker der allerersten Kategorie ist, begreift diesen Physikergott, dessen Offenbarungen die Relativitätstheorie Einsteins und die Quantenmechanik Plancks sind? Und haben nicht selbst diese beiden Großpropheten am Ende Zweifel bekundet, ob sie diesen Gott begriffen hätten? Egal, weiter, Klint! Wo war ich? ... in 20000 Jahren von heute wird Voyager, wenn Gott ihn annimmt ...

«... die Oortsche Wolke berühren, wo die Kometen geboren werden und der Sonnenwind schwach wird. Nach 296000 Jahren dann an Sirius vorbei, dem Hundsstern, der im Juli mit der Sonne aufgeht ...»

Ich unterbrach die Astronomin: «Und schließlich zu

Gott?» Aber weil wohl Ironie in meiner Frage mitschwang, blieb ich ohne Antwort. Wir verabredeten ein Wiedersehen.

So weit gekommen, zog ich das Blatt aus der Maschine und zerriß alles Geschriebene mit Heftigkeit. Es war als Reportage nicht zu verkaufen, und es war ebensowenig geeignet, zu meinen im Schreibstrang II verfaßten Schubladen-Manuskripten genommen zu werden. Der Grund war in beiden Fällen derselbe: Es war an diesem Text nichts wahr, sah man von den nackten Voyager-Fakten ab. Es hatte zwischen mir und der Astronomin niemals ein solches Gespräch gegeben. Ich hatte sie an einem der Bücherkioske kennengelernt, die sich in langer Doppelreihe dicht an dicht an der Südmauer des Botanischen Gartens, in der Calle Claudio Moyano, zum Fuß des Hügels hinaufziehen, auf dem das Observatorium steht. In meinem noch immer grammatikschwachen Spanisch hatte ich sie angesprochen, als sie nach einem Lem-Roman in spanischer Übersetzung griff. Der Pole mit seinen Science-fiction-Texten gehört zu jenen Autoren des Genres, die mich mit ihren Phantasieprodukten nicht langweilen. Meist sind meine Einsichten in die futuristischen Möglichkeiten der Naturwissenschaften dem Lesevergnügen abträglich; die Wissensplattform der Autoren, von dem aus sie sich ins All aufschwingen oder in die Ozeane abtauchen, ist meist gar zu wackelig, um von dort für meinen Geschmack hoch oder tief genug zu gelangen. Darüber hatte ich zu der jungen Frau ein paar Sätze verloren, ohne zu wissen, ob das Thema sie interessierte. Sie hatte mir, der ich auf ihr brüskes Weggehen gefaßt gewesen war, freundlich zugestimmt, auf deutsch zu meiner doppelten Überraschung; sie hatte den Akzent in meinem Spanisch richtig gedeutet. So erfuhr ich von ihrem Studium in München, ihrer Arbeit auf dem kanarischen Berg und von diesem Job – ihr Wort für ihre wissenschaftliche Arbeit – hier in Madrid. Ich hatte sie von den Kiosken hügelan begleitet, bis an das Portal des in einem Park gelegenen alten Observatoriums. Dort erfuhr ich noch, daß sie darin, unter Kollegen, nicht wohnt, vielmehr allein lebt in einem nicht weit entfernten Appartementhaus in der Calle de Alfonso XII., gegenüber dem Retiro-Park. Meine aus Angst vor einem Nein (womöglich mehr noch vor einem Ja) unsichere Frage nach einem Wiedersehen, das ich mit Berufsabsichten kaschierte, war ohne direkte Antwort geblieben – nur ein ironisches, doch nicht unfreundliches Lächeln. Mein Interesse hatte, zu offensichtlich für eine in der Interpretation von Männerblicken geübte Spanierin, mehr den schwarzen Löchern ihrer Augen als den gleichnamigen Allphänomenen gegolten, mit denen sie beruflich zu tun hat. Ich verspürte eine gewisse Erleichterung ob meiner Zurückweisung.

Ich werde nun die Wohnung verlassen, es geht auf den Abend zu. Wieder rumort in mir, wie am Mittag schon, die Frage, ob ich beichten gehen soll: eine schlimme Lüge doch das vorhin Geschriebene! Ohne daß Skrupel mich aufzuhalten vermocht hätten, hatte ich Fakten und Fiktion vermischt in einer Arbeit, die zur Veröffentlichung bestimmt gewesen war. Es sind die bunten lebenshaltigen Wörter, die mich süchtig machen, weil sie mein Leben in einer abgenutzten, von Bildern entleerten und der Gedanken entwöhnten Sprache aufhellen – eine Sprache, die mir mehr und mehr zum Nekrolog auf das Ende der Welt gerät.

Die Frage nach der Beichte werde ich auf der Straße entscheiden, indem ich einem erstbesten Taxi winke: zur nahe gelegenen Jeronimoskirche braucht man kein Auto. Überdies ist der Nachmittag in Spanien keine Zeit, zu der man der Seele Stuhlgang verordnet – da hat sie sich im allgemeinen noch nichts Unrechtes angefressen. Ende der Tipperei. Vamos, Klint!

Ein neuer Tag, und wieder bei der Arbeit. Ich holte das am Vortag zerrissene Manuskript aus dem Papierkorb, glättete es und setzte es an den Rißstellen mit Klebfilm wieder zusammen. Es war mir in der Nacht, die ich nach fahrlässig hohem Weinkonsum unruhig verbrachte, der Gedanke gekommen, nicht nur fortzufahren mit der Beschreibung dieser Astronomin, sondern das, was ich gestern noch für eine Lüge gehalten hatte, in eine höhere Art von Wahrheit umzuschreiben. Meine Idee war es, Pilar Sorge nicht als ein Chronist zu beschreiben, der sich für die Verfertigung seiner Texte eines schon gelebten Lebens und schon gedachter Gedanken bedient. Ich wollte diese Frau *vorausformulieren*. Ich würde ihre Welt bis zu einem Kenntnisstand recherchieren, der es mir möglich machte, ihre Handlungen vorauszusehen. Die beruflichen Aspekte ihrer Welt, Astronomie und Raumfahrt, schienen mir relativ leicht aufschließbar zu sein. Als akkreditierter Korrespondent deutscher Blätter würde ich keine Schwierigkeiten haben, mir von ihrem beruflichen Umfeld sowie von ihren Arbeitsinhalten ein genaues Bild zu machen, jedenfalls eines, das ein hinreichend sicheres Fundament bot für eine psychologische Hochrechnung, wie ich mein Vorhaben schon etikettierte. Weit schwieriger würde es sein, das Privatleben dieser Frau zu recherchieren, aus dem doch Motive, Antriebe und Handlungen kommen würden, die ich bei meinem Vorhaben unmöglich außer acht lassen konnte, wenn die ganze Sache überhaupt einen Sinn haben sollte. Ich mußte also die Bekanntschaft der Frau suchen, den Umgang und das Gespräch mit ihr, mußte ihr Vertrauen gewinnen bis zu einem Punkt, von dem aus sich auch ihr emotionales Verhalten voraussehen und beschreiben lassen würde – in einem Präsens aus Futur!

Was sonst noch in meinem Denken rumort, halte ich nieder: daß ich nichts weniger vorhabe, als mir im Kopf eine Frau zu schaffen, mit der ich in einem Zustand größter Intimität leben kann, ohne mich den Unwägbarkeiten und Komplikationen, den Gefühlsverwirrungen und Verstandestrübungen auszusetzen, die mit einer solchen, in der Wirklichkeit stattfindenden Beziehung nun einmal einhergehen.

Das Bild

Als ich bemerkte, daß ich das Mißtrauen des Aufsehers erregte, ging ich zu ihm und wies mich aus. Ich käme, sagte ich, hierher zu Zeiten, in denen der Publikumsandrang im Prado sich in Grenzen hielt, um das Triptychon *La Lujuria* zu studieren – dies da, den Garten der Lüste des Hieronymus Bosch. Ich zeigte mit dem Daumen über die Schulter zu der Wand, an der das Gemälde hängt. Man sähe doch, redete ich auf ihn ein, wie viele Menschen da drauf seien, und alle in den rätselhaftesten Situationen, das mache nun einmal viele Studienaufenthalte nötig. Ich hätte über das Bild einen Zeitungsartikel zu verfassen (was nicht stimmte, aber glaubwürdig schien). Der Aufseher war beruhigt. Ich ging zu dem Bild zurück und richtete mich wieder vor ihm ein. Um Beine und Kreuz zu entlasten, stützte ich das Gesäß auf einem Stockstuhl ab, wie ihn die Jäger benutzen. Ich besaß ihn noch aus der Zeit meiner frühen Feldstudien in der Natur und fand ihn immer wieder einmal nützlich. So saß ich reglos, wie nun seit Monaten schon, einmal die Woche für eine halbe Stunde. Anderes schaute ich nicht an. Ich kam hierher, weil ich besessen war von meiner eigenen Deutung dieses seit Hunderten von Jahren immer wieder einmal und immer wieder anders gedeuteten Bildes.

Ich war vertraut mit den kunsthistorischen Spekulationen, die in Bosch, als er um 1500 das Triptychon malte, den Novizen einer obskuren freigeistigen Sekte sahen; er habe ihr mit diesem Gemälde das geheime Altarbild für ihre Nacktgottesdienste geschaffen und ihrem lüsternen Denken die Symbole. Im Brüten über diesem gelehrten Schutt, im Überprüfen der bis nach Indien und Ägypten reichenden Ausdeutungen von tausend Einzelheiten hatte ich bald das Gefühl, einen zu Tode vivisezierten Bildleib anzuschauen, über dessen ausgelöste, ausgebeinte, ausgeschabte Teile ich nun alles wußte, aber nichts mehr über seine Ganzheit als der Voraussetzung für einen Bedeutungswandel in der Zeit. Denn wodurch sonst wird ein Bild unsterblich, wenn nicht durch seinen Gang durch die denkenden Köpfe immer neuer Generationen von Menschen mit ihren immer neuen Problemen? Also machte ich mir von Boschens Garten der Lüste ein neues, ein zeitgemäßes Bild und erhob seinen Maler zum Zeitgenossen. In vielen Sitzungen vor dem Bild machte ich mich daran, es umzudeuten.

Mein angestrengtes Nachdenken über den Zustand der Welt hatte gegen Ende der sechziger Jahre begonnen, als die Krankheit der Natur gleichzeitig mit der Krankheit der Gesellschaft sichtbar geworden war. In westlichen Hauptstädten kam es zu heftigen politischen Fieberanfällen, die indes wenig oder nichts heilten. Auch der Verfall der Natur ging weiter, ihre Krankheitsbilder wurden zu Gegenständen alltäglicher Gewöhnung. Und die juvenilen Antikörper im Leib der politischen Gesellschaft, die man fortan nach dem Jahr ihres virulentesten Vorkommens die Achtundsechziger nannte, wandelten sich, während sie alterten, metamorph zu ganz eigenen parasitären und autoparasitären Formen. Während sie von der Substanz des ungeliebten Wirts lebten, gingen sie durch ein Larvenstadium und nährten sich darin von einem politischen Bewußtsein, das sie als Antikörper gewonnen hatten und das als Reflex auf den repressiven Druck ihres Wirtes zornig in ihnen pochte. Als dieses Bewußtsein durch ihr Heranreifen aufgezehrt war, stiegen sie aus dem Wirtsleib aus und häuteten sich auf Cannabisblättern zu weichleibigen und leidanfälligen Faltern. Während sie auf ihre Lebenstüchtigkeit durch Versteifung warteten, brachte der Zeitgeist, der über sie hinwehte, in den Zellen ihrer zum Trocknen gebreiteten Flügel die Vokabeln der Soziologie und der materialistischen Philosophie zum schönsten Schillern und Gleißen. So hoben sie schließlich ab. Im Gaukelflug spürten sie mit den Antennen ihrer Fühler jedwedes Esoterische, Lukullische und Feminine auf, um sich darin narzißtisch zu versenken, unterwegs zu immer neuen und nur ihnen bekannten Metamorphosen.

Auch mein Denken war zu jener Zeit vom Wandel geprägt gewesen, wenn es auch andere Inhalte gehabt hatte. Es glich unverbindlichen, abstrakten Bildern, die als Äußerungen eines in ökologischen Urchristengemeinden grassierenden Endzeitdenkens in meinem Kopf aufgehängt waren wie Kunstobjekte in einer Galerie. Und manchmal dann hatte ich das Gefühl, es seien die Rahmen meiner Denkbilder deren besserer Teil, stammten sie doch aus den grundsoliden Materialien meiner wissenschaftlichen Kenntnisse. Zehn Jahre später, als die Krebsigkeit der Natur zu ersten Kreislaufkollapsen führte, begannen meine Gedanken, sich konkretere Bilder vom Verfall der Welt zu machen, Bilder, die ihren Wert nun nicht mehr allein aus ihren Rahmungen bezogen, sondern aus ihren ökologischen Grundierungen. Meine Hochrechnungen einschlägiger wissenschaftlicher Erkenntnisse führten meist zu kollabierenden Systemen. Ich wurde ex negativo beweissüchtig mit einer Besessenheit, die in allem und jedem, was mit der Natur und in der Politik geschah oder nicht geschah, bald nur noch das Krebsige sah. Jede Nachricht darüber, jedes Bild davon (und beides mehrte sich in den Medien erschreckend), verschaffte mir ein Triumphgefühl, wo ich doch eigentlich, wie ich mir in distanzierteren Momenten sagte, die Trauer des Mitbetroffenen hätte empfinden müssen. Nicht anders ging es mir vor dem Garten der Lüste des Hieronymus van Aken, genannt Bosch.

Trotz des Paradiescharakters der linken, ersten Tafel, trotz auch der metaphysischen Übungen des Menschengeschlechts im großen Mittelteil, die dem Bild den Namen gaben, sehe ich in ihm kein Kirchenkunstwerk, was man aus Entstehungszeit und höllischem Pandämonium auf der dritten Tafel hätte schließen können. Vielmehr sehe ich den Weg der Menschheit in die ökologische Katastrophe dargestellt: Der anfänglichen Unschuld, dem Frieden mit der Natur und ihren Geschöpfen auf der ersten Tafel, folgt auf der zweiten die Überfüllung der Erde mit Menschen. Unter ihren Leibern (und denen der in Massen gezüchteten oder von menschlicher Ästhetik am Leben gelassenen Tiere) wurden Wasser und Boden zum Mangel. Orte des Spiels und des frivolen Vergnügens entstanden. Bauwerke machen sich hoch und breit. Freie, unberührte Natur wich bis an letzte, ferne Horizonte. *Wer wäre das*, höre ich es aus diesem Lustgarten rufen, *der sich ein Gewissen daraus machen müßte, von den vier Elementen das zu beanspruchen, dessen er bedarf, ohne die Einsprache der Vernunft!* Überall herrscht die Sorglosigkeit des Homo ludens, circensische Heiterkeit und die Gymnastizierung der Glieder in Lust. Es predigte ein Besorgter wie ich vor diesem Bild wohl nur entblößten, ihm wie zum Spott hingestreckten nackten Gesäßen. Die Gewissen der Menschen haben sich ätherisiert zu durchsichtigsten Schleiern über dem Gewagten, und der ragende Phallus gehört den Akrobaten. Am rechten Bildrand, der Katastrophe bereits benachbart, ist noch Spiel und Tanz, Tändelei unter rotbäckigen Bäumen.

Aber es lassen sich die Raben schon nieder auf nacktem Fleisch und prüfen hackend, ob es schon aasig ist.

Dann bricht, auf der Tafel rechts, die Hölle los, das Ende der Natur, das große Sterben, das nur die Genchimären noch verschont. Der Mensch, sein Ende vor Augen, sieht sich nun, wie er in Wahrheit ist: Die Erde, ein bis zuletzt von ihm beschmutzter Ort, wo Habsucht und Falschspiel herrschen und der Kauf des eigenen Vorteils von der sich christlich gebenden Macht in Gestalt des bestechlichen Schweins; wo die Völlerei wieder zum Maul und der Profit zum Hintern herauskommen; wo die Politik eine Hure ist und die Vernunft der Wissenschaft das nur noch schartige Messer des Ockham zwischen ihren Ohren; wo die Kunst in Gestalt eines äffischen Kantormauls die Noten des letzten Tedeums vom nackten Hintern eines Mannes singt, akkompaniert von Fürzen in eine Flöte; wo Musik Folter ist und Drama Farce. Die Seelen der vom Menschen zu Tode gebrachten Wildtiere entweichen ihm, da er jetzt selber zum Teufel geht, als schwarze Vogelgestalten rücklings zum Leib hinaus. Aber sie werden keine Türme mehr finden, um die sich noch fliegen, keine Bäume, in denen sich noch nisten, keine Früchte, von denen sich noch leben ließe. Denn oben bersten die Täler und die Berge, die Häuser und die Fabriken. Selbst das Wasser brennt. Der Himmel ist ein Inferno aus atomarem Feuer und Rauch. Die Natur ist im Zustand des Grimms und der Rache. Die Elemente sind außer sich durch den zweiten, den atomaren Sündenfall des Menschen, der ein Feuer auf die Erde holte, das der Sonne zugehörig ist. Aus wohltätigen Mächten wurden zerstörerische Gewalten. Versprengte Kriegshaufen plündern, foltern, henken – Lanzen, Spieße, Messer überall, als wäre der Tod der Natur nicht allen schon Tod genug. Es ist ein Quälen und ein Schlachten, ein Fressen und ein

Gefressenwerden, als gelte es, den Tod zu entmutigen: *Was willst du, Gevatter, das können wir selber, und wir können es besser!* Es ist ein Sterben, daß es nur so eine Art hat: Menschenart ...

Fühlte ich, daß ein Bildbetrachter neben mir mich musterte, wandte ich das Gesicht ab. Zwar sagte ich mir, daß ich neugierige Blicke nur wegen meines Stockstuhls auf mich zog, doch war ich mir nicht sicher, ob nicht doch der eine oder der andere in mir jenen Mann wiedererkannte, dessen Gesicht mondgleich ruhig und bleich aus der Mitte dieses Pandämoniums hervorleuchtet, groß wie kein anderes Gesicht unter den unzähligen auf der Tafel, und auch so menschlich wie keines. Es gibt wirklich eine Ähnlichkeit der Nase, des Mundes und des länglichen Kinns zwischen meinem Gesicht und dem des Mannes inmitten des Gemäldes: wissende, alles sehende dunkle Augen und ein kleines Lächeln um den breiten, dabei schmallippigen Mund, das ebenso dem Mitleid des Artgenossen entsprungen sein kann wie der traurigen Genugtuung des Augurs, der längst alles hat kommen sehen. Ich bin der Baummensch dort im Bild. Mein leichenfahler Leib, der nur noch hälftig ist und leere Hülle, steht auf zwei Beinen, die drehwüchsigen Bäumen gleichen. Es starren lange Äste aus ihnen heraus, die entlaubt sind von einem vergifteten Himmel und entrindet von einer sorglosen Zeit. Die Sorglosigkeit sitzt in meinem weit offenen Leib zu Tisch. Es sind Zecher, und es stört sie nicht, nicht einmal angesichts des großen Sterbens ringsum, daß die toten Bäume mit den Ästen auch nach ihnen stechen, in den Leib des sie behausenden Baummenschen Klint hinein, den das Feiern und das Festen der allzeit Sorglosen, Hirnlosen, Mitleidlosen aushöhlte, lange bevor es ans allgemeine Sterben ging. Die toten

Äste wachsen noch, wie die Fingernägel an Leichenhänden. Sie haben nun auch meinen Rücken durchstoßen. Es nährt sie das tote Wasser des schwarzen Flußes Lethe, das in zwei segellosen Barken um die darin abfaulenden Wurzeln ihrer Stämme schwappt. Ich spüre von den Beinen herauf, mit denen ich in den Booten wie in zu großen Leichenschuhen stehe, ein Gleiten, das mich immer weiter von jeder Erinnerung an das Leben entfernen und mich hineintragen will ins afterhaft Finstere. Mein Kopf ist in höllischer Logik meinem Leib verkehrt herum angesetzt und trägt hutgleich einen Mühlstein, der mich so schwer drückt wie mein Wissen vom Zustand der Welt. Obenauf, in der Mitte des Steins, steht tonlos ein riesiger Dudelsack. Es entweicht ihm in rasch verfliegenden Kräuselungen mein Atem, mit dem ich den Blasebalg füllte, um der Welt mit schrillen Tönen zur Warnung aufzuspielen. Oder ist es schon der Rauch meiner zu Wortasche zerfallenen Kassandragesänge? Drei wunderliche Winzlinge, dämonische Gestalten aus meinen Alpträumen, führen mich, der ich selber dreifach bin – Täter, Träumer, Opfer – um den Dudelsack herum. Sie lassen mich ganz außen am Mühlstein gehen, hart am Rand zum Abgrund, wo ich von Sturz bedroht bin. Nicht anders auch führt mich die Mater ecclesia, an deren Hand ich den äußersten Rand meines Seins abschreite. Mit der bändergeschmückten Mitra auf dem hoffärtig getragenen Kopf und der langen Schleppe ihres Kleides aus Sack und Asche ist diese Kirche längst kein Trost mehr für mich.

So sehr hatte ich mich mit dem Mann im Bild identifiziert, daß ich gestern absichtslos und nicht wissend zu welchem Zweck dessen Kopfhaltung nachahmte: Ich schaue nach hinten und nehme in die Rückwärtsbewegung einen Blick mit, der gesättigt ist mit Frauenleibern und sehnsüchtigem Fleisch. Geängstigt von einer dunklen Willensströmung, die mich von mir fortzutragen droht, versuche ich, mit bruchstückhaften Gedanken rudernd, zu mir zurückzugelangen. Wie an einem Treibholz suche ich Halt bei dem Gefühl, es habe mich eine Hand an der Schulter berührt. Ich weiß Pilar Sorge hinter mir und mache Anstalten, mich vom Stockstuhl zu erheben, mich zu ihr zu drehen, sie zu begrüßen. Aber da spüre ich, wie sie den Druck ihrer Hand verstärkt. Ich verstehe, bleibe gehorsam sitzen und wende mich, mein Leib eine einzige Hoffnung, wieder dem Bild zu. So dicht steht die Spanierin hinter mir, daß ich versucht bin, mich an ihren Leib zu lehnen, Halt zu suchen und auszuruhen von meinen schrecklichen Gedanken. Ich gebe der Versuchung nach. Im Tempo einer ihren Weg ertastenden Schnecke schiebe ich der Frau meinen Rücken entgegen; die Berührung, die ich herbeisehne, soll als Zufall erscheinen. Ebenso langsam hebe ich den Kopf, den ich in Höhe der Frauenbrust glaube. Alles dauert lange und geschieht schweigend. Als ich in den Nackenhaaren Kontakt verspüre, bin ich zwischen Glück und Panik. Ich hoffe auf ein Zeichen des Einverständnisses oder wenigstens der Duldung. Aber weder hebt die Frau die Berührung durch ein Zurückweichen auf, noch kommt sie näher, auch im leisesten nicht. Ich denke mutlos: Duldung ohne Hoffnung, so lieben Madonnen! Ich atme tief und schwer. Dabei ist mir, als berührte mein Hinterkopf eine Brust unter allerdünnster Seide. Die Frau beginnt zu sprechen, über meinen Kopf hinweg mitten ins Bild hinein und gewiß den Blick unverwandt auf dessen Mitte gerichtet, die ich bin, Klint. Und also fühle ich, daß ihr Blick warm auf meinem Gesicht ruht, und ich höre, wie sie sagt: *Wer wäre das, der sich ein Gewissen daraus machen müßte, von Gott das zu bean-*

spruchen, dessen er bedarf, ohne die Einsprache der Vernunft! Ich weiß sogleich, daß sie die Liebe meint. Ich schließe die Augen. Bis da wieder der Druck der Hand auf meiner Schulter ist, verstärkt dieses Mal durch ein leichtes Rütteln. Die Stimme des Aufsehers sagt, ich möge nun endlich gehen, man sei längst dabei zu schließen.

Die Hure

Ich ging und fand mich alsbald im Retiro-Park. Wie ich vom Prado den halben Kilometer hierher zurückgelegt hatte, über die verkehrsreiche Calle de Alfonso XII., weiß ich nicht mehr. Im Vorübergehen an einem Gingkobaum hörte ich seine entenfüßigen Blätter schreien. Ich blieb stehen und war nicht verwundert, ich wußte ja, woher das Schreien kam: aus den Stomata der Blätter, den Mündern der Bäume, mit denen sie atmen und deren Lippen sich im Wechsel des Lichts und der Hinnahme von Trockenheit und Regen öffnen oder schließen. Die Münder waren hoch über mir und schrien auf mich herunter, wiegten sich dabei im Wind, hin und her, hin und her, und wurden in meiner Formuliersucht, die mich selbst im Zwielicht meines Bewußtseins nicht verläßt, zu Mündern eines Tragödienchors. Ich steckte mir die Zeigefinger in die Ohren und schrie gegen die Blätter an. Als ich die Finger wieder aus den Ohren nahm, war alles still. Da machte ich eine kleine Verbeugung in Richtung auf den Stamm und sagte etwa dies: Ich weiß, Bruder Baum, daß ihr Ginkgos die ältesten aller Bäume seid, daß ihr uralt schon wart, als der Archäopteryx von euren Ästen den Gleitflug übte und die Saurier von den, nun ja: stinkenden Früchten eurer Weibsbäume fraßen. Du bist, wie ich sehe, ein Gingko-Mann, warum schreist du also? Schmerzt dich etwas? Oder schreist du mich an, schreist du: Tu was! Rette uns!? Ich weiß, ich weiß: Ihr Gingkos wurdet bis jetzt mit allem fertig, was die Erde euch an klimatischen Exzessen, an Veränderungen der Atemluft zumutete, auch wenn ihr dem Übelstand vorübergehend, für ein paar zehntausend Jahre oder so, bis nach

China ausweichen mußtet. Aber nun, nicht wahr, reicht es selbst euch: Kohlendioxid satt, ihr könnt soviel fettes Holz gar nicht ansetzen, wie ihr *CO_2* fressen müßt! Auch anderes noch stinkt zum Himmel und kann nicht mehr in ihn hinein entweichen, die Erde ist zum unablässig kotenden Arsch des Sonnensystems geworden und die Erdatmosphäre ihre Kloake. Aber die Atmosphäre weigert sich, den Dreck der Erde noch länger aufzunehmen, mit dem Regen kommt alles wieder herunter, fällt auf Gerechte und Ungerechte, auf dich und mich, verätzt uns, vergiftet uns, wird uns am Ende töten. Schrei, Bruder, aber ich sage dir: Es wird dich keiner hören, ich kenne mich da aus. Buenas tardes! Werde wieder vorbeikommen, es hat mich sehr gefreut!

Mit einer abermaligen kleinen Verbeugung ging ich. Im nahen Calvin trank ich an der Bar einen Sherry, einen Gin mit Tonic, einen Kaffee und einen großen *Magno* und dasselbe noch einmal. Danach war ich mutig genug, den Kellner von neulich, als er endlich zur Nachtarbeit kam, nach der Bordelladresse zu fragen. Ich hätte, sagte ich wahrheitsgemäß, den Zettel in einer anderen Hose vergessen. Ich bekam die Adresse abermals, gab wieder reichlich (*Ablaß praecox*, gluckste ich in mich hinein) und verließ das Lokal.

Das Bordell war gut zu Fuß zu erreichen. Ein großbürgerliches Haus, dem es zum Adelspalais nicht gereicht hatte. Dennoch: ein hohes Portal, kanellierte Säulen, grüner Marmor. Das Portal war offen. Ich kam in eine zweigeschossige Halle. Afrikanisches Rosenholz die Treppengeländer und die Türen. Daß ich das Holz an Farbe und Maserung erkennen und benennen konnte, gab mir Sicherheit. Ich läutete, gleich im Parterre, an einer Tür mit zwei Messinginitialen, die ich noch von meinem Zettel her kannte: V. M. Ich deutete sie als

Venus und *Merkur*. Auf mein Klingeln wurde mir mit einem Summton geöffnet. Ich ging hinein und kam durch eine schummerige Diele mit goldgerahmten Lautrec-Plakaten zu einer fülligen, in einer Art Kanzel erhöht dasitzenden Matrone. Stumm legte ich zwei Fünftausendpesetenscheine auf die Brüstung. Schon draußen hatte ich sie, die Taxe schätzend, in eine Außentasche getan. Es war nur um weniges zuviel. Das mir herausgegebene Geld wies ich, ohne es mit den Augen auch nur überschlagen zu haben, mit einer um Nonchalance bemühten Handbewegung gönnerhaft zurück, während in Wahrheit mir der Gedanke schon unerträglich war, meine Fleischeslust durch diese lasziv lächelnde, stark geschminkte und schmuckbehängte Herodia bemessen, kleingemacht, erniedrigt zu sehen. Einer Handbewegung der Matrone folgend, betrat ich in einem Schlendergang, der nicht aus den Hüften kam, sondern aus dem Kopf, einen großen, an Proust-Interieurs erinnernden Salon. In Empire-Sesseln, auf kissenbedeckten Diwanen und auf Recamiers saßen oder lagen im schirmgedämpften Licht venezianischer Wandleuchten ein Dutzend oder mehr Frauen vor verspiegelten, fensterlosen Wänden. Als ich durch den Eingang kam, wurde hier und da ein Gähnen verschluckt; es war noch früh am Abend und ich, so schien es, der erste Gast. Kämme wurden auf Beitische, Handspiegel in Schöße gelegt, Frisuren wurden betätschelt, andalusische Fächer bewegt. Pudergerüche umwehten mich. Eine Welle aus affektierten Handbewegungen, mit denen die Hüllen über den Fleischauslagen kunstvoll derangiert wurden, machte die Runde. Es gab bemühte Versuche, ein verführerisches Lächeln auf die geschminkten Gesichter zu schicken. Konsterniert durch die Gewißheit, alleiniges Ziel der Aufmerksamkeit all dieser Frauen zu sein, von ihren kalten Blicken auf Stand und

Vermögen abgefragt zu werden, auf eine starke Potenz wohl auch, die eine rasche Erledigung des Unvermeidlichen erhoffen ließ, blieb ich stehen. Keine kam mir entgegen, die Wahl war allein an mir. Ich schickte einen langen, unsicheren Blick in die Runde, verlief mich in gürteltiefen Dekolletés, in denen kleine und große, pralle und schlaffe Brüste zu sehen waren, glitt über Häute aller Porenzustände und Schattierungen, schaute auf Haare aller Farben und Moden, streifte spitze und runde, rosig glatte und vom vielen Knien in Messen, dachte ich, grauhäutige Knie und wanderte mit den Augen, während meine Kehle hart schluckte, zwischen Frauenschenkel, die sich öffneten, wenn mein Blick sie traf, einige mokant schnell, andere lasziv langsam. Ich gab mir den Anschein, mit Kennerschaft aus dem reichen Angebot zu wählen, wo doch in Wahrheit mein Blick über die an den Wänden aufgereihten Frauen hinging wie über die Gitterstäbe einer Falle, in der ich mich, vom Köderfleisch verlockt, gefangen hatte. Ich dachte: Man muß einen dieser Gitterstäbe herausbrechen, anders kommt man nicht frei! Und ging schwerfüßig auf eine der Frauen zu, wahllos auf etwas Blauschwarzes, Schmalhüftiges, Rotrüschiges, das sofort aufstand und das Kleid über der Brust mit einem unübersehbaren Ausdruck von Stolz in der Kopfhaltung zusammenraffte. Ich wußte, daß die Geste nicht für mich bestimmt war; sie sagte den anderen Frauen, die jetzt alle herschauten zu der Erwählten, daß der Sieg errungen war und die Waffen, die ihn herbeiführten, ins Zeughaus konnten. Für mich ein Lächeln, das Routine war, und ein Blick voller Gleichgültigkeit für den im Fleisch schon Besiegten.

Die Frau führte mich eine Treppe hinauf, einen Gang entlang, in ein großes halbdunkles Zimmer. Plüsch an den Wänden, dunkelrot; ein breites ungeöffnetes Bett aus Messing, über dem Kopfende Goyas unvermeidliche Nackte

Maya; unter der Stuckdecke, in einem Kranz aus matten elektrischen Kerzen, ein auf das Bett gerichteter Spiegel; Waschbecken und Bidet aus weißem Porzellan. Die Vorhänge waren geschlossen, von den goldverzierten Schabrakken hingen rote Kordeln mit gleichfarbigen dicken Troddeln an den Enden. Ich musterte das alles. Nicht, daß es mich interessiert hätte, ich war nicht das erste Mal in einem solchen Haus, und irgendwie sind sich diese Zimmer, in denen es schwach nach ausgekeuchtem Atem riecht, nach Schweiß, Parfüm und feuchten Handtüchern, alle gleich. Ich studierte das Zimmer nur, weil ich auf diese Weise der Frau nicht beim Ausziehen zuschauen mußte. Dabei wußte ich, daß das lächerlich war, das Hinschauen des Klienten ist ein auf rasche Erektion zielender, eingeplanter Reiz.

Inzwischen hatte sich die Frau ganz entkleidet. Ich konnte ihrem Leib nicht länger ausweichen, also schaute ich ihn an: eine dem Auge, wie gewiß auch der Hand angenehme, wohlgerundete Nacktheit, langes tiefschwarzes Haar, das geöffnet über eine weiße Schulterhaut rieselte, die, soweit ich sehen konnte, frei war von Malen der Gewalt, wie man sie an manchen, dem Sadismus der Freier nachgebenden Dirnen findet; derbknospige Brüste, gerade noch siegreich im Kampf mit der Schwerkraft, und ein üppiges, sich breit und hoch ausfächerndes schwarzes Schamhaar, wie es nun auch in Spanien aus der Mode kam, wie ich wußte, seit ich eines Sonntagmorgens auf dem Madrider *Rastro* mit spitzen Fingern in deutlich mißbrauchten erotischen Magazinen geblättert hatte. Meine Gedanken verließen ihren geheimen Ort zwischen meinen Beinen, es hielt sie dort nichts mehr, und sie stahlen sich davon, zurück in den Prado, zu Pilar Sorge und zum Gingkobaum. Jede Luft, auch die von Autoabgasen schwere der Madrider Boulevards, war mir nun lieber als diese hier. Es kam wieder Zuversicht in meine Gedanken, ich gewann ein Minimum an Selbstvertrauen zurück und empfand Stolz auf meine Geistigkeit, Phantasie und Kühnheit im Umgang mit Kunst und Natur. Fast schon im Gehen, fing ich einen Blick der Frau auf; es war Verwunderung darin, weil ich noch immer keine Anstalten machte, mich zu entkleiden und die bezahlte Leistung einzufordern. Ob ich vielleicht nur ... fragte sie und beendete die Frage, indem sie ein paar Schritte auf mich zu machte und sich anschickte, dicht vor mir niederzuknien. Da ging ich brüsk aus dem Zimmer und die Treppe hinab. Viel zu bald und zu eilig, als daß mir im Salon nicht alle Augen gefolgt wären, amüsiert gewiß, denn ich hörte in meinem Rücken halblautes Lachen. Ich schlug es mit der Tür tot. Zu Hause würde ich duschen, kalt und lange ...

Aber Klint kam zu Hause nicht an. Man fand ihn am andern Morgen schlafend, mit verwüstetem Gesicht und in zerknitterten Kleidern auf einer der vorderen Bänke in der Kirche Los Jerónimos. Offensichtlich war er am Abend zuvor eingeschlossen worden. Ein Kirchendiener holte den Priester, der die Frühmesse lesen würde, aus der Sakristei. Der weckte ihn. Es war nicht der Priester, den Klint schon kannte. Dieser hier war ein großer schlanker Mann mit einem gutgeschnittenen, sehr männlichen Gesicht unter glattem schwarzem Haar, fünfundvierzig Jahre alt vielleicht. Ich weiß das, weil ich ihn in Rom, wohin er inzwischen versetzt worden war, ausfindig machen konnte. Er erzählte mir etwa dies: Er habe die Verwirrung Klints gespürt und auch, daß hier der Ort nicht und nicht die Zeit war für langes Fragen. Er lud Klint ein, die Messe anzuhören – falls es ihm nichts ausmache, habe er höflich hinzugesetzt; danach würde er sich um ihn kümmern.

Klint sei fast körperlich vor diesem Ansinnen zurückgewichen und habe gestammelt, er fühle sich einer Messebeiwohnung weder würdig noch gewachsen, schmutzig und übernächtigt wie er sei und auch beschämt darüber, daß er gestern abend (nach einer privaten Andacht, sagte er) hier eingeschlafen sein mußte. Zu einem anderen Zeitpunkt würde er gern wiederkommen, und nach wem er dann fragen solle. Da habe er Klint seine Visitenkarte gegeben. Der Deutsche habe seinen Namen gemurmelt, auch etwas über Beruf und Nationalität gesagt und sei dann in großer Eile aus der Kirche gegangen.

Auch mir gab der Priester zum Abschluß unseres Gesprächs seine Karte. Hinter dem Namen Leon Jesùs Ruiz stand das Kürzel SJ. Er war also Jesuit.

In Klints Madrider Texten taucht dieser Priester erst nach ihrem Zusammentreffen an jenem Morgen auf, so als ob Klint sich gescheut hätte, den ersten, alles entscheidenden Schritt zu tun in eine Geschichte, die, wie wir noch sehen werden, von wahrhaft phantastischem Zuschnitt ist. Es scheint so zu sein, daß es ihm leichter gefallen war, den Jesuiten einfach dasein zu lassen, ex nihilo, und wahr allein durch ein wie beiläufiges Erscheinen. Das liest sich so:

Zu Hause, unter der Dusche, ging ich in Gedanken noch einmal die Wege des vergangenen Abends und der Nacht danach. Die zeitliche Nähe von Bordell und Kirche machte mir kein Gewissen. Eher schon belastete es mich, daß ich in beiden Institutionen versagt hatte. Der Stolz auf meine Geistigkeit, den ich in der Niederlage meines Fleisches als Ausdruck des Sieges über die Versuchung empfunden hatte, war mir in der nächtlichen Einsamkeit der Kirche wieder abhanden gekommen. Unter der Peitsche des kalten Wassers auf meiner Haut ging mir auf, daß ich zu Gott nicht anders gegangen war als zu der Hure: im Verlangen nach Erlösung. Und beide Male hatte ich mein Ziel verfehlt, darüber half kein Schönreden hinweg. Ich war in Los Jerónimos nach längerem, blindem Verweilen auf einer hinteren, im Dunkeln befindlichen Bank in einen Beichtstuhl getreten, der zu dieser Zeit leer war, wie die ganze Kirche. Ich hatte nicht gewagt, mich zu fragen, was ich mit diesem absurden Einfall bezweckte, war einfach vor dem Gitter, das normalerweise den Beichtenden vom Beichthörer trennt, niedergekniet und hatte mich von der Theatralik des Vorgangs überwältigen lassen. Es wärmte mich ein Selbstmitleid, in dem alles zusammenfloß: meine depressive Weltsicht, meine Menschenferne und meine letzthin aufkeimenden Selbstmordgedanken (von denen ich insgeheim argwöhne, daß es sich mit ihnen besser leben ließ als ohne sie, weil sie meine Depressionen heroisieren). Tränen waren mir in die Augen getreten, Sekrete der Wollust auch sie und kaum anders zu bewerten als die Absonderungen meiner Cowperschen Drüsen angesichts der nackten Hure. Als ich aus dem Beichtstuhl ging, leer und deprimiert, fand ich die Kirche verschlossen.

Was nun soll ich dem Jesuiten zur Erklärung meiner Nächtigung in der Kirche sagen, wenn bei einer Wiederbegegnung, die ich doch nachdrücklich zusagte, unvermeidlich die Sprache darauf kommen mußte? Und wird sich eine Erwähnung des Bordellbesuchs vermeiden lassen, wo mir der Geruch von Puder und Geschlecht deutlich in den Kleidern gehangen haben muß? Am besten, ich stelle dem Jesuiten, einem durch seine Ordenszugehörigkeit als weltklug ausgewiesenen Mann Fragen, statt ihm peinliche Antworten zu geben, Fragen, die etwas damit zu tun haben, daß ich bis jetzt noch jedesmal, wenn ich durch emotionales Fremdverschulden in die Nähe einer Eheschließung geraten war, abgeschreckt wurde (gerettet wurde?) durch Kants mir geläufige Definition der Ehe, wie der Königsberger, dem Zynismus fernlag, sie in seiner Metaphysik der Sitten formuliert: Sie sei ein in beiderseitigem Einverständnis stattfindender wechselseitiger Gebrauch, den ein Mensch von eines anderen Menschen Geschlechtsorgan und Vermögen mache. Das wird als geistiger Hintergrund meines Bordellbesuchs genügen, zumal einem Zölibatären.

Die linksgewendete Haut

Jeder späte Vormittag, hatte der Jesuitenpater noch gesagt, würde für ein Wiedersehen eine gute Zeit sein. Als ich einige Tage später, gegen halb zwölf, Los Jerónimos durch die Sakristeipforte betrat, sah ich in der dämmerigen Tiefe der Kirche eine verschleierte, nach Figur und Gang noch junge, gleichwohl ganz schwarz gekleidete Frau aus dem Beichtstuhl kommen, in welchem ich in Selbstbefriedung gekniet und darüber das Schließen der Kirche verpaßt hatte. Angetrieben von einer vagen Vermutung, trat ich hinter eine Säule, an der die Frau auf ihrem Weg hinaus vorbeikommen mußte. Ich sah, wie sie den Schleier abnahm und ihn in die Handtasche tat. Als sie dann, unverwandt geradeaus blickend, die Säule passierte, hinter der ich mich verbarg, sah ich ihr Profil. Es war Pilar Sorge. Im selben Moment kam vom Beichtstuhl her ein zweites hartes, von den Steinfliesen laut widerhallendes Schrittgeräusch. Es war der Jesuit. Ungesehen auch von ihm, ließ ich ihn an mir vorübergehen.

Während der Priester und die Frau noch durch die Kirche schritten, verspürte ich durch die Kleider hindurch am ganzen Leib und besonders im Nacken, wie ein Schauder meine Haut überlief. Seit Tagen war ich in Vorbereitung meiner Absicht, Pilar Sorge zum Objekt meines Schreibens zu machen, in astrophysikalischen Studien vergraben, und so lag es nahe, auf der Suche nach einem sprachlichen Ausdruck für mein fremdartiges Hautgefühl mich in den Anprall eines Materieregens beim Durchfliegen kosmischer Nebel hineinzudenken. Ich glaubte eine neue, bis ins Schmerzhafte gesteigerte Hautsensibilität zu spüren, als hätte sich das Innere meiner Haut nach außen gestülpt, einem linksgewendeten Handschuh gleich. Aufgehoben schien jede Abgrenzung gegen die Welt, gebrochen der Wille, mein Ich niemandem auszuliefern. Seit Tagen suchte ich in Gedanken den dunklen interpersonalen Raum zwischen mir und diesen beiden Menschen ab, die mit ihren Berufen auf eine mich dunkel erregende Weise mein neues Problemfeld absteckten: ein Himmel ohne Gott, das Bewegte ohne einen Beweger, das Unendliche ohne das Ewige. Bis jetzt hatte meine Suche nur geringen Erfolg gehabt. Jede Erkenntnis, die ich gewonnen zu haben glaubte, zerstreute sich an den Wörtern, mit denen ich sie zu konkreten Gedanken zu machen versuchte. Nun aber, da Pilar Sorge und der Jesuit in eine der Beobachtung und der Spekulation zugängliche Konstellation zueinander getreten waren, ergab sich für mich eine Verstärkung ihrer psychischen Signale, und sie erreichten mich im Zustand einer ins Halluzinatorische gesteigerten neuen Empfänglichkeit.

Ich hatte die Emanationen der Auren des Priesters und der Astronomin auf meiner linksgewendeten Haut.

Der Geruch von Gedanken

Wieder in meiner Wohnung. Ich suche mit anhaltender Verbissenheit und während ich mich immer wieder erfolglos an meine alte *Olympia* setze, nach einem Wort, das mir die Welt namhaft machen soll, in der ich mich denkend und schreibend zu bewegen gedenke. Ein einziges Wort muß es sein, das bin ich mir als professioneller Auf-den-Punkt-Kommer schuldig. Als ich es endlich habe, hat es auf mich die Wirkung einer halluzinogenen Droge, die den Zustand noch verstärkt, in den ich mich in der Jeronimoskirche hineinsteigerte. Es ist, als mutierte dieses eine Wort hinter meiner Stirn zu einem dritten Auge, das auf dem leeren weißen Papier in der Schreibmaschine endlich Menschen aufscheinen läßt wie Wasserzeichen im Licht. Ich brauche ihnen nur noch Sprache zu geben, und sie werden leben! Ich *entwirkliche* mir die Welt, das ist das Wort!

Fortan werde ich von ihm beim Schreiben auf eine Weise Gebrauch machen, die der Arbeitsweise eines Suchhundes ähnelt, der auf seinen Wegen allem und jedem die Wahrheit mit dem Geruch eines einzigen Kleidungsstückes abfragt, den er zu Beginn der Suche nach dessen Besitzer dem Gedächtnis seiner Nasenschleimhäute einprägte. Wirklich und wahr ist für mich von nun an nur, was den Geruch des Unwirklichen trägt. Also den Geruch meiner Gedanken!

Das macht noch ein Postskriptum möglich: Es ist dieser Geruch der einzige, der mir keine Ekelempfindungen abnötigt in einer Welt, die zu ihrem Schaden – und zu ihrem Ende! – von Nutzmenschen und Nutztieren bedeckt ist wie von einem stinkenden Schweißfilm. Und Eiterherde überall!

Ich bin soweit zufrieden mit mir. Die Dinge lassen sich gut an. Aber noch fehlt mir die Möglichkeit, mein neues Denken und die daraus folgenden Inhalte meines Schreibens zu verifizieren, doch suche ich danach mehr aus langer beruflicher Gewohnheit denn aus Mißtrauen in das Neue. Indes, wie recherchiert man das Unwirkliche, wie beweist man gar den Geruch von Gedanken? Ich gewinne Spaß an solchen Fragen, besonders wenn ich mir die faktenhörigen Dokumentaristen in den Heimatredaktionen vorstelle, wie sie sich ratlos über meine neuen Texte beugen: Nichts, rein gar nichts geben ihre Archive dafür her, riecht es daraus doch nach Staub statt nach Gedanken. Das Unwirkliche ist eben nicht ablegbar, es hat weder Jahrgang noch Alphabet. Es ist das Wasserzeichen des Lebens. Es benötigte das Licht der Phantasie, wenn es aufscheinen soll. Dumpfe, zu Papier gebrachte Fakten decken es zu!

Wurde ich von der Furcht gestreift, es könnten meine Fragen am Ende unsinnig sein, rettete ich mich in Antworten, denen ich die Zügel der Logik schießen ließ, die meine Phantasie bislang im Zaum gehalten hatten. Ich machte mich frei von jeglichem Zwang zur Logik, ich forderte mir nicht einmal mehr Wahrscheinlichkeit ab. Ich handelte wie einer, der auf See ein Lot auswirft, von dem er weiß, daß die Leine daran nicht lang genug ist, um das Blei an ihrem Ende auf Grund stoßen zu lassen und daß darum ein Maß für die Tiefe, über die er segelt, nicht angebbar ist. Mein Vergnügen, ja Lust war die Tiefe an sich; ob sie klar war oder trüb, darauf kam es mir, segelte ich über sie hin, nicht mehr an.

Ein solches lustvoll ausgeworfenes Lot war die Idee, mich in die Neurochirurgie des Madrider La-Paz-Krankenhauses zu begeben und dort mit einem Operateur ein Interview über die Möglichkeit eines Geruchs von Gedanken zu führen.

Unter Vortäuschung einer beruflich veranlaßten Neugier und einem Hinweis auf meinen Status als Wissenschaftskorrespondent deutscher Blätter würde man mich gewiß vorlassen. Immer schneller ließ ich die Lotleine ausrauschen: Man würde mich zu einer Schädelöffnung einladen und mich unter dem Kichern der Operationsschwestern an einem Gehirn riechen lassen. Aber mußte die im OP obligate Gesichtsmaske – grün würde sie sein – mich nicht jener Feinheit des Riechvermögens berauben, die nötig war zur olfaktorischen Wahrnehmung von Gedanken? Und könnte das Amüsement der Schwestern seinen Grund nicht allein schon darin haben, daß jeder im Saal wußte, nur der Herr Wissenschaftsjournalist nicht, daß ein voll narkotisiertes menschliches Gehirn keine Gedanken produzierte und daß allenfalls, so hörte ich den Anästhesisten sagen, schwach schweißig riechende Buttersäuremoleküle aus dem Schädel des Patienten aufsteigen würden, Gedächtnisspuren seiner präoperativen Angst? Wegen der Gesichtsmasken, die alle trugen, würde ich nicht sicher erkennen können, wie ernstgemeint diese interessante Aussage war.

Was immer meine Recherchen ins Unwirkliche, Phantastische erbrachten – eines war mir klargeworden: Wirklich wurde Unwirkliches nur, wenn man es erfand. Ich dachte befriedigt: Literatur als Geruch von Gedanken.

Das Sündengehäuse

Es kommt vor, daß ich mich nicht fühlen kann, wenn ich mich denke. Um mir einen neuen Denkkörper zu geben, maximiere ich das Nichts (etwas Besseres steht mir zu solchen Zeiten nicht zur Verfügung): *nicht – nichtig – ver-nichtet.* Daraus ziehe ich für mich die Summe. Sie ist null. Zwar ist null auch nur nichts, aber es ist nun kein gefühltes Nichts mehr, sondern ein gedachtes, und wer denkt, ist. Aber als Nullum ist einer eine gefährdete Existenz. Sicher fühlen kann er sich erst, wenn die Null beweisbar ist, nachprüfbar wie eine wissenschaftliche These. Also ersann ich eine Gleichung, aus der ich mich ableiten konnte. Damit sie rechenbar wurde, brauchte ich ein Wort. Wörter sind meine Wirklichkeit. Ich wählte *Haß.* Haß ist deckungsgleich mit nichts, jedenfalls liegt Haß dem Nichts am nächsten. In einem Zug schrieb ich: *Ich hasse meinen Haß auf einen Haß, den ich hasse.* Nun mußte ich diesen Gleichungssatz nur noch in algebraische Zahlen verwandeln; ihre Vorzeichen würden sich aus dem Zusammenhang der Satzbestandteile ergeben. Meine Ich-Formel lautet: $(a-a)+(a)-(a)=0$.

Sie gefällt mir allein schon deswegen, weil ich jetzt eine Schriftfassung von mir habe. Das geschriebene Leben geht dem gelebten vor.

Ich lasse die Bilder, die meine Augen heute vormittag in der Jeronimoskirche aufnahmen, in meinem Kopf rückwärts laufen. Das geschieht mit einer Geschwindigkeit, die rasch zum Eigentlichen kommt, dem Beichtstuhl. Was ich sehe, hat große Ähnlichkeit mit einem Film, den der Cutter zur Überprüfung vergangener Schnittfolgen im Schneidetisch zurückfährt. Natürlich könnte ich auch anders verfahren, weniger umständlich, um das Fundament zu legen für das, was ich im Sinn habe, aber es ist unterhaltsamer so und geht auch schneller.

FILM AB ALSO: Pilar Sorge kommt wieder zur Sakristeitür ins Kirchenschiff herein, am Altar vorbei, an der Säule dann, hinter der ich verborgen bin, immer in Richtung auf den Beichtstuhl, und alles im schnellaufenden Rückwärtsgang. Da ich auch den Ton von heute morgen noch im Ohr habe, lasse ich ihn mitlaufen. Das Klackklackklack ihrer Absätze auf den Steinfliesen hallt von den Säulen wider. Schon hat sie ihrer Handtasche den schwarzen Schleier entnommen und sich mit ihm Haar und Stirn bedeckt. Die Grazie ihrer Hände wirkt wegen des Tempos, in welchem alles abläuft, sagen wir: chaplinesk. Natürlich ist längst auch der Jesuit im Bild. Er geht rückwärts, wie Pilar. Seine schwarzbeschuhten Füße unter der Soutane rollen von den Zehen zu den Hacken ab, was den Eindruck eines überhasteten, ich bin versucht zu sagen: obszönen Schleichens machen würde, wäre nicht der Hallton seiner Absätze. Aber der Eindruck ist nun mal da – wie komme ich darauf? Inzwischen hat der Jesuit sich den violetten, mit Kreuzen bestickten Schalkragen des Beichtvaters umgelegt. Und schon ist er in seinem Sündengehäuse verschwunden. Als letztes von ihm sieht man seine Hand am Vorhang. Es ist eine männliche, eine auch schöne Hand, weiß und langfingrig, und sie zieht einen dunkelroten Samtvorhang, den sie in Wirklichkeit öffnet, mit einer Hast zu, als gelte es, rasch ein von Enthüllung bedrohtes Geheimnis zuzudekken. Ich komme zu dieser Deutung durch etwas, das ich einen Augenblick davor gesehen zu haben meine. Um sicher zu sein, halte ich den Film an und fahre ihn zurück, bis der Jesuit wieder ein Stück außerhalb des Beichtstuhls ist. Im Langsamgang studiere ich sein Gesicht. Ja, das ist es: Er hat seine dunklen Augen auf den Rücken Pilars geheftet, wie saugend, und deutlich ein paar Handbreiten zu tief! Merkwürdigerweise belustigt mich das nicht wie sonst, wenn ich in der Stadt solche Blicke an Männern bemerke, die hinter jungen Frauen gehen. Es irritiert mich auch nicht der offenbare Mangel an kirchlicher Tugend. Aber ich habe jetzt nicht die Zeit, über das Gesehene und seine Wirkung auf mich weiter nachzudenken, denn schon läuft der Film, wie ohne mein Zutun, in meinem Kopf wieder rückwärts. Er hat es eilig, zur Sache zu kommen! Auch Pilar ist nun, rückwärts gehend, in den Beichtstuhl eingetreten. Von da an übt er, wohl weil ich in ihm die beiden nun allein weiß, einen starken Sog auf mich aus.

JESUIT: Ich höre.

PILAR: Ich habe Gedanken, Padre, die nicht nur sündig sind auf fleischliche Art. Es ist schlimmer: Sie sind gottlos. Andererseits können sie, da sie gottlos sind und nicht bloß gottvergessen, eigentlich nicht sündig sein, denn ohne Gott gibt es keine Sünde. Helfen Sie mir, Padre?

JESUIT: Solange Gott nur in Ihrem Herzen ist...

PILAR: Herz oder Kopf, das sind nur Worte. Ich habe Gott im Kopf, oder ich habe ihn gar nicht.

JESUIT: Gott im Kopf zu haben, das ist allein für unsereinen, und selbst in Priesterköpfen will er heute weniger denn je Wohnung nehmen.

PILAR: Vielleicht hängen ihm zu viele Wunschbilder von entblößten Frauen darin.

JESUIT: Die jungen Spanierinnen sind sehr direkt geworden seit Francos Tod.

PILAR: Die Jesuiten sind auch nicht mehr, was sie einmal waren, nicht einmal im Mutterland ihres Ordens.

JESUIT: Pilar, bitte! Achten Sie den Ort, an dem wir uns befinden.

PILAR: Ich sage doch *Padre* zu dir, ist das nicht Respekt genug vor diesem ... diesem Möbel hier?

JESUIT: Sprich leiser, um Gottes willen!

PILAR: Laß Gott aus deinem Versteckspiel, es könnte sonst sein, daß ich es bin, die hier die Absolution erteilen muß. Du bist ein Feigling, Jesùs Ruiz.

JESUIT: Von Gott kann man sich nicht scheiden lassen ...

PILAR: Das wird von dir auch nicht verlangt. Er hängt ja auch noch über unserem Bett, und von mir aus kann er dort bleiben. Es ist nicht dein Festhalten am Glauben, das ich feige nenne.

JESUIT: Du willst die Öffentlichkeit unserer Beziehung ...

PILAR: Jedenfalls sind Bett und Beichtstuhl nicht genug, es muß noch etwas hinzukommen zu diesen beiden Orten unserer Heimlichkeiten.

JESUIT: Eine Beichte ist dies tatsächlich nicht. Gehen wir in eine Bar. Wäre dir das öffentlich genug?

PILAR: Jetzt wirst du zynisch. Wenn du mir nichts anderes vorzuschlagen hast, als einen für jedermann unverfänglichen Barplausch zwischen Priester und Beichtkind, dann gehe ich. (Sie erhebt sich von den Knien.)

JESUIT: Warte!

PILAR: Warte, warte, warte! Ich warte seit zwei Jahren.

JESUIT: Habe ich dir meine Liebe nicht oft genug erklärt?

PILAR: Wir wollen, bitte, genau sein: Du hast mir deine Liebe gestanden, erklärt hast du sie mir nicht, du hast mir nie gesagt, was ich für dich eigentlich bin. Ich habe da die Wahl zwischen Zugehfrau für deinen Hormonhaushalt und Hostie für die seelische Erbauung.

JESUIT (hält ihr das an einer Kette um seinen Hals hängende Kruzifix entgegen): Pilar! Du lästerst Gott!

PILAR (lacht bitter): So ist es immer: Wenn du am Ende bist mit deinem Latein, dann baust du deinen Gottesmann zwischen uns auf. Laß es nicht soweit kommen, Jesùs Ruiz, daß ich meinerseits einmal einen Mann zwischen uns stelle, einen, der kein Schmerzensmann sein wird. Adiós. (Sie kommt aus dem Beichtstuhl heraus, geht raschen Schritts in Richtung auf die Sakristeitür, wobei ihre Absätze mit Härte den Kirchenboden treten, als strafe sie in ihm die ganze Institution ab, nimmt den Schleier vom Kopf, stopft ihn in die Handtasche und ist gegangen. Der Jesuit erscheint und geht ihr nach, doch nur bis zum Altar, Gott hält ihn auf, er ist also noch in dessen Gnade. Er beugt das Knie, bekreuzigt sich und scheint zu beten. Ich nutze seinen mir zugekehrten Rücken und verlasse in der Gegenrichtung die Kirche. Ich umrunde sie hälftig bis zur Sakristeiseite und trinke im gegenüberliegenden Calvin einen *Café solo* und einen *Magno*.)

Der Jesuit

Anderntags stattete ich aus Gewohnheit dem Pradomuseum einen Besuch ab. Ich tat das fast immer, wenn ich in der Madrider Hauptpost Manuskripte auf den Weg nach Deutschland brachte. Nie versäumte ich es, an Boschens Garten der Lüste vorbeizuschauen, doch wurden meine Aufenthalte vor dem Triptychon des Holländers letzthin kürzer. Der Höllensturz der Leiber kommt mir gedanklich ausgereizt vor, seit ich ihn mir ummünzte in den ökologischen Holocaust. Unlängst gar machte ich die Entdeckung, daß ich dem Grauen Lustgefühle abgewann: Ich saugte mich mit den Augen an einer prallen weiblichen Brust fest oder delektierte mich an einem deftigen Frauenhintern. Nicht einmal dem Wunsch, ein vom Maler nur hingehauchtes Schamhaar nach einer Furchung des Fleisches darunter abzusuchen, widerstand ich. Dazu mußte ich mich weit über die Seilsperre beugen. Es fiel mir dies leicht, weil ich sicher war, daß Vorübergehende in mir einen Kunstkenner vermuten würden, der Boschens Maltechnik im Detail zu studieren wünschte. Als ich mich dann gar noch dabei ertappte, wie ich die Bildbetrachtung auf einen Anus reduzierte, in dem eine Flöte steckte, mied ich fortan den Erdgeschoßsaal, in welchem das Bild hängt.

Ganz indes mochte ich auf solchen Voyeurismus nicht verzichten, zu sehr war ich daran gewöhnt, in den Darstellungen weiblicher Nacktheit ohne Rücksicht auf ihren künstlerischen Rang meine natürliche männliche Sehnsucht nach dem anderen Geschlecht zu befriedigen, und im Hinschauen legte ich eine Kühnheit an den Tag, zu der ich im Umgang mit einer wirklichen Frau unfähig wäre. Also hatte ich im Prado nach einem Ersatz für den Garten der Lüste gesucht, nach einem Bild, das mich weniger vor mir selber enthüllen würde als das Bosch-Triptychon.

Ich fand es im ersten Stock, in einem Nebensaal, den ich nie zuvor betreten hatte. Es ist ein eher kurioses Gemälde, das Werk eines gewissen Alonso Cano, der im siebzehnten Jahrhundert lebte. Es trägt den Titel *San Bernardo y La Virgen* und zeigt die Gottesmutter, wie sie aus einer von ihr anmutig manipulierten nackten Brust einen wohlgezielten Strahl Milch in den offenen Mund des vor ihr knienden heiligen Bernhard von Clairvaux entläßt. Es ist der Strahl nicht nur wohlgerundet, wie seine Quelle, er ist auch erstaunliche anderthalb Meter lang. Keuscherweise sollte man darin nicht eine große Fertigkeit der Gottesmutter in der Kunst des Milchverspritzens sehen, sondern die Absicht des Malers, zwischen die Jungfrau und den Mann ungeachtet seines Heiligenscheins eine Schamdistanz zu legen, denn bestimmt hat Cano beim Malen und bevor er sich für die Strahllösung entschied auch andere Möglichkeiten der Übertragung von Milch der allerfrömmsten Denkungsart von Brust zu Mund erwogen, darunter gewiß auch die nächstliegende, kürzeste.

Vor just diesem Bild sehe ich den Jesuiten aus der Jeronimoskirche stehen. Er ist zivil gekleidet, fast elegant, wie es besonders bei den spanischen Mitgliedern der Societas Jesu nicht selten ist. Wer ihn nicht kennt, käme schwerlich darauf, einen Ordensmann und Priester anzuschauen. Ich überlege, ob ich zu ihm gehen und ihn ansprechen soll. Im Weg steht mir die ungute Erinnerung an den Morgen unseres Zusammentreffens in der Jeronimoskirche. Ich mußte einen verheerenden Eindruck auf ihn gemacht haben. Andererseits ist diesem Priester nichts Menschliches fremd, und es reizt mich, tiefer noch in seine verschwiegene Aura einzudringen, als sie sich mir gestern mitteilte. Also trete ich zu ihm, wünsche einen guten Tag und bringe mich mit ein paar Sätzen über die Umstände unserer ersten Begegnung in Erinnerung.

«Ach ja?» sagt er gedehnt. Und dann mit einem Lächeln: «Doch, jetzt erinnere ich mich! Sagten Sie nicht, ehe Sie neulich gingen, Sie würden wiederkommen?»

Ich bin versucht zu sagen: *Aber ich war doch wieder in Ihrer Kirche, gestern erst!*, überlege es mir aber im letzten Moment anders. Ich sage: «Es reichte bis jetzt nur für einen Besuch meiner Gedanken bei Ihnen.»

«Die Gedanken anderer sind oft die angenehmeren Gäste.»

«Angenehmer als die Gäste selber?»

«Das wollte ich nicht sagen. Ich meinte damit, daß die Gedanken anderer Leute oft angenehmer seien als die eigenen, die ungebeten kommen.»

«Problemloser auch», sage ich und belauere sein offenes, männliches Gesicht aus den Augenwinkeln. Er seufzt, und ich lächle still meinem und seinem Geheimnis zu: Siehst du, es stimmt! Aber ich bin noch nicht zufrieden, wir reden zu allgemein, ich muß es genauer wissen. Also wende ich mich dem Bild zu und nehme ihn am Ellbogen mit in meine Bewegung. Das ist ihm wohl zu vertraulich, denn er macht einen halben Schritt zur Seite, folgt aber mit seinen Augen den meinen zur Jungfrau Maria, die den heiligen, von vielen Kreuzzugspredigten durstigen Bernhard stillt.

«Ich finde», sage ich, «daß dieses Bild weit mehr ist als eine religiöse Geschmacklosigkeit. Es enthält, denke ich, für einen Gottesmann die unübersehbare Mahnung, bei der Ausgießung von Frömmigkeit Abstand zu halten zum Empfänger, ganz besonders in Situationen, die von starker Intimität geprägt sind, etwa, sagen wir einmal: im Beichtstuhl, wo ja auch Entblößung stattfindet. Und daß die Mahnung doppelt gelten muß, wenn die empfangende Person, wie hier auf dem Bild, ein Mitglied des anderen Geschlechts ist.» Der Priester verzieht keine Miene, nimmt auch die Augen nicht von dem Bild. «Darauf wäre ich nicht gekommen», sagte er. «Eine interessante Deutung.» Seine Stimme ist ruhig, die jesuitische Erziehung zeigt sich wieder einmal jeder noch so heiklen Situation gewachsen. Ich gehe also einen Schritt weiter in seiner Herausforderung, indem ich ihn frage: «Würden auch Sie, Padre, eine solche Ermahnung zu keuscher Distanz ab und zu nützlich finden, und kommen Sie deshalb zu diesem Bild?»

Getroffen! Endlich dreht er sich mir zu und sieht mich voll an, seine Kaumuskeln arbeiten unter dem Blauschimmer der Haut über den Kiefern. Schmaläugig sagt er: «Wie habe ich das zu verstehen, Señor...?»

«Klint», sage ich und deute in einer leichten Verbeugung auch gleich eine Entschuldigung an. «Ich bin Journalist, wie Sie wissen, und stelle manchmal Fragen, die einer im Dunkeln tastend vorausgehaltenen Hand gleichen und Ausdruck sowohl der Hoffnung sind, auf etwas für meine Arbeit Brauchbares zu stoßen, als auch der Angst, schmerzhaft anzuecken. Verzeihen Sie also, Padre, ich wollte nicht insinuieren, daß Sie...»

«Schon gut», sagt er eisig. «Guten Tag.» Und wendet sich zum Gehen. Aber so leicht werde ich ihn nicht davonkommen lassen; gegen seinen mir schon halb zugekehrten Rücken hin frage ich: «Sagen Sie mir doch wenigstens, was unter all den vielen Bildern, die hier herumhängen und von weit größerer künstlerischer Bedeutung sind als dieser Cano, Sie so fesselt an ihm, daß Sie davor sinnend verweilen, wie ich beim Hereinkommen sah ...»

Obwohl er gewiß innerlich bebt, tut er so, als habe er mich nicht mehr gehört; er bricht seinen Weggang nicht ab und geht schnellen Schritts aus dem Saal. Wie auf der Flucht! denke ich triumphierend. Konnte es nicht tatsächlich so sein, daß er sich ertappt fühlte, weil er dem Bild insgeheim dieselbe Deutung gibt wie ich, und daß er vor ihm bußfertig den Rosenkranz aus den Perlen betete, in die Cano die mundnahe Hälfte des Milchstrahls wegen der nachlassenden Wirkung des Brustdrucks in pointillistischer Malmanier zerlegt hatte? Es hätte sein Verweilen vor dem Bild plausibel gemacht. Was sonst könnte ihn fesseln an diesem eher mittelmäßigen, von Peinlichkeit nicht freien Gemälde, ihn, der seinem ganzen Habitus nach ein Mann von Welt war, nicht angewiesen auf eine gefirnißte, von Haarrissen überlaufene, dreihundert Jahre alte weibliche Brust. Ich wittere an ihm einen römischen Hautgout, in dem sich *Cardinal* auf *Carneval* reimt: Frühgebete unter Gebrauch von Händen, an denen noch schwach der Duft von Frauenhaar hängt. Wundmale von saugenden Küssen unter dem Meßhemd. Stigmen leidenschaftlicher kleiner Bisse. Und all dies überschattet von einer an Gott geketteten Liebe, die am Objekt ihrer Anbetung erste Spuren des Alterns entdeckt, Zeichen Seiner Endlichkeit in der Zeit.

Ich muß unbedingt die Frau wiedersehen, die sich stark genug fühlt, in diesem Priester die Nachfolge Gottes anzutreten.

Die Astronomin (II)

Für die Gedanken ist es ein noch kürzerer Weg vom Prado zur Sternwarte als für die Füße.

Sie ist ganz in Schwarz – also doch? «Aber nein!» sagt sie, als erriete sie aus meinen Blicken, die indiskret über sie hingehen, vom Kleidausschnitt zum Rocksaum, meine Gedanken. «Weder Trauer noch Kirchgang.» Sie lacht. «Schwarz ist derzeit die Farbe meiner Berufskleidung. Ich arbeite gerade über Schwarze Löcher.» Macht sie sich lustig über mich? Die Frage steht mir wohl im Gesicht geschrieben, denn sie sagt: «Auch das nicht. Sie sind doch dieser deutsche Wissenschaftsjournalist, der mich neulich bei den Bouquinisten am Botanischen Garten ansprach, richtig? Na, und deutsch und Wissenschaft dazu, da muß man doch ernst bleiben.» Wieder lacht sie und zeigt mir ihre weißen Zähne. Während ich auf ihren weichlippigen, stark geschminkten Mund und die Zähne starre, muß ich an den Jesuiten und die Freuden seines Fleisches denken. Als will ich Pilar dafür strafen, sage ich ohne Übergang und nur mir verständlich: «Ich kenne Ihren Beichtvater, Señora.»

Da sieht sie mich lange schweigend an. Das Blau ihrer Augen scheint sich zu verdunkeln, und aus ihrem schönen Gesicht weicht die Heiterkeit des Anfangs. Die kleinen Lachfalten um Augen und Mund vertiefen sich, als sie schmallippig sagt: «Um mir mitzuteilen, daß Sie meinen Beichtvater kennen, sind Sie sicher nicht hergekommen.»

Ich schweige betreten. Eine Hitze steigt in mir auf, die mir, vermute ich, Stirn und Wangen rot färbt; es ist mir eingefallen, daß ich nicht eine einzige intelligente Frage vorbereitet habe, die in das Fachgebiet der Astronomin paßt, geschweige denn ein ganzes Thema, auf das sie, weil sie mir ihre Zeit opfert, Anspruch hat. Ich hatte nur eine Frage im Sinn, als ich sie aufzusuchen beschloß: die nach ihrem Verhältnis zu dem Priester. So schweige ich.

Die Astronomin deutet das Schweigen offenbar als mein Beharren auf einer Antwort. «Nun gut», sagt sie verärgert, «Sie kennen Jesùs Ruiz. Und was weiter? Tausend andere kennen ihn auch, er ist schließlich einer der Pfarrer an der Jeronimoskirche.»

Ich habe mich wieder gefangen, und gleich kehrt scheeläugig meine Sicherheit zurück. Was bin ich für ein Groschenblattschwein, daß ich denke: Wie beim Jesuiten hat auch bei ihr der Hauch einer Andeutung genügt, um ein stilles Wasser bis in die Tiefe aufzurühren! Was aber antworte ich? Ich sage: «Verzeihen Sie, Señora, ich wollte Sie gewiß nicht kränken, es ist nur so, daß ich Sie gestern zufällig aus dem Beichtstuhl in Los Jerónimos kommen sah.» Ich hatte auch noch sagen wollen: *zusammen mit ihm*, aber das wäre eine zu plumpe Andeutung meines geheimen Wissens gewesen. Ich weiß Besseres: «Er verließ alsbald nach Ihnen dieses... dieses Möbel.» Dabei lache ich, als sei ich selber erheitert über meine komische Wortwahl, und fahre fort: «So kam es in meinem Kopf zu einer Verbindung zwischen Ihnen und dem Priester, was allein mich ihn vorhin erwähnen ließ, glauben Sie mir, bitte.»

Es ist Gift an meinen Wortpfeilen. Ich könnte schwören, daß sie bleich wurde, als ich den Beichtstuhl mit Betonung ein Möbel nannte. Sie war ihrem eigenen Wort begegnet. Ganz sicher indes bin ich nicht; sie hat sich abrupt, noch während ich sprach, zu einem Fenster begeben und sieht nun in den Park hinunter, in dem die Sternwarte residiert.

«Wir bauen da unten mehrere neue, zeitgemäß kleine Ein-Mann-Beobachtungshäuser für arbeitsteiliges Sternegucken», sagt sie, hörbar um einen harmlosen Ton bemüht. «Darüber können Sie doch schreiben, und auch, daß unsere neue demokratische Regierung das Geld dafür bewilligte und daß eine spanische Astronomin Ihnen sagte, es hätte in der Zeit Francos ein fleißiger Kirchenbesuch als ausreichend gegolten, sich dem Unendlichen zu nähern.»

Ich sage: «Sie vermeiden das Wort Gott.»

Sie sagt: «Als ich in München studierte, hörte ich erzählen, daß einer Ihrer großen Chirurgen, ich glaube, er hieß Sauerbruch, geäußert haben soll, er hätte in seinem Leben Tausende von Leichen geöffnet, aber nie eine Seele gefunden. Ich schaue Nacht für Nacht Millionen Lichtjahre weit in den Himmel und habe...» Sie öffnet das Fenster und läßt das Satzende fliegen. Als sie sich ins Zimmer zurückdreht, stehen Tränen in ihren Augen. «Was wollen Sie wirklich von mir?» fragt sie. Und dann, ohne meine Antwort abzuwarten: «Bitte, gehen Sie! Ich bin nicht in der Stimmung für ein wissenschaftliches Interview.» Sie hält mir die rechte Hand hin, ich gehe darauf zu, nehme sie, drehe den Handrücken mit sanftem Zwang nach oben und beuge mich, ganz Luzifer, darüber...

Ich schob an dieser Stelle die Schreibmaschine weg und richtete mich auf. *Das Wasserzeichen!* dachte ich. *Gib ihm Sprache, und es lebt. Es lebt!* Ein einziges Wort, und es hat die Wirkung eines Münzeinwurfs in eine Jukebox. Töne rauschen auf, bunte Lichter blinken und Stimmen intonieren Texte, die oft absurd sind, nicht selten sentimental, aber immer trächtig mit Brauchbarem.

Ich ging auf den Balkon und grüßte mit einem Nicken des

Kopfes die Zeder, die bis zu mir heraufreicht. Zu Bäumen, die mir vertraut sind, habe ich schon immer ein persönliches Verhältnis gehabt. Ich war glücklich, soweit einer wie ich glücklich sein kann.

Etüde für schwarze Tasten

Im Calvin, wo ich zu speisen pflege, treffe ich Pilar Sorge wieder. «Sie hier?» sagt sie überrascht, im Vorübergehen an meinem Tisch. Im Augenblick, da sie es sagt, hat sie es schon bereut; sie will um alles in der Welt, ich sehe es ihr an, kein Gespräch mit mir. Aber darauf kann ich keine Rücksicht nehmen, wie sollte es auch wohl weitergehen mit uns, wenn ich sie entkommen ließe? So erhebe ich mich, vertrete ihr halb den Weg und sage: «Ich wäre glücklich, Señora, wenn ich Sie zu einem Apero einladen dürfte, natürlich auch zum Essen, aber Sie sind verabredet ...» Ich schaffte es gerade noch, die Stimme am Ende zu heben, so daß es wie eine Frage klang. Aber Pilar läßt sich nicht täuschen.

«Woher wollen Sie das wissen?» Es platzte schier aus ihr heraus, klang verärgert und war doch nicht ohne einen Unterton von Neugier.

«Die Sakristei von Los Jerónimos ist nur über die Straße.»

«Fangen Sie schon wieder damit an? Sie sind wirklich unverschämt.»

Ich lasse die eigentliche Bedeutung des Wortes gelten – verschämt bin ich nicht. Ich schiebe ihr einen Stuhl hin. Zögernd nimmt sie auf der Vorderkante Platz, fluchtbereit ist das Wort, das sie in dieser Sitzhaltung richtig beschreibt. Ich setze mich ebenfalls und winke dem Ober. «Es interessiert mich Ihre Beziehung zu dem Priester ... bitte, Señora, bleiben Sie ruhig! ... auf eine ganz andere Weise, als Sie denken mögen. Ich geheimnisse nichts hinein, was, träfe es zu, auch außerhalb Spaniens eine delikate Sache wäre. Vielmehr habe ich zu Ihnen beiden ...»

«Von wem reden Sie eigentlich?»

«Señora, bitte!»

«... zu Ihnen beiden Kontakt gesucht, weil ich von Ihnen zu wissen glaube, daß Sie, Señora, der katholischen Religion, ober überhaupt einer Religion, eher indifferent gegenüberstehen, während ihr Beichtvater ... aber das versteht sich von selbst, er ist schließlich Ordensmann und Priester!»

Der Ober bringt für Pilar einen geeisten Brandy und ein paar Oliven. Dabei hatte ich noch gar nichts bestellt, und ein Brandy ist nicht gerade das, was eine Spanierin vor dem Essen trinkt. Also kennt man sie und ihre Gewohnheiten hier. Ich bin zufrieden damit, wie die Dinge laufen, andererseits liegt die Sternwarte nicht so weit weg, als daß Pilar nicht auch ohne die Nähe der Jeronimoskirche hier Essensgast sein konnte.

«Sie sind öfter hier, Señora.»

«Fragen Sie mich, oder wissen Sie?»

Ich gebe darauf keine Antwort, sondern komme zurück auf ihre Beziehung zu dem Jesuiten, deren wahren Inhalt ich auch weiterhin umgehe wie die Katze den heißen Brei. Ich sage beschwichtigend: «Was mein Interesse an Ihnen beiden betrifft, so ist es durchaus seriös, fast wissenschaftlich, sozusagen ein Amalgam aus Astronomie und Theologie.»

«Es scheint sich bei Ihnen», sagt sie aufgebracht, «eher um eine Mischung aus Astrologie und Magie zu handeln.» Sie nippt an ihrem Brandy. Über den Rand des Glases sieht sie zur Tür, schaut aber dann wieder, nach einem Blick auch noch auf ihre Uhr, mich an.

«Jedenfalls haben Sie mich belogen, als Sie mir neulich im Institut weiszumachen suchten, Ihre Erwähnung des Priesters habe keine Bedeutung.»

«Keine *solche* Bedeutung, Señora, also sagte ich die Wahrheit.»

Sie stellt das Glas so heftig auf den Tisch, daß ein wenig vom Brandy überschwappt. «Das ist schon fast jesuitisch», sagt sie entrüstet.

Ich bin sicher, sie hätte das Wort am liebsten wieder verschluckt, denn sie beißt sich, kaum ist es heraus, so stark auf die Unterlippe, daß ein kleiner Blutstropfen erscheint. Die Weichheit ihrer Lippenhaut, die sich darin verrät, erregt mich, weil mir Bilder in den Kopf kommen, die ich mir nicht auszumalen brauche, damit sie neuerlich ihre Wirkung bei mir tun. Ich reiche Pilar so schnell und so direkt das weiße Ziertuch aus meiner Brusttasche, daß sie es nicht ohne Affront zurückweisen kann. Sie errötet bis hinter die Schläfenhaare, nimmt es, prüft mit einem schnellen Blick seine Sauberkeit und tupft sich dann den hellroten Tropfen weg. Mit einem leisen *gracias* gibt sie mir das Tuch zurück. Ich falte es demonstrativ ordentlich, als wollte ich die Blutspur darin – das ist die Nachricht, die ich zu übermitteln suche – wie eine kostbare Reliquie mit mir nehmen.

«Ich höre», sagt sie.

«Audio, ich höre – wie merkwürdig, daß Sie das sagen. Ich hörte es als das erste Wort des Priesters im Beichtstuhl.»

Pilar wurde blaß, ihre Finger drehen nervös das Brandyglas. «Wollen Sie damit etwa sagen, daß Sie am Beichtstuhl in Los Jerónimos ... lauschten, als ich ...»

Ich lasse den Stachel in ihrem Fleisch, indem ich schweige. Sie tut mir ja leid, aber ich muß die Geschichte weitertreiben, und nur im Affekt würde Pilar mir brauchbare Stichwörter liefern. Als sei ich in Erinnerung versunken, betrachte ich die öligen Schlieren, die der Brandy in ihrem Glas verursacht. Aber mein Schweigen darf nicht zur Bestätigung ihres Verdachts werden, so sage ich: «Aber nein. Natürlich nicht. Wo denken Sie hin! Ich sprach von eigenen Erfahrungen. Als junger Mensch ging ich öfter zur Beichte. Aber warum erregt Sie das so?»

«Es ist nichts», sagt sie. «Es ist nur, daß Sie so eindeutig nicht waren.»

Das stimmte. Ich hatte eine Geläufigkeit der halben Töne entwickelt, die dem Chopinschen Einfall entspricht, nur auf den schwarzen Tasten des Klaviers eine Etüde zu komponieren. Man kommt dann leicht in Situationen, wo man zum Wanderer in den eigenen Hervorbringungen wird; man gerät an Wegscheiden, die einen im unglücklichen Fall ins Labyrinthische führen, wo der Unsinn als Minotauros lauert.

Ich sage: «Um auf meine Amalgamtheorie zurückzukommen, auf meine Vermutung, es würde sich in Ihnen beiden Astronomie und Theologie auf halbem Weg zu einem Gott treffen, der in manch frommem Hirn eh nur ein Synonym für Liebe ist ... bitte, Señora! ... so nähert sich, sage ich mal, Ihr Beichtvater seinem Gott in geistigem Hochmut, quasi von oben herab, während Sie sich ihm von unten nähern, nicht auf den Knien im Gebet, das haben Sie seit Ihren Mädchentagen hinter sich. Und dürfen es, seit sogar ein Franco nun wohl weiß, daß es einen Gottvater in einem himmlischen Himmel nicht gibt, auch in Spanien sagen. Wenn vielleicht auch nicht gerade in einem ... Beichtstuhl.»

Ich lächle ihr zu, vertraulich, wie einer Mitwisserin. Sie dagegen schaut mich aus Augen an, die sich zu Schlitzen verengt haben, sagt aber nichts. Ich bin sicher, daß sie in mir inzwischen eine Art Schlange sieht, vor der ihre anfängliche Furcht einer Faszination wich, wie jede Versuchung zum Bösen sie an sich hat. Ich fahre fort: «Sie, Señora, suchen Gott im Liegen, wie ich der technischen Ausstattung Ihres Beobachtungsplatzes in der Sternwarte entnehmen muß: hingestreckt in einem länglichen, tiefgestellten Stuhlmöbel, die

Teleskopbeine in der Schere ihrer Schenkel, den Strahlenaustritt am Auge. Und Sie schauen mit einer Inbrunst in das Ding hinein, als erwarteten Sie sich von ihm die Geistzeugung eines Gedankens, an den Sie, wie jede Mutter an ihr noch Ungeborenes, die Hoffnung knüpfen, es möchte einmal etwas Großes aus ihm werden, ein Nobelpreiswürdiger vielleicht...

Übrigens ein ziemliches Ding, Ihr Teleskop! Auf den zweiten Blick aber eher unziemlich, wie es da aus dem Dunkel der Nacht über Sie kommt – ein eiserner schwarzgewandeter Engel mit Botschaften von fernen Sternen.»

Pilar sagt: «Was haben Sie doch für eine schmutzige, blasphemische Phantasie!»

«Sie haben recht», erwidere ich mit gespielter Zerknirschung. Dann aber wieder scheeläugig: «Vielleicht sollte auch ich mir zur Ermahnung Gott übers Bett hängen.»

«Auch? Wie wer, bitte?»

«Ach, Gott, wie halt jeder hierzulande. Sie haben doch sicher auch so einen Schmerzensmann über Ihrem Bett...»

«Ja», sagt sie tonlos, so als sei sie soeben innerlich eingeknickt und habe für weiteren Widerspruch die seelische Kraft nicht mehr. Sie scheint sich endlich abgefunden zu haben mit meinem geheimen Wissen. Damit sie keine Zeit mehr findet, über dessen Herkunft zu rätseln, rede ich rasch auf sie ein: «So suchen Sie Gott zwischen den Sternen, nicht einen personalen Gott, das natürlich nicht, vielmehr einen, der das Gesetz ist, dem alle Naturgesetze unterliegen, der die Weltformel ist, nach der seit Einstein und Heisenberg alle suchen, eine Formel, die das ganze Universum ebenso elegant wie widerspruchsfrei erklärt. Und die so kurz ist, daß sie Platz hätte auf einem Ihrer rosigen Fingernägel, Pilar – ich darf doch Pilar sagen?»

Ich hebe ihre linke Hand vom Tisch auf und beuge mich über sie, aber sie entzieht sie mir ruckhaft. Ihre Augen weiten sich schreckhaft, als ihr Blick über mich hinweg zur Tür in meinen Rücken geht. Kein Zweifel: Der Priester ist eingetreten, mit dem sie hier verabredet ist! Noch ehe er bei uns ist, schaut sie rasch auf ihren Handrücken, den ich zu küssen versuchte; dabei sieht sie ein bißchen töricht aus, gerade so, als fürchtete sie, mein Atem könnte ein verräterisches Brandmal darauf hinterlassen haben. Ich dagegen bin Herr der Situation. Ich lache. Und während ich mich erhebe, behalte ich das Lachen in Erwartung einer weiteren Torheit bei. «Ich hoffe, ich störe nicht!» sagt der Jesuit denn auch.

Er trägt heute Zivil, doch weniger Elegantes als im Prado: schwarzer Anzug, schon etwas abgewetzt, schwarzer, hochgeschlossener Pullover über weißem Hemd. Er gibt Pilar die Hand. Sie deutet mit dem Kopf auf mich: «Das ist...» – «Herr Klint», unterbricht er sie deutlich wütend, «ein Journalist, der mit vorausgehaltener Hand blindlings im Dunkeln herumstochert in der Hoffnung, dabei auf etwas für sein Schreiben Brauchbares zu stoßen – seine eigenen Worte dies... Aber darf ich Sie fragen, Pilar, wie Sie zu der Ehre seiner Bekanntschaft kamen – oder sollte ich besser sagen: zu dem Vergnügen?»

Pilar scheint die Sottise gar nicht gehört zu haben. Sie hat den Blick vom Gesicht des Jesuiten genommen, ihre Augen verschleiern sich, so als zöge ihr Bewußtsein beim Eintritt ins eigene Innere einen Vorhang hinter sich zu. Dabei hat sie ein träumerisches Lächeln um Mund und Augen. Ohne den Blick zu heben, sagt sie kaum hörbar, wie zu sich selber: «Wer wäre das auch, der sich ein Gewissen daraus machte, von Gott das zu fordern, dessen er bedarf, ohne Einrede der Vernunft.» Dann blickt sie, noch immer lächelnd, wieder den Priester an und sagt in einem freundlichen, ja herzlichen Ton: «Du kannst ruhig du zu mir sagen, Jesùs. Er weiß alles.» Und nach einer kleinen Pause, während der der Jesuit die Farbe wechselte: «Er ist Luzifer, weißt du.»

Ich sagte laut: «Ober, zahlen!» Er kam sofort. «Immer noch allein in Madrid, Señor Klint?» Er warf einen Blick auf die Rechnung, bevor er sie mir hinlegte. «Und nicht einmal einen Karamelpudding heute.»

Klints Madrider Papiere, soweit sie das Dreieck zwischen ihm, dem Jesuiten und der Astronomin betreffen, brechen hier ab. Ich fand nur noch ein loses Blatt mit Gedanken zu neuen Konstellationen dieses Dreiecks:

Gewissensbisse des Priesters, bebender Zorn Pilars darüber und im Sinnen auf Rache die Wahrmachung ihrer Beichtstuhldrohung: Hinwendung zu einem anderen Mann – zu mir! Nächtliche Umarmungen unter Sternen in ihrem Beobachtungsraum. Mein Versagen und Pilars Sündengefühl mit abermaligem Gang zur Beichte. Versöhnung mit dem Jesuiten durch dessen große Beredsamkeit. Wiederaufnahme der Heimlichkeiten zwischen ihnen. Meine ins Bordell getragene Trauer. Versagen auch hier. Tränen in üppiges Schamhaar. Schließlich Selbstmord mit wenigen dramatischen Sätzen. Überdosis Valium. Bin für einen Augenblick versucht, die Idee zur Tat zu machen, dem schon Geschriebenen in einer letzten großen Anstrengung das Siegel der Wahrheit aufzudrücken, die Wirklichkeit des geschriebenen Lebens beweisen durch einen gelebten Tod!

Es entsteht nun eine Zeitlücke in den Texten, während welcher der Klint der Madrider Jahre zwischen 1981 und 1986 sich nur mit Hilfe seiner archivierten Korrespondentenarbeit sowie aus meinen Gesprächen mit Menschen rekonstruieren ließe, die ihn gekannt haben. Ich sehe davon ab, jenen Klint hier aufleben zu lassen, der arbeitete und Geld verdiente, Briefe wechselte mit Redaktionen und Telefongespräche mit

Informanten führte; der um Zigaretten zum Kiosk an der Ecke ging und mit Manuskripten zur Post; der Bars besuchte, Kinos, Theater und Galerien; der mit Schalterbeamten redete, mit Verkäuferinnen, dem Hausmeister und der Putzfrau; der Zeitungen las und wissenschaftliche Magazine und up to date war in Politik und Kultur und darüber Texte verfaßte; der Hemden kaufte und Schlipse, Farbbänder, Papier und Bleistifte; der aß und trank und ausschied, sich wusch und sich rasierte und seine Wäsche zum Waschen und seine Anzüge zum Reinigen trug. Klint scheint in jener Zeit geschwankt zu haben zwischen journalistischer Kreativität und wiederholter Innenbesichtigung mit den schwärzesten Ergebnissen. Es fanden sich in seinen Papieren Belege für beides. Ich gebe zwei davon wieder. So verschieden sie in Form und Inhalt sind, so sehr sind sie sich ähnlich in der depressiven Weltsicht Klints.

Paläontologie der Seele

Mit in die Tiefe meines sich immer wieder einschwärzenden Bewußtseins nehme ich meine meist düsteren Gedanken an die eigene schwierige Befindlichkeit, an ökologische Katastrophen und das Ende der Welt. Aber diese Gedanken gehen nicht verloren; sie sedimentieren auf dem Grund meiner Seele, wo sie Schichten bilden und langsam versteinern. Darum trage ich so schwer an ihnen. Ein erstes Wetterleuchten war der Denkstoff, der in mir zur Schicht Es-Es versteinerte. Ich fügte hinzu: Der Bindestrich, das bin ich. Zunächst lachte ich das weg, bis mich später eine Liedzeile mitten zwischen die Augen traf: *There is someone in my head and it isn't me.* Der Schicht, zu der sie sich in mir verfestigte, gab ich den Namen Pink Floyd. Alle mit Ausnahme der ältesten Schicht waren vertikal durchdrungen von abgelebten ökologischen Ängsten, Einschüssen aus Gefühlsmagma, die nach brodelnden Zornausbrüchen langsam erkaltet waren. Auch für sie fand ich Namen: DDT – der dreiste Tod. Massentierhaltung: Das mundende Leid. Müll – der stinkende Schorf auf den Wunden der Erde. Und so fort. Auf diese Weise schaffe ich mir eine Paläontologie meiner Seelenstruktur. Ich erhoffe mir davon Aufschlüsse, die den Besuch eines Psychiaters entbehrlich machen könnten.

Der zweite Text, den ich wiedergeben möchte, steckte in einem unverschlossenen gelben DIN-A5-Umschlag mit der Adresse eines Berliner Kabarett-Ensembles, war also wohl zur Veröffentlichung bestimmt gewesen, aber dann nicht abgeschickt worden. Das Manuskript trägt den Titel

Chor für Wiederkäuer

Die Planer: Es wird alles viel schöner!
Die Macher: Wir haben alles im Griff!
Die Nutzer: Auch Sport
auch Jagd
auch Landwirtschaft
auch Pelztierhandel
und Pflanzenschutz
mit Atracin
und Müllverbrennung
mit Dioxin
ist Ökologie!
Die Verschmutzer: Wir recyclen alles!
Die Beschwichtiger: Es starben immer schon Arten aus!
Die Verniedlicher: Bei Bingen sah man wieder einen Lachs im Rhein!
Die Schönreder: Wir werden die Schöpfung bewahren!
Die Zerreder: Es gibt in der Wissenschaft auch die Meinung, daß ...
Die Verdiener: Wasser und Luft sind freie Güter!
Die Bediener: Für freie Menschen!
Die Kriecher: So ist es!
Die Buckler: Gewiß, gewiß!
Die Lauen: Wir wählen die Mitte!
Die Dreisten: Wir wählen das Geld!
Die Schlauen: Wir kaufen damit Stimmen!
Die Feigen: Psst, psst!
Die Heuchler: Pfui, pfui!
Die Lächler: Na ja, na ja ...
Die Ideologen: Und überhaupt ist das Grün der deutschen Natur nicht das Hand-Werk dieses römischen Gottes.

Die Demagogen: Sondern das Maul-Werk der
deutschen Kuh
deutschen Kuh
deutschen Kuh
Die Zyniker: Und davon haben wir schließlich
genug
genug
genug
Die Dummen: So daß es uns niemals fehlen wird
an Grün
an Grün
an Grün . . .

Auf der Rückseite des Umschlags steht von Klints Hand ein Bleistiftvermerk für den Empfänger: «Eilig! Grünes welkt rasch!»

Herms, Nessuno, Melania et al.

Nach einem Aufenthalt in München, wohin ich von Madrid zurückgekehrt war und wo ich, um neue berufliche Selbstvergewisserung bemüht, Gespräche über meine weitere Verwendung als Auslandskorrespondent führte, reiste ich mit Vorschüssen und festen Abmachungen versehen nach Rom. Im Handgepäck hatte ich Valium, nahm es aber mit nur geringem Erfolg. Ich wußte auch gar nicht, was der Erfolg solcher Selbstmedikation sein sollte – mein Kopf blieb vollgehängt mit bizarren Bildern, das Valium nahm ihnen nur das Grelle.

Im Bahnhof Termini hielt ich Ausschau nach einem Mann, den Paul mir als groß, schlank und blondhaarig beschrieben hatte, so um die fünfunddreißig, und vermutlich sei er modisch gekleidet. In den achtziger Jahren konnte das bei einem jüngeren Mann alles mögliche heißen: Armani so gut wie Levi's, taillierter Zweireiher oder vorgewaschene Jeans; es hing weniger vom Geschmack des so Beschriebenen ab als von dem des Beschreibers, und was das anging, war Paul konservativ bis zur Korrektur der Adjektive in den ihm zugesandten Manuskripten: Nichts Grelles, bitte! Der Mann würde eine Nummer der *Süddeutschen* in der Hand tragen.

Er trug Armani. Das Blatt unter seinem Arm war eine *Repubblica*. Er hatte auffallend helle Augen. «Sie sind Klint», sagte er. «Einen Tölzer Lodenmantel trägt hier sonst keiner. Ich heiße Herms. Buon giorno. Paul hat mir aufgetragen, Ihnen in Rom behilflich zu sein, bis Sie allein laufen können.»

Paul hatte mir Herms als Beistand empfohlen. Der junge Mann leitete hier ein deutsches Reisebüro, nebenbei berichtete er für das Blatt über Touristisches aus dem mediterranen Raum, war also quasi ein Kollege, was es einfach mache, hatte Paul gesagt, den Anteil an Spesen, der auf die Dienste Herms' bei meinen Recherchen in Rom entfallen werde, pauschal abzugelten. Zu solchen Diensten würde es auch gehören, mir bei der Wohnungssuche behilflich zu sein, überdies sei Herms Spezialist für alles Griechische, Politisches ebenso wie Klassisches.

«Wie geht's Paul denn?» fragte Herms. «Trägt er noch links?» Ich verstand die Hosenschneiderfrage nicht sogleich. Sie war wohl politisch gemeint; Paul gehörte zu den Achtundsechzigern, was seinen neuen Konservatismus angenehm relativierte. Ich fühle mich nicht wohl bei solchem Smalltalk und weiß dabei meist nichts zu antworten. Darum war es mir recht, daß wir im Gedränge der Reisenden, die zu den Ausgängen oder zu den Zügen gingen, alsbald außer Hörweite gerieten, und ich hatte es nicht eilig, zu Herms aufzuschließen, verlieren konnte ich ihn nicht, das hellblonde Haar des hochgewachsenen jungen Mannes leuchtete aus der Menge heraus und zeichnete die Richtungsänderungen nach, mit denen er Zusammenstößen zuvorkam. Als wir in der großen Vorhalle wieder nebeneinandergingen, nahm ich das Thema Paul nicht wieder auf. «Wo werde ich denn wohnen?»

«Worüber werden Sie denn schreiben?»

«Hat das eine was mit dem anderen zu tun?»

«Aber ja. Für ein paar, scusi, Flachpässe nach Hause tut's ein Hotel. Für Steilpässe ist eine Pension besser. Für lang angelegte Spielzüge empfiehlt sich eine Wohnung.»

«Ich dachte», sagte ich, «Sie seien Tourismusexperte.»

«Fußball», sagte Herms, «infiltriert in Italien alles, auch die Sprache – scusi!»

Ich ging darauf nicht weiter ein. «Ich schreibe an einem Essay über frühes Naturdenken in der europäischen Geschichte.» Dabei ließ ich es bewenden; ich hielt einen Ort, an dem man Mühe hatte, im Brodeln der Stimmen das eigene Wort zu verstehen, für wenig geeignet, ein naturphilosophisches Gespräch anzufangen. So steuerte ich schweigend auf die draußen sichtbar werdende gelbe Herde der Taxis zu. «Oder haben Sie ein Auto dabei?»

Herms schloß zu mir auf. «Nein», sagte er. «Aber ist das denn richtig?»

«Was? Daß wir ein Taxi nehmen?»

«Daß die Menschen ohne Natur nicht leben können.»

Ich war irritiert. «Sagte ich das? Woher wissen Sie, was ich denke?»

Herms wurde einer sofortigen Antwort enthoben, weil er einer Reisegruppe ausweichen mußte, die vollbepackte Kofferkulis schob. Gleichwohl redete er. Ich sah es, zu ihm zurückschauend, an der Bewegung seiner Lippen. Ich fing einen Satz auf, dessen Wörter zu mir hergesprungen kamen wie kleine bunte Bälle auf einem grauen Teppich aus Stimmengewirr: «Es haben sich die Menschen doch derart an Gifte gewöhnt, daß diese ihnen wie naturgemäße Nahrung Erfrischung bereiten.»

Ich blieb abrupt stehen. Als hätte ich die Wortbälle zu Boden fallen sehen, starrte ich auf das Pflaster vor meinen Füßen. Koffer stießen gegen meine Beine, fremde Schultern trafen mich an den Armen, an meine Ohren drangen halblaute Worte der Entschuldigung, auch des Unwillens über das Hindernis, das ich bereitete. Ich achtete nicht darauf. Ich stand wieder hinter einer Säule in der Madrider Jeronimoskirche und hörte in der großen Stille, die um mich war, die hallenden Schritte Pilars und des Jesuiten. Auch das Hautkribbeln war wieder da; es lief mir vom Nacken unter die Kleider.

«Was ist Ihnen?» fragte Herms, der inzwischen wieder bei mir stand. «Fühlen Sie sich nicht wohl? Es ist scheußlich heiß heute, schon am Morgen.»

Ich hob den Kopf und sah ihn voll an. «Was Sie da gerade sagten, diese Giftgewöhnung der Menschen, das steht bei Giordano Bruno, und das andere, daß die Gifte anfingen, den Menschen Erfrischung zu bereiten wie naturgemäße Nahrung, das ist beinahe der Wortlaut des Zitats. Die Stelle ist bei Bruno ganz und gar entlegen, was sie sagt, ist weit außerhalb Ihrer Zeit und aller Ihrer beruflichen Interessen. Wie kommen Sie darauf, wie können Sie das wissen?»

«Bitte was?» sagte Herms. Ich hatte den Eindruck, daß er nur vorgab, meine Frage nicht zu verstehen, denn an der Botschaft meines «Spanischen Kribbelns» (so nenne ich, seit Madrid, diese Hautirritationen, doch war die Ironie, die darin steckt, nie ganz frei von leiser Angst vor der Wiederkehr dieses Phänomens) – an dieser Botschaft mochte ich nicht zweifeln. Als das Schweigen zwischen uns drückend wurde, da es auch noch einherging mit den fragenden Blicken eines jeden in die Augen des anderen, sagte Herms schließlich mit einem Lachen: «Aber Herr Klint, ich weiß doch alles!»

Ich hatte mich also nicht getäuscht und war mir meines Vorauswissens von einem neuen Abenteuer, kaum daß ich angekommen war, nun sicher. Es lachten die hellen Augen Herms' das Lachen in seinem Gesicht ja auch nicht mit, vielmehr betrachteten sie mich kühl und prüfend, und ich las in ihnen die Frage, ob ich den Anforderungen eines solchen Abenteuers wohl gewachsen sein würde. Es fiel mir auch zum erstenmal auf, daß das Leuchten in Herms' Augen deren Farbe überstrahlte, so daß es unmöglich war zu sagen, ob sie blau waren, grau oder grün. Nicht, daß mir das wichtig gewesen wäre, ich kam darauf, weil ich plötzlich das Gefühl hatte, die eigenen Augen vor diesem Leuchten schützen zu müssen. So nahm ich eine Sonnenbrille aus der Jackettasche und setzte sie auf, dabei befanden Herms und ich mich doch noch immer in der lichtgedämpften Vorhalle des Bahnhofs. Herms sagte dazu nur: «When in Rome, do as the Romans do. Andiamo.» Mit langen Schritten ging er zu den Taxis.

Ich folgte ihm schwerfüßig, dabei trug ich nur leichtes Gepäck. Meine Koffer mit Kleidern und Büchern hatte ich in München einer Spedition übergeben; die Zustelladresse würde ich noch mitteilen. Da ich Rom von früheren Aufenthalten her etwas kannte, war ich neugierig auf das Ziel, das Herms dem Taxifahrer nennen würde. Er sagte: «Campo de'Fiori.»

Da setzte ich mich in den Polstern so bequem zurecht, als stünde mir eine sehr viel längere Reise bevor.

Es war bei meinen früheren Besuchen schon so gewesen: Unter Roms Kirchen war mir die strenge Lateransbasilika am liebsten. Den Petersdom verabscheute ich als eine Stätte des Prunks und der gottlosen, mir heidnisch vorkommenden Glaubensinszenierungen. So suchte ich auch diesmal, gleich am Tag nach der Ankunft, *San Giovanni in Laterano* auf. Ich schritt die Reihe der Beichtstühle ab und betrachtete die an ihnen eingesteckten Schrifttafeln, die Auskunft gaben über die jeweilige Sprache, in der man hier beichten konnte. Vor dem Schild *Espagnol* blieb ich wie angewurzelt stehen. Unter dem der Sprache stand der Name des Priesters, der hier die Beichte hören würde, und die Zeit seiner nächsten Anwesenheit. Ich las *Leon Jesùs Ruiz SJ*, und Hitze wallte in mir auf. Die angeschriebene Zeit deckte sich fast mit der auf meiner

Armbanduhr. Einem ersten Impuls folgend, wollte ich rasch weitergehen, aber da sah ich den Jesuiten schon auf mich zukommen. Er trug das lange schwarze Priesterkleid und schlenderte mehr als er schritt. Den schmalen, mit Kreuzen bestickten violetten Schal des Beichthörers hielt er in der Hand mit einer das Arrogante streifenden Nachlässigkeit, wie sie nur Jesuiten im Umgang mit Glaubensriten aufbringen. Ich dachte: Er leistet sich Gott. An ein Ausweichen war nicht mehr zu denken, und der Priester sagte auch schon «Buenas dias. Möchten Sie beichten, Señor?» Er schien mich nicht erkannt zu haben. Dann stutzte er: «Kennen wir uns nicht? Sie kommen mir irgendwie bekannt vor ... Natürlich! Sie sind dieser deutsche Herr, ein Journalist, glaube ich, den ich eines Morgens in Madrid, es ist schon eine Weile her, in der Jeronimoskirche schlafend fand, man hatte Sie am Abend zuvor versehentlich eingesperrt!» Er lachte ganz unbefangen, und was seine Erinnerung an Madrid betraf, so schien sie von nichts, das jetzt in mir rumorte, beschwert zu sein. «Wie geht es Ihnen, Sie sind beruflich in Rom?»

Ich nickte und versuchte eine Antwort, doch meine Stimme versagte, ich fühlte mich am Hals gewürgt und von den Füßen gerissen, die Basilika begann sich zu drehen, die zwölf riesenhaften Apostel an den Wänden des Längsschiffes traten zu einem steinernen Kreis zusammen, in dem ich von der hohen Decke baumelte, am Strick aus den unentwirrbar zusammengedrehten beiden Strängen, die meine Existenz ausmachten. Schließlich kam die Basilika zum Stillstand, die Apostel kehrten auf ihre Konsolen zurück, ich hatte wieder Boden unter den Füßen.

«Wie geht es Pilar?» fragte ich.

«Pilar ... Pilar?»

Der Strick zog sich wieder zu. Ich griff mir an den Hals und lockerte mir den Kragen. Flehentlich fast sagte ich: «Ich meine die Astronomin, Padre, die junge Frau, mit der ich ... mit der Sie ...»

Da hellte sich das Gesicht des Jesuiten auf: «Ja richtig!» sagte er. «Die junge Frau, die in Los Jerónimos gelegentlich zu mir zum Beichten kam! War sie Astronomin? Sie wissen mehr als ich! Da kann man mal wieder sehen, was unsereiner in der Beichte wirklich erfährt – eine Astronomin!» Er lachte. Seine Gedanken schienen schon woanders zu sein; hinter mir hatte sich eine jüngere, elegant gekleidete Frau eingefunden, eine Spanierin, ihrem aufwendig gestickten Schleier nach zu urteilen, und sie verbarg kaum ihre den Jesuiten anschmachtenden Blicke. Ich dachte, was ich zu meiner Rettung denken mußte: Sie laufen ihm immer noch hinterher, und er lügt, er hat sich nach Rom versetzen lassen, um Pilar loszuwerden, für diese neue hier ...

Mit Blick auf die Frau sagte der Jesuit: «Ich muß jetzt gehen, Señor ...»

«Klint», half ich ihm aus. Mehr ließ der Strick um meinen Hals nicht heraus.

Der Jesuit küßte flüchtig den Schal und hängte ihn sich um.

«Leben Sie wohl, Señor Klint!» Dann verschwand er im Beichtstuhl. Die Frau folgte ihm.

Ich rührte mich nicht von der Stelle. In einer letzten, vagen Hoffnung auf Errettung lauschte ich dem einsetzenden Gemurmel der Stimmen des Priesters und der Frau im Beichtstuhl.

«Was tun Sie da, Signore?» Ein Kirchendiener drängte mich unsanft und laut auf mich einredend beiseite. Menschen blieben stehen und blickten befremdet zu mir herüber. Ich floh aus der Kirche.

Damals schrieb ich an einer Arbeit über das pantheistische Naturdenken des Dominikanermönchs Giordano Bruno, den die Kirche im Jahr 1600 wegen Häresie auf dem römischen Campo de'Fiori verbrennen ließ. Es ging von diesem Mönch auf mich ein Sog aus, der einem Verschlingen nahekam. Ich fühlte mich hineingerissen in des Dominikaners Anschauung der Natur und der Menschen. In den Büchern über ihn, die ich zahlreich besaß, wimmelte es von Unterstreichungen und Ausrufezeichen, wie dort, wo Giordano mit seiner Klage zitiert wird, wichtiger als alle sinnfälligen Tatsachen seien den Menschen ihre kindischen Gewohnheiten, von denen sie selbst dann nicht ließen, wenn man ihnen deren zerstörerische Kräfte vor Augen stellte. Ein halbes Jahrtausend ist es her, daß er es schrieb, und die zerstörerischen Kräfte wuchsen seither Jahr um Jahr. Auf des Dominikaners Kopf, um den einst die Flammen loderten, ohne seinen Gedanken etwas anhaben zu können, sitzen nun zu Stadtstreichern verkommene Tauben und kratzen sich die Milben aus dem schmutzigen Gefieder. Ich kann sein Denkmal vom Fenster meiner Wohnung aus sehen. Der Wohlstandsmüll des Marktes türmt sich täglich zu seinen Füßen. Den Sockel zieren die leeren Bierflaschen der Gemüsehändler. Düster starrt Giordano hinunter. Es ist um die Mittagszeit, gegen Marktschluß. Alte, zerlumpt gehende Männer, die ihre Habe in Plastiktüten mit sich tragen, durchwühlen in Eintracht mit ein paar Hunden den Müll nach Eßbarem. Nachlässig gekleidete, nicht mehr junge Frauen feilschen gestenreich mit den Händlern um den Preis letzter Ware. Drei Japaner fotografieren, ein Ire – ich halte ihn dafür wegen der feuerroten Haare und des alten Tweedjacketts – sitzt auf einem umgefallenen Kartoffelsack und aquarelliert wohl, denn er leckt von Zeit zu Zeit an seinen Pinseln, um sie zu befeuchten. Ein Polizist steht hinter ihm und schaut ihm zu; dabei ißt er einen Apfel, den er, wie ich sah, im Vorübergehen an einem Obststand mitgehen ließ.

Seit meiner Ankunft in Rom wohne ich hier. Die Umstände, die meinen Einzug in ein modernisiertes Appartement im zweiten Stock eines alten Hauses am Campo begleiteten, lassen es als sicher erscheinen, daß mir Ungewöhnliches bevorsteht. Denn so mir nichts, dir nichts eine Wohnung im historischen Stadtkern von Rom mieten zu können, kommt einem Lotteriegewinn gleich, und an einen solchen Zufall kann ich nicht glauben. Er habe, hatte Herms gesagt, als er mich in Begleitung der Verwalterin in die Wohnung hinaufführte, den Vormieter gekannt, einen heimgerufenen netten Kollegen. In Antwort auf mein konspiratives Lächeln fügte er hinzu: «Ein Zufall. Oder eine glückliche Fügung, wenn Ihnen der Zufall als Erklärung nicht genügt und Sie des Göttlichen bedürfen.»

Mein Gehirn scheint zu zerfließen. Inmitten eines Essaytextes über Giordano Bruno finde ich, noch eingespannt in die Schreibmaschine, dies:

Ich bin das perfektionierte Insekt. Einerseits widerfährt auch mir die postkoitale sexuelle Schwächung des Männchens der Taufliege *Drosophila melanogaster*. Andererseits brauche ich dazu nicht, wie dieses, den Anblick des am Geschlechtsakt beteiligt gewesenen Weibchens. Es läßt zwar die Voraussetzung einer Anwesenheit des Weibchens für das Eintreten des postkoitalen Schwächegefühls auf ein Vorhandensein kognitiver Gehirnstrukturen schließen (denn lernunfähige, amnestische Mutanten von *D. melanogaster* kennen diese Schwächung nicht, sie kopulieren sich, da sie jeden Geschlechtsakt sofort aus dem Gedächtnis verlieren, bei ausreichender Verfügbarkeit jungfräulicher Fliegen zu Tode). Aber ich, das vervollkommnete Insekt, habe ungleich feinere neuronale Strukturen: Weder zum Geschlechtsgenuß noch zu meiner nachfolgenden Schwäche brauche ich überhaupt eine reale Frau. Ich schreibe mir eine!

Am Kopf der Seite, auf die ich diesen Text ohne erkennbaren Zusammenhang mit meinem Bruno-Essay geschrieben hatte, steht:

Die Gottheit kommt wie stets, wenn einem Menschen das noch Unerlebte geschieht, denn was anders als das Unerlebte ist die Gottheit?

Ich betrachtete diesen Satz lange. Ich kann mich nicht erinnern, ihn geschrieben zu haben.

Von da an schränkte ich den gedanklichen Umgang mit dem Dominikaner stark ein. Um mir die Distanzierung von ihm als dem Fieberherd meiner überhitzten Gedanken zu erleichtern, ließ ich die angefangene Arbeit liegen und begann über den Einfluß griechischer Lyrik auf die Dichtkunst der Römer zu recherchieren. Ein Beispiel, das ich näher beleuchten wollte, waren die formalen und inhaltlichen Spuren Theokrits in der Bukolik Vergils. Mein besonderes Interesse galt der ökologischen Realität von Vergils arkadischen Landschaftsbildern. Bei allem Vorbehalt, den ich zur oft verstiegenen Hirtenpoesie des Römers hatte, gab ich doch acht, daß ich mir den arkadischen Mythos nicht beschädigte, den ich seit meinen Studentenjahren mit mir trage. Je schmutziger die reale Natur wird, desto reiner dürfen für meinen Lesegeschmack die Verse wieder sein, die sie zum Gegenstand haben.

Geweckt wurde das arkadische Thema in mir während meiner Studentenzeiten in einem akademischen Vortrag des

Hamburger Altphilologen Bruno Snell. Die Mitschrift besitze ich noch immer. Als ich sie aus einem Stoß alter Arbeitsunterlagen hervorkramte, fand ich in ihr diesen Satz unterstrichen: *In Vergils Arkadien fließt Mythisches und empirisch Gegebenes ineinander, und in einer für die griechische Dichtung höchst anstößigen Weise treffen sich hier Götter und moderne Menschen.*

Ich nehme mir vor, das als Motto über meine neue Arbeit zu setzen. Einer der Gründe für meine Bitte an Paul, mich mit einem Pauschalvertrag nach Rom zu schicken, war die Absicht, von hier aus endlich einmal die Peloponnes zu bereisen. «Et in Arcadia ego – goethelike», hatte Herms gesagt, als ich ihm beiläufig davon erzählte. Und Herms hatte mich aufs neue überrascht, als er hinzufügte: «Da unten läuft was, Brüssel hat Athen Mittel zugesagt, um die touristische Infrastruktur Arkadiens zu entwickeln. Es sollen dort ja noch Kentauren herumlaufen. Ich gebe Ihnen das Archivmaterial, wenn Sie in mein Büro kommen.»

Venus kallipygos

Herms öffnete mir. Ich kam in eine Dreizimmerwohnung, die als Büro genutzt wurde. Alle Türen standen offen. Er hatte seinen Arbeitsplatz im hintersten der drei ineinandergehenden Räume. Wollte man zu ihm, mußte man durch den mittleren hindurch, an Melania vorbei.

Sie stahl allen Dingen um sich herum das Licht und versammelte es auf ihrem Gesicht, das bleich aus der schwarzen Haarmasse einer schulterlangen, glattfallenden Mähne herausleuchtete. Ein schwacher Schimmer von Fett lag darauf und gab dem Schwarz einen Stich ins Blaue; das Blau schien auf die Gesichtshaut abzustrahlen, sie hatte das Aussehen von entrahmter Milch. Die Augen erinnerten an die eines Pferdes; sie waren fast zu groß für das Gesicht, standen leicht vor und wurden von einem samtigen Braun beherrscht, das dem Weiß der Augäpfel wenig Raum ließ. Die Brauen wuchsen über einer Nase zusammen, die fast ohne Übergang aus der Stirn trat und mit ihr in einer Linie fluchtete. Der Lidschlag war ungewöhnlich langsam, träge, ohne daß, da war ich mir sicher, ein mondänes, mir geltendes Gehabe im Spiel gewesen wäre. Die dichten Wimpern, deren Schwärze nicht angeschminkt war, gingen dann wie Schatten über die bläuliche Haut unter den Augen. Auch der Mund stimmte nicht mit den Proportionen des übrigen Gesichts überein. Sie schminkte ihn nicht, wohl weil das seine Breite noch betont hätte. Alles das addierte sich zu einer trägen Animalität, der indes das Ordinäre fehlte, wie es von solchen Menschengesichtern leicht ausgeht. Als ich nicht aufhörte, in dieses Gesicht zu starren, begannen die Nasenflügel sich zu blähen.

«Achtung!» sagte Herms, «gleich schlägt sie aus nach Ihnen!»

«Nach dir!» sagte Melania. Also waren sie auf vertrautem Fuß. Da Herms vergaß, uns miteinander bekannt zu machen, nannte ich meinen Namen. Sie sagte «Piacere, sono Melania» und gab mir über ihren Schreibtisch hinweg die Hand.

«Sono Melania!» machte Herms sie nach. «Als ob sie nicht deutsch sprechen könnte.»

Ich schätzte ihr Alter auf Anfang Zwanzig. Als sie aufstand und sagte, sie würde mir einen Espresso machen, wenn ich wollte, suchte ich in meinem Kopf nach einer Metapher für die nun sichtbar werdende Körperlichkeit dieser jungen Frau, aber es fiel mir nichts besseres ein als *sie blüht im Fleisch*. Zu meiner größeren Pein fand ich mich sogleich damit beschäftigt, sie mit den Augen auszuziehen.

Unter meinen ersten Blickattacken schon hatte sie ihren Gang zur Kaffeeküche unterbrochen und war dicht vor mir stehengeblieben, nicht abrupt, wie aus Protest gegen mein unzweideutiges Starren auf ihren Körper, eher so, als sei sie in Wahrheit gar nicht zum Kaffeemachen aufgestanden, sondern um zu mir zu kommen. Die Augen hielt sie geschlossen, die Arme hingen ihr entspannt an den Seiten; das Gesicht war leicht angehoben, und ein kleines Lächeln hing um den trotz seiner Breite schönen Mund, den sie mir wie zum Kuß darbot.

Herms im Zimmer nebenan telefonierte schon eine ganze Weile; er schien vom Aufruhr der Seelen in seiner Nähe nichts zu bemerken. Als er, seinen Worten nach zu urteilen, zum Ende kam, öffnete Melania die Augen und lächelte mich so wissend an, daß mein Schamgefühl zurückkehrte und mir das Blut ins Gesicht trieb. Da ging sie rasch an mir vorbei in die Kaffeeküche. Ich sah ihr nach. Venus kallipygos in Jeans. Ich hielt den Atem an und behielt ihn bei mir. Als ich endlich ausatmete, hörbar, und es wie ein Stöhnen klang, drehte Melania das Gesicht zu mir zurück. Sie machte das langsam, als wollte sie mir Zeit lassen, die Fassung wiederzugewinnen. Ich hatte erwartet, in ihren Augen Triumph zu sehen, denn die Vorstellung, die sie mir gab, wie sie mit dem Körper zu mir redete, wie sie sich vom Gürtel abwärts trug, das alles war danach. Aber auf ihrem Gesicht war dann nicht die Spur einer Zweideutigkeit. Sie sah mich aus Augen an, die reines Mitgefühl verströmten, und erschrocken dachte ich, daß sie auf eine mir noch verborgene Weise Einblick hatte in mein papierenes Leben und daß sie mir den Blick auf ihr Fleisch zum geschwisterlichen Geschenk machte, daß sie es herzeigte für mich als Versuchung und Versuch, mir die Glücksmöglichkeiten zu zeigen, die ein Leben im wirklichen Fleisch für einen Mann bereithielten. Eine Erfüllungsverheißung dagegen sah ich in ihrem Gesicht nicht. Sie stand noch immer halb mit dem Rücken zu mir. Ich ließ meine verschwimmenden Augen wieder und wieder über den blauen Jeansstoff gehen.

In diesem Augenblick gellte vom Korridor her ein Doppelpfiff von der Art, wie ihn nach dem Krieg amerikanische Soldaten als Kompliment für ansehnliche Frauenrücken nach Europa brachten. «Für jede Backe einen», sagte eine tiefe männliche Stimme mit schwerem italienischem Akzent. Ein derbes Lachen begleitete Melanias Rückkehr aus der Kaffeeküche und hielt an, bis sie wieder an ihrem Platz saß.

«Das ist Nessuno», stellte Herms von seinem Schreibtisch aus den Mann vor, der aus dem dritten Zimmer des Büros zur Tür hereingekommen war. «Nessuno ist Archivar, Bote, Chauffeur, Kaffeekoch und Don-Giovanni-Verschnitt, was sich aber nur auf seine kruden Verführungstechniken bezieht, nicht auf seinen Erfolg.»

«Krude», sagte Melania erbost, «ist nur ein anderes Wort für Hengstmanieren.» Während sie zu tippen begann, schleuderte sie mit einem pferdhaften Aufwerfen des Kopfes ihre Haarmähne demonstrativ zwischen sich und das vergnügte Grinsen Nessunos. Sie kann ihn nicht ausstehen und will ihn nicht sehen, dachte ich. Auf eine vage Art war ich glücklich.

Nessuno war das, was man bullig nennt: groß, breit und unter dem weißen T-Shirt deutlich muskulös an Brust, Schultern und Oberarmen. Er hatte dichtes krauses Schwarzhaar, zwei dunkle, wie in Öl eingelegte Augen, eine fleischige, dabei nicht unsensible Nase, einen großen sinnlichen Mund, und unter dem allen das Kinn eines Boxers. Aus seinem Hemd kroch am Halssaum ein lockiger Brustpelz ins Freie; vom sehnigen, sonnengebräunten Hals hing ihm die unvermeidliche Goldkette des sich viril gebenden Italieners. Seine verschossene Jeanshose umschloß ihn wie eine zweite Haut und war im Schritt stark ausgebeult. Ich mußte inwendig lachen, die Begegnung mit Herms im Bahnhof Termini war mir eingefallen: Nessuno trug links, wie Paul nach der Hermsschen Politikdefinition in München 1968 einst links getragen hatte.

«Nessuno wird Sie in Rom fahren», sagte Herms.

Der Schausteller

Wir fuhren auf der Viale del Muro. Ich betrachtete die Aurelianische Mauer mit dem Park der Villa Medici dahinter. Auf der anderen Straßenseite, der linken, tauchte zwischen Bäumen das Galoppatoio der Villa Borghese auf. Soviel Grün! dachte ich, und sogleich quälte mich die Banalität dieses Gedankens, hasse ich doch alles Ungefähre im Umgang mit der Natur, weil es stets der Unwissenheit entspringt. Ein Mann, der wußte, würde nie *soviel Grün* sagen, wenn er Bäume meinte, er würde Pinien sagen, Zypressen oder Eichen, Kastanien, Zedern oder Lebensbäume, und selbst das war schon ungenau genug, Laienwissen, durch dessen grobe Maschen das Differenzierte, das Wert und Wunder der Natur ausmachte, ins Seichte eines um sich greifenden Naturbanausentums fiel. Schirmpinie und Scheinzypresse, Steineiche und Roßkastanie, Atlaszeder und Thuja, wenn sie es denn sind, halte ich für das mindeste, das einer als Maß an sich anlegen lassen muß, der dazugehören will. Und der wirklich Wissende, der Genotyp und Phänotyp bedenkt, der das Besondere im Allgemeinen zu entdecken imstande ist und selbst das eng Verwandte noch scheiden kann, hat auch die wissenschaftlichen Namen parat und vermeidet ihren Gebrauch nur in Gesellschaft Unkundiger, um nicht elitär zu erscheinen. *Soviel Grün* jedenfalls ist unverzeihlich, ist Naturbetrachtung zum Autofenster hinaus, und weniges verachte ich mehr.

Ich beugte mich vor. An Nessuno vorbei sah ich durch die Fenster der Nachbarautos zum Galoppatoio hinüber. Im flirrenden Blattwerk der Bäume, die den Rundkurs von der

Straße trennten, tauchten Rennpferde auf. Ihre Konturen zitterten im grünen Licht, aber das mochte von den Spiegelungen der Autoscheiben kommen und von den sich im Gespräch bewegenden Köpfen der Insassen. Während eines langen und schönen Augenblicks dachte ich, es seien die Pferde, die durch die Köpfe der Autoinsassen hindurchzulaufen schienen, bloß die Gedanken dieser Menschen, und daß sie sie sich machten und darüber redeten, weil man so nahe beim Galoppatoio hielt. Die Pferde waren im Training, sie gingen verhalten und waren mit leichten Schweißdecken in den Farben ihres Stalles behangen; es ließ sie aussehen, als trügen sie bunte, ihnen um die Beine schwingende Kleider. Manchen hatte man schwarze Masken angelegt, und in den Augenlöchern glänzte das Weiß einer großen Erregung. Die Jockeys indes, die auf ihnen saßen, wurden der Anmut der Tiere nicht gerecht, denn sie ritten in Jeanshosen und alten Pullovern. Aber zu meiner Genugtuung beugten sie sich weit über die Hälse der Tiere, und gewiß sagten sie ihnen Worte der Entschuldigung ins Ohr und auch, wie schön sie seien und wie elegant ihre Bewegungen. Warfen die Pferde dann die Köpfe auf, so daß ihre Mähnen flogen und man meinen konnte, sie kennten Stolz und hätten ihre Reiter verstanden, wehten ihnen weiße Schaumflocken von den Mäulern. «Was für schöne Wörter sie doch haben!» sagte ich laut. In diesem Augenblick wurde ich nach vorn geschleudert, meine Stirn schlug mit Wucht gegen die Windschutzscheibe.

Nessuno war, als der Verkehr sich wieder in Bewegung gesetzt hatte, in den Wagen vor ihm hineingefahren, weil dessen Fahrer, im Schreck wohl über die plötzlich laut aufjaulende Sirene eines Krankenwagens, abrupt gebremst hatte. Blut tropfte aus meiner Nase. Ich bat Nessuno, mich ins Policlinico Umberto Primo zu fahren. «Si, capo!» sagte er.

Ich lächelte schwach, um einen Scherz bemüht: «Veramente, Nessuno, è il capo...» Mein Italienisch verließ mich, so sagte ich auf deutsch: «Es ist der Kopf, Nessuno, der Kopf...»

Ich erwachte, wie sie mir später sagten, erst am Tag danach, schloß aber rasch die Augen wieder und stellte mich in einer Aufwallung von Verwirrung und Verlegenheit bewußtlos, als Melania in Begleitung eines jungen Arztes das Zweibettzimmer betrat. Mein Nachbar, das hatte ich gerade noch gesehen, war ein grauhaariger älterer Mann mit einem markanten Römerkopf und feingliedrigen, auf der Bettdecke gefalteten Händen. Auf der Brust, unter dem Hemd, trug er einen breiten Verband. Als der Arzt ihn nach seinem und meinem Befinden fragte, antwortete er, ohne von sich zu reden: «Der Herr spricht sehr viel, und es ist schön, ihm zuzuhören.»

«Er hat eine mittlere Gehirnerschütterung», sagte der Arzt zu Melania. «Komazustände wechseln mit Schüben einer traumatisch eingeschränkten mentalen Präsenz. Ein bißchen ungewöhnlich, wie auch das, was er während solcher Wachzustände sagt.» (Also mußte ich während meines Aufenthaltes hier schon mehrmals erwacht sein, erinnerte mich aber nicht.)

Melania wandte sich an den Mann im anderen Bett. «Ich bin sozusagen eine Kollegin. Äußerte der Herr irgendwelche Bedürfnisse, Wünsche, die ich an unser Büro weiterleiten sollte?»

«Schon, schon», sagte mein Bettnachbar. «Er scheint Wünsche nach einer besseren Welt zu haben, ich hörte ihn von Arkadien reden, verstand Namen wie Tityrus und Corydon, Daphnis und Galatea, von Pflanzen wie Liguster,

Lorbeer und Hyazinthen sprach er, und das alles so suggestiv, daß ich noch immer hier im Zimmer den Duft einer alten mediterranen Weidelandschaft zu riechen glaube. Aber es ist wohl nur Ihr zart nach Moschus riechendes Parfüm, Signorina.» Ich hörte, wie er die Zimmerluft durch die Nase einsog. «Es ist Moschus, richtig?»

«Ja, stört es Sie sehr?»

«Aber nein, ganz und gar nicht, im Gegenteil! Es paßt sehr gut hierher ...»

«Wie soll ich das verstehen, Signore ...?»

«Glauco», sagte er, «Achille Glauco. Ich habe eine venerische Krankheit. Nein, nein – nicht, was Sie denken! Dottore, sagen Sie es der Signorina!»

«Der Herr ist Schausteller, Zirkus oder so was, jedenfalls hat er mit Pferden zu tun, und eine seiner Stuten ... es war doch eine Stute, ja? ...»

«Meine Lieblingsstute und eine dunkle Schönheit», sagte mein Nachbar, «ich rufe sie ‹Melanippe› nach einer gleichnamigen Kentaurin, die die Tochter des berühmten Cheiron war, des Erfinders der Heilkunst und der Musik. Vielleicht war es aber auch seine Enkelin, bei Kentauren wußte man das nie so genau. Melanippe grub mir ihre Zähne in die Brust, als ich sie neulich am Kopf liebkosen wollte.»

«Das tut mir aufrichtig leid», sagte Melania. «Aber können wir nicht zu meinem Kollegen und seinen Bedürfnissen zurückkehren, von denen Sie sprachen und die ich vielleicht doch weiterleiten sollte?»

«Aber Signorina», sagte mein Bettnachbar, «wollen Sie denn gar nicht wissen, warum meine Stute mich biß? Das ist doch etwas sehr Ungewöhnliches, und auch ich konnte mir keinen Reim darauf machen, bis ich gestern den fiebrigen Phantasien Ihres Kollegen zuhörte. Aus den Bruchstücken seines verwirrten Redens war zu entnehmen, daß so etwas schon einmal passiert ist, wenn auch vor sehr, sehr langer Zeit. Damals, so verstand ich ihn, stiftete die Göttin Venus die Stuten an, ihre Herren zu zerfleischen, wenn sie ihnen den Aufsprung eines Hengstes verweigerten, und das kam öfter vor, konnten doch manche Züchter die Vorstellung nicht ertragen, ihre eleganten Lieblinge als dickbäuchige Mähren herumlaufen zu sehen... nicht anders als ich, Signorina.»

Ich schob dem Arzt, den ich auf den Spuren Klints in Rom besuchte, ein Tonbandgerät über den Tisch, an dem wir in seinem Zimmer im Poliklinikum Umberto Primo saßen. «In diesem Augenblick», sagte er, «öffnete Signor Klint die Augen und sagte mit lauter und klarer Stimme, so daß ich jedes Wort verstehen, wenn mir auch nicht sogleich übersetzen konnte: ‹Ante omnes furor est insignis equarum.› Seine Augenlider flatterten dabei, dann schlossen sie sich, und über dem ganzen Gesicht lag wieder diese Leere, die ich in seinen Komazuständen gesehen hatte. Ich trat an sein Bett und schob eines seiner Augenlider hoch. Wenn er in seinen Papieren, wie Sie sagen, schrieb, daß er bis dahin bei Bewußtsein gewesen sei – jetzt war er es jedenfalls nicht mehr. Ich kann aber nicht ausschließen, daß er alsbald wieder zu sich kam und weiterhin den Bewußtlosen nur spielte.»

An das, was danach geredet worden war, konnte der Arzt sich zwar nicht wörtlich, aber doch genau genug erinnern, um es mit einem hohen Grad von Richtigkeit rekonstruieren zu können. Zu ungewöhnlich sei alles gewesen, nie zuvor und nie wieder danach habe er in einem Krankenzimmer auch nur ähnliches erlebt, sagte er zur Erklärung seiner genauen Erinnerung. Was sie offen ließ und was sie an Wortlaut nicht hergab, konnte ich anhand der Stichworte, die ich von ihm bekam, leicht der altrömischen Literatur entnehmen.

Der Mann im Nachbarbett hob sich auf die Ellbogen. «Ich kenne das: *Vor allen anderen Leidenschaften groß ist die der verstörten Stuten*, oder so ungefähr. Es ist lange her, daß ich Vergil las. Aber da ich mit Pferden umgehe, habe ich es nicht vergessen.» Wie Klint, schloß er die Augen, seine linke Hand ließ er auf den Brustverband sinken, der sich unter ihr, dicht beim Herzen, langsam rötete. Er fuhr fort zu deklamieren: «Suchend, das Blut ihres Herrn noch an den Mäulern, wandern sie auf die Gipfel der Berge. Sie scheuen die Flüsse nicht und nicht der Sonne Glut. Und kommen sie an auf dem hohen Grat, stellen sie sich gegen den Westwind und saugen gierig die Luft ein, die weit fort einen Hengst umschmeichelte, als er die Rute ausstieß wie einen sehnsüchtigen Ruf. Davon werden sie trächtig... Dann flüchten sie südwärts, an einen Ort, wo der finsterste Südwind geboren wird und mit Regenkälte den Himmel verdüstert. Hippomanesschleim, der gefürchtete, tropft ihnen von den blauen Lippen ihres Geschlechts, und der Wind trägt ihn davon, zu Zauberinnen und Magiern des dunklen Nordens. Mit dem Regen fällt er in ihre bereitgehaltenen Krüge, und vom Inhalt geben sie Menschen zu trinken, die verstört sind. So werden sie rasend und gesunden im Feuer nie gedachter Gedanken – als Geistwesen im Geist, wie als Fleischwesen im Fleisch die Stuten...»

«...des Glaukus!» sagte Klint da zu aller Anwesenden Überraschung und setzte sich in den Kissen steil aufrecht. Er sah den Schausteller voll an. «Wer sind Sie, Signore, daß Sie mehr von diesen liebeskranken Tieren und ihrer Wirkung auf Menschen wissen wollen als Vergil?»

Er bekam keine Antwort, Glauco schien von einem Augenblick auf den andern eingeschlafen zu sein, jedenfalls hielt er die Augen geschlossen und atmete tief und regelmäßig. Der Arzt ging zu ihm, hob ihm die Hand vom durchbluteten Verband und fühlte ihm den Puls. Mit der Klingel über dem Bett läutete er nach einer Schwester. «Es ist Zeit zu gehen, Signorina», sagte er zu Melania.

Die Mutter

Ich nahm den Zettel mit ihrer Telefonnummer zur Hand. «Manchmal ist man es leid, immer nur mit alten Steinen zu reden, auch wenn man ihretwegen herkam», hatte sie gesagt, als ich mit Nessuno das Büro in der Via dei Greci verließ. «Rom ist so. Die Menschen gehen, die Steine bleiben. Rufen Sie mich einfach an.» Das war schon vor zwei Wochen gewesen, aber ich erinnerte mich noch, Schwierigkeiten gehabt zu haben beim Versuch, ihr junges Gesicht mit einem solchen Altersgedanken in Einklang zu bringen. Ich wählte die Nummer.

«Pronto.»

Ihre Stimme klang verheißungsvoll. Verheißung von was? Sie hätte meine Tochter sein können. Ich sagte «Hallo». Ohne Ausrufezeichen in der Stimme, denn ich war erst gestern aus dem Spital entlassen worden und litt noch unter Kopfschmerzen. Meine vage, auf keine bestimmte Krankheit zielende Frage an den Stationsarzt, ob ich denn geheilt sei, war mit einer ebenso unbestimmten Gegenfrage und einem Lächeln beantwortet worden: «Geheilt wovon, Signore?» Ich hatte darauf verzichtet, meine Frage zu präzisieren, so konnte ich die Unbestimmtheit des Arztes als ein Attest nehmen, das mir jedwede Gesundheit bescheinigte. Ganz gegen die Pflichten meines Berufes will ich von immer mehr immer weniger wissen, nur das Halbgehörte, Halbgesehene noch läßt Raum für schweifende Gedanken, während ich mir an allem scharf Konturierten die Seele wundschneide. Fakten haben so etwas Kaltes, Stählernes an sich, und gehe ich schreibend mit ihnen um, komme ich aus Gewohnheit in Versuchung, sie mit präzisen Adjektiven zu Messern zu schleifen, deren Aufblitzen im Licht eines klaren Verstandes das Halbdunkel zerstört, in dem ich mich eingerichtet habe wie hinter den meist geschlossen gehaltenen Fensterläden meiner Wohnung am Campo de'Fiori.

Während ich das Telefon bei Melania hatte klingeln lassen, war mein Blick auf einen Schreibblock gefallen mit einem Notat darauf von meiner Hand: «Zwielicht: die leichte Sommerdecke meiner Gedanken; sie können sich darunter wohlig strecken, ohne in den Schweiß hitziger Träume auszubrechen, nicht wachend, nicht schlafend – mich lebend!» Die letzten beiden Wörter hatte ich dick unterstrichen.

Sie erkannte mich an der Stimme. Nach dem Austausch von Belanglosigkeiten, meine Gesundheit betreffend und das heiße römische Wetter, sagte sie: «Gut, daß Sie mich anrufen. Kann ich Sie sehen?»

«Ich komme morgen ins Büro ...»

«Nein, nicht im Büro.»

«Ist etwas passiert?»

«Nein, ja ... ich kann jetzt nicht reden.»

«Was schlagen Sie vor?»

«Kommen Sie heute um sechs ins Caffè Greco. Geht das? Es liegt ...»

«... in der Via Condotti, bei der Piazza Spagna, ich weiß.»

«Werden Sie kommen?»

«Ja, aber woran erkenne ich Sie denn? ... Werden Sie wieder Jeans tragen?»

Melania lachte. Es klang verlegen. Nach einer kleinen Pause sagte sie: «Aber erinnern Sie sich denn gar nicht an mein Gesicht?»

Da merkte ich, was ich gesagt hatte. Scham schoß in meine Stimme ein. «Natürlich, verzeihen Sie, bitte... es tut mir leid, ich war in Gedanken...»

Ich meinte zu hören, daß sie leise, tief in der Kehle lachte, doch war ich nicht sicher, in meinen Ohren pochte das Blut. Fern hinter meinen Gedanken hörte ich sie sagen, sie würde mich ganz am Ende des schlauchartigen Lokals erwarten. Ich sagte dazu nichts, und sie rief: «Hallo, sind Sie noch da?» Ich schwieg. Schließlich hängte sie ein.

Mit dem Hörer in der Hand saß ich da und starrte, nichts sehend, auf ihr blaues Jeansgesäß. Es saß inmitten meines Kopfes und war mit einemmal fleischweiß. Es preßte sich gegen die Nähte meines Schädels und machte sich darin breit, so daß kein anderer Gedanke mehr Platz hatte als der eine einzige an seine Schönheit und an die Verheißung unsagbarer Freuden, die von ihm ausging. Mit Augen, die ich bis fast unter die Brauen zwang, um besser in meinen Kopf hineinsehen zu können, sah ich von unten in die schwarz verschattete Furchung dieses großen weißen schwellenden Gesäßes hinein. Aber dann kippte das Bild weg, und ich sah mich plötzlich von zwei Augen angestarrt, die nacktes Entsetzen weitete. Ich riß den Kopf ins Genick, nur weg mit dem Gesicht aus diesen Augen! Alles war wieder wie damals, als ich während meines Heranwachsens auf dem Lande, ein Zehnjähriger meiner Erinnerung nach, solange die zweiräumige Hoflatrine des Hauses belauert hatte, in welchem ich mit meinen Eltern wohnte, bis eine Frau mittleren Alters, die Zugehfrau meiner herzkranken Mutter, diesen verschwiegenen Ort aufsuchte und hinter einer der beiden Türen verschwand. Ein Lied pfeifend, um ein Nichtwissen von ihrem Aufenthalt da drinnen vorzutäuschen, war ich in das Nebenabteil gegangen. In der Hoffnung, die Frau urinieren zu sehen, hatte ich mich vor der Sitzbank auf die Knie niedergelassen und Kopf und Hals bis zu den Schultern in das Sitzloch gesteckt. Nur die Angst, von der vielleicht zu rasch für mein Vorhaben wieder Aufstehenden gesehen zu werden, aber auch der stechende Geruch der nicht weit unter meinem Gesicht offen daliegenden Fäkalien hatten mich um den Erfolg gebracht. Ohne anderes gesehen zu haben als einen weißlichen Schein, war ich aufgestanden und hinausgelaufen, noch vor der Frau, die mich bald danach, als wir uns im Haus begegnet waren, wortlos angelächelt hatte, was nie zuvor geschehen war, und es hatte mir das Blut ins Gesicht getrieben.

Es war bei diesem einen Versuch, die äußerste Blöße einer Frau zu sehen, geblieben; größer noch als die Angst vor Entdeckung war meine Furcht vor der Beichte gewesen. Ich lebte fortan in der Qual, daß kein Priester mich jemals würde lossprechen können von dieser Fleischessünde; in einem solchen Maße war sie mir unvergebbar, ja unbeichtbar erschienen, daß sie ursächlich wurde erst für mein Schwänzen der Sonntagsschule und später für mein Fernbleiben von jeglichem Kirchenbesuch. Ich hielt mich für verloren, weinte viel des Nachts unter der Bettdecke und hatte einen öfter wiederkehrenden Traum, in welchem mir ein großer weißer Mond erschien, über dessen Mitte sich eine dunkle, tiefe Schlucht hinzog, aber ehe ich sie mit den Augen erkunden konnte, schob sich eine Wolke vor den Mond, schwarz und bedrohlich, und meist hatte es angefangen, aus ihr zu regnen. Wenn ich erwachte, spürte ich manchmal an mir eine Nässe, die mich anfangs erschreckte, bis ich begann, sie als lustvoll zu empfinden, und entdeckte, daß ich sie willentlich, mit der Hand, herbeiführen konnte.

Als mein Fernbleiben von der Sonntagsschule aufgekommen war, hatte mein Vater, anders als meine Mutter, auf Zwangsmittel verzichtet. Er war Rathausschreiber in unserem Dorf gewesen und in Glaubensfragen einem Zynismus verfallen, der aus der geistigen Anspruchslosigkeit seines beruflichen Alltags eine gewisse intellektuelle Qualität bezog. Und aus dem Alkohol gelegentlich Bösartigkeit. So hatte er mein Fernbleiben von der Kirche, als er davon erfuhr, mit einem «Willkommen, mein Sohn, im Land der Vernunft!» begrüßt. Meine Mutter war außer sich geraten. Auf Stubenarrest folgte der Entzug des kärglichen Taschengeldes. Dem Redeverbot bei Tisch folgten Schläge ins Gesicht. Schließlich kam alles zusammen, so daß ich eines Tages fortgelaufen war und mich in den Bretterstapeln eines Sägewerks drei Tage und drei Nächte lang versteckt gehalten hatte. Ich wurde aufgegriffen, als ich am Morgen des vierten Tages aus einer Bäckerei mit einem Laib Brot ohne zu bezahlen davonlaufen wollte. Ein Mann vom Jugendamt brachte mich nach Hause. Meine Mutter empfing mich mit neuen Ohrfeigen. Ich erinnere mich, daß ich zwischen den Schlägen merkwürdig distanziert, so als schaue ich nur zu, gedacht hatte: Das tut sie einzig, um vor dem Mann von der Behörde die Rechtschaffenheit unserer Familie zu demonstrieren! Als sie mich ein paar Wochen später wegen einer Sache, an die ich mich nicht mehr erinnern kann, wieder schlagen wollte, hatte ich sie, ohne dabei Zorn zu empfinden und so, als sei sie mir nur lästig, mit einer Hand beim Hals genommen und ihren Kopf gegen die Wand gedrückt. Danach war ich wortlos in mein Zimmer gegangen. Sie hatte mich nie wieder angerührt, auch dem Vater nichts gesagt.

Auf jenen Tag datiere ich das Ende meiner Kindheit. Sie hatten mich auf dem Gymnasium in der Kreisstadt angemeldet. Es fügte sich bald, daß ich dort, im Elternhaus eines

Schulfreundes, dem es am rechten Antrieb fehlte, eine Schlafkammer und mein Essen bekam; ich lernte leicht und verstand es, den Freund anzuspornen, also war ich willkommen. Die erbetene schriftliche Zustimmung der Eltern bekam ich. Es wurde darin die sich verschlimmernde Herzkrankheit meiner Mutter angeführt sowie der weite und umständliche Weg in die Stadt. Fortan kam ich nur noch an den Wochenenden nach Hause und bald auch das nicht mehr regelmäßig. Mehr und mehr ging ich eigene Wege. Als ich vierzehn oder fünfzehn geworden war, nahm ich neben dem Unterricht und in den Ferien kleine Gelegenheitsarbeiten an und gab jüngeren Schülern gegen Bezahlung Nachhilfe; was ich damit verdiente, reichte, zusammen mit dem monatlichen Geld von zu Hause, hin, mir ein eigenes kleines Zimmer zu nehmen. Die Vermieterin, eine geschiedene Frau von etwa dreißig Jahren, war die Mutter eines der Schulanfänger, denen ich Nachhilfe gab. Ich war damals geistig und körperlich meinem Alter weit voraus, und auf der inzwischen fünf Jahre alten elterlichen Unbedenklichkeitsbescheinigung hatte ich das Datum verjüngt, wie ich die Fälschung bei mir nannte. Es war auch unwichtig geworden, weil meine Mutter wenig später ihrem Herzleiden erlag. Mein Vater nahm sich sechs Wochen danach das Leben, indem er den Kopf in die Gasbratröhre hielt, nachdem er ihn zur Sicherheit des Gelingens mit einer Schnur um den Hals an die Herdstange gebunden hatte. Da ein Abschiedsbrief nicht gefunden wurde, nahm man unter Nachbarn und Verwandten als Motiv die Angst vor dem Alleinsein an. Ich machte mir schon damals meine eigenen Gedanken und glaube noch heute, daß mein Vater sich umbrachte, weil sein gegen den Glauben gerichteter Zynismus, der sich an seiner bigotten Frau immer aufs neue entzündet hatte und ihm ein Gefühl von geistiger Überlegenheit über ihr engstirniges Betschwesternwesen gab, nun, ohne sie, ins Leere laufen mußte. Später fand ich ein Bild für den Zustand meines Vaters vor dem Selbstmord: Er glich einem alten Hirsch, der sein einst endenreiches Geweih bis auf einen einzigen, endenlosen Spieß zurückgebildet hatte, aber wegen seines Alters niemanden mehr fand, dem er damit hätte Angst machen oder gar zu Leibe rücken können. Ich hatte auch gehört, wie meine Mutter einmal mit Hochmut in der Stimme zu ihm sagte, niemand würde Gott in seiner Existenz mehr bestätigen, als der, der ihn leugne, denn man könne nicht leugnen, was nicht sei. Darauf hatte mein Vater zum erstenmal nichts zu antworten gewußt. Es mußte ihm gedämmert haben, daß er so oder so von Gott nie loskommen würde. Aus den Umständen des Selbstmords – auf den Knien, eine Schlinge um den Hals und das Gesicht im Ofen – las ich eine letzte, die äußerste Leugnung Gottes heraus, eingekleidet in den Hochmut eines Kniefalls, die Verdammnis herausfordernd, die einem Selbstmörder nach dem Glauben seiner Frau doch beschieden war.

Meine Eltern waren in getrennten Gräbern, weit auseinanderliegend, beigesetzt worden. Ich habe keines jemals wieder aufgesucht. Als ich am Tag der Beerdigung meines Vaters in mein Zimmer in der Kreisstadt zurückgekommen war, befiel mich ein Weinkrampf, der aber, ich wußte es, dem Selbstmitleid entsprang, nicht der Trauer. An den Gräbern hatte ich keine einzige Träne gehabt. Die Vermieterin war auf mein Schluchzen hin hereingekommen und hatte mich wortlos in die Arme genommen und fest an sich gedrückt. Es war das erste Mal, daß ich an mir das Gefühl von Brüsten, Bauch und Schenkeln einer Frau verspürte. Sie sprach zu mir mit dem Mund dicht an meinem Hals. Ich verstand nur, daß es nicht der Mund und nicht die Worte einer Mutter waren und antwortete mit einer Erektion, deren Ungestüm sie, nachdem sie erst sich und dann mich entkleidet hatte, geduldig den Weg wies.

Trotz der wachsenden Feindseligkeit ihres Sohnes hatte sie mich, auch zum Vorteil meines nicht eben großen elterlichen Erbes, bei sich behalten, bis ich das Abitur geschafft hatte und nach München ging, an die Universität. Mit mir nahm ich ein diffuses Gefühl von Schuld. Lange noch und vordergründig ausgelöst vom großen Altersunterschied zwischen uns, hatte mich im geschlechtlichen Umgang mit der Frau der Gedanke an meine Mutter bedrängt, und in Augenblicken der Ekstase war es nicht nur einmal vorgekommen, daß sich ihr Bild über das der Frau unter mir geschoben hatte und meine Bewegungen dann etwas Zerstörerisches annahmen, das ihr Schmerzenslaute abpreßte. Weil solche Vorkommnisse wiedergekehrt waren und sie darin bei mir wohl eine Entwicklung zu Brutalität, ja Gewalttätigkeit sah, hatte sie sich allmählich von mir zurückgezogen.

Ich gehe duschen.

Die Tänzerin

Ich entschloß mich, zu dem Treffen mit Melania zu Fuß zu gehen. Es war noch früh am Nachmittag. Ich ging viel zu Fuß in Rom. Die Metro hat nur zwei Linien, die Busse sind im Sommer eine Zumutung für Nase und Kleidung, und mit dem Taxi fährt man für sein Geld von Stau zu Stau. Auf der Piazza Navona tanzte eine junge Frau, die ihren Körper unter bunten Tüchern und ihr Gesicht hinter einem dichten schwarzen Vorhang aus lauter dünnen Zöpfen verbarg, zu einem monotonen Trommelakt irgend etwas, das nach Indien oder Arabien aussah, und ich dachte, daß ich Indien oder Arabien niemals sehen wollte, wenn dies Indien oder Arabien war. Dabei wußte ich, daß dies weder Indien noch Arabien war und daß die Frage, ob ich das eine oder das andere sehen wollte, lächerlich, weil ohne Bezug zu meiner Wirklichkeit war. Die Tänzerin drehte sich ständig um ihre Körperachse, wobei ab und zu ein weißer Schenkel aufblitzte; sie stellte eine Hüfte aus und ließ sie aufwärts zucken und dann die andere und beides so lange, bis die drei Carabinieri hinter ihr, die in ihrem Auto sitzend das Fahrverbot auf der Piazza Navona überwachten, wieder zu ihr herschauten. Dann ließ sie die Hüften stehen und schüttelte die Schultern, daß die Brüste oder was man für ihre Brüste halten konnte unter den schlabberigen Tüchern Mühe hatten zu folgen. Den Kopf hielt sie bei all dem ruhig und gesenkt, so blieb der Vorhang aus Zöpfen geschlossen, nie sah man ihr Gesicht. Die Arme hielt sie hoch und nah beieinander, die Hände kreisten geschmeidig, und die Finger machten schlangengleiche Bewegungen, als trachteten sie den Händen zu entkommen. Die

Füße, die nackt waren und schmutzig, setzte sie nur mit Zehen und Ballen auf. Wie eine kleine Bärin, dachte ich und war froh darüber, daß ich der Banalität dieser Tanznummer etwas Substantielles abgewinnen konnte: eine Bärin, der man auf einer heißen Blechplatte Tanzbeine macht und dazu die Trommel schlägt im Takt der Bärenfüße, die in Wahrheit keinen Tanztakt haben, sondern Hilfe suchen beim Rhythmus der Trommel und mal links mal rechts auf Abkühlung hoffen, woraus dann der Anschein eines Tanzes wird, wenn später das Blech fehlt und das Tier nur die Trommel hört und nicht Tanzlust, sondern bloß die Erinnerung an den Schmerz in seinen Füßen aufzuckt.

Die Trommel kam von einem zerbeulten, auf dem Pflaster stehenden Tonbandgerät aus Hongkong oder Taiwan, oder weiß Gott woher, dachte ich, und daß ich, wenn dies Hongkong oder Taiwan war, ich Hongkong oder Taiwan niemals sehen wollte. Dabei war ich mir nicht sicher, ob ich Hongkong oder Taiwan nicht doch sehen wollte, ich kenne Asien nicht und verbinde mit ihm Gedanken an geheime, das Bewußtsein erweiternde Laster, aber die Wiederholung der dummen Phrase hatte Stil. Neben dem Tonbandgerät auf dem Pflaster lag eine mit Glasperlen und Silberdrähten bestickte, zu Geldspenden auffordernde Kappe, ein Ding mit steifem Rand und ohne Schirm, wie es die Flüchtlinge aus Somalia und Äthiopien und Eritrea zusammen mit anderem Ramsch aus Sonnenbrillen, Metallschmuck und Lederkrimskrams in der Viale Vaticano den Touristen aufzuschwatzen versuchen, die längs der großen Vatikanmauer in endlosem Strom auf dem Weg sind in die Vatikanischen Museen zum Apoll von Belvedere und dem Hermes des Praxiteles und zu den Hundertschaften anderer antiker Marmormänner, von denen sie behalten haben werden, wenn sie wieder daheim sind, daß denen die Penisse abgeschlagen worden waren. Und weiter in die Sixtinische Kapelle mit der Secondhandkunst, die sie mit ihrer Restaurierung aus den biblischen Deckengestalten des Michelangelo gemacht haben und alles nun aussieht wie frisch gestrichen, worüber der eine Teil der dicht an dicht stehenden Besucher redet und der andere kichert, weil Adam und seine Nachfolger nun ihre schlaffen Penisse wiederhaben, die Michelangelo ihnen malte, was freilich auf einem Deckengemälde und so weit droben nur von perspektivischem Reiz ist, aber dazu führt, daß alle zehn Minuten aus der Höhe Gottes eine Stimme kommt, die zu ehrfürchtigem Schweigen auffordert und zum Fotografieren ohne Blitzlicht. Nein, dachte ich abermals, wenn das da draußen Somalia, Äthiopien und Eritrea war und das hier drinnen das Heilige, wo sie dir T-Shirts verkaufen mit dem Bild von Papa Giovanni Paolo Secondo drauf und Guide-Tonbänder für deinen Walkman und Fotos, damit du dir zu Hause anschauen kannst, was du nicht gesehen hast, als du da warst, weil dies und das geschlossen war wegen Renovierung oder weil der Menschenstrom dich vorbeitrug an Sachen, die du sehen wolltest, zum Beispiel die Reittreppe des Bramante, hin zu Sachen, die du nicht sehen wolltest, zum Beispiel die Wagentreppe des fahrbaren Päpstlichen Postamtes auf dem Petersplatz, über die der Menschenstrom dich, ob du willst oder nicht, zu den Schaltern hinauf mitnimmt, wo sie dir Postkarten verkaufen mit dem Bild von Papa Giovanni Paolo Secondo drauf und Briefmarken mit der Tiara von Papa Giovanni Paolo Secondo drauf, und weil du nicht bloß dastehen willst und nichts kaufen, wenn der Mann hinter dem Schalter dich ansieht, kaufst du eine Karte und eine Marke und beleckst sie und klebst sie drauf und wirst von der Menge an ein langes Stehpult gegenüber den Schaltern gedrängt, an dem eine

Hand neben der anderen Grüße schreibt an die Lieben daheim, und aus Übellaunigkeit darüber, daß du was kauftest, was du gar nicht kaufen wolltest, schreibst du *Mit schönen Grüßen aus dem Vatikan auch von Papa Giovanni Paolo Secundo* auf die Karte und adressierst sie an dich selber nach München, weil du keine Lieben daheim hast, und stopfst sie in einen der Briefkästen, denen die vielen lieben Grüße aus dem Vatikan schon zum Einwurfschlitz heraushängen, so übervoll sind sie, und hörst dabei zwei deutsche Nonnen am Briefkasten neben dir sagen, daß die Rosenkränze hier im Vatikan ohne den Segen des Heiligen Vaters erheblich billiger sind als die mit, aber daß man sich die mit schon leisten sollte, denn man gönnt sich als Nonne ja sonst nichts, und, Herrgott, was sind diese Briefkästen voll! Aber es soll die Vatikanpost ja auch viel zuverlässiger sein und vor allem schneller als die italienische, und hast du gesehen, Mathilde, wie der Schweizer Gardist in seinem herzigen Kostüm mit den geschlitzten Puffärmeln und den Pluderhosen vor unsrem Bischof salutiert hat, als er herauskam zum Tor, wo's zu den Gemächern des Heiligen Vaters geht, der aber gar nicht da ist, weil er, glaub' ich, wieder in Polen ist, und ach Gottchen hat der Gardist einszwei mit den Füßen aufgestampft und seinen Spieß vorgereckt. Das heißt Hellebarde, Eusebia. Na gut, Mathilde, aber die Evangelischen daheim, die unsren Bischof nie grüßen, nicht mal wenn er im Ornat aus der Kirche herauskommt, die sollten sich trotzdem ein Beispiel daran nehmen. – Nein, dachte ich, wenn das da draußen Somalia war und Äthiopien und Eritrea und das hier drinnen das Heilige, dann will ich... An dieser Stelle hatte ich von mir das am Morgen in der Zeitung gesehene Bild eines Mannes, der sich, ein Gummiseil um die Füße, von einer hohen Brücke stürzte, «um am Tod zu nippen», wie es in der Bildunterschrift hieß, aber, hatte ich gedacht, mit nichts anderem zurückkommt als dem Geschmack von verdorbenem Flußwasser auf den Lippen, in das er, weil die Dehnung des Seils zu groß war, mit dem Kopf eingetunkt worden war. «Zuviel Dehnung auch in deinem Seil, Klint!» Ich hatte im Selbstgespräch die Lippen bewegt und war mir mit der Zunge darübergefahren, als schmeckte ich das Ergebnis meines Eintauchens in einen Bilderstrom ab, der aus einer unscheinbaren Quelle entsprungen war, der Somalikappe der Tänzerin, dann langsam breiter wurde, immer breiter, bis er die Ufer, die die Vernunft ihm setzte, überspülte und in gegenläufigen Wellen strudelte, daß glitzernde Gischt aufstob: Wörter, dachte ich traurig, Gedankenschaum...

Der Mauersegler

Ich warf ein paar Münzen in die Kappe der Tänzerin, kleine nur, denn auf den Trick aller Bettler, ein paar größere, eigene als Köder auszulegen, fiel ich auch hier nicht herein. Zwei, drei andere Zuschauer hielten es mit der Bemessung ihrer Spende wie ich, die meisten gingen einfach weg. Einer Komödiantin gleich, die den schwachen Beifall des Publikums nicht für wert hält, sich vor dem Vorhang dafür zu bedanken, behielt die Tänzerin ihr Gesicht hinter den Haaren. Ohne auch nur einmal aufzublicken, fuhr sie fort mit den Verrenkungen ihrer Hüften und dem Gewackel ihrer kleinen Brüste, dabei war ich mir sicher, daß sie die Geldspenden bemerkt hatte. Was ging mich ihr Undank an? Gleichwohl wurmte es mich, daß sie mich, nicht ganz ohne Grund, wie ich fand, für schäbig hielt. Ich beruhigte mein schlechtes Gewissen mit dem bizarren Einfall, ich hätte mich mit der kleinen Spende nicht für den Tanz, sondern für die Gedanken erkenntlich gezeigt, die die Frau und ihre Kappe in mir ausgelöst hatten, und daß sie mehr Geld nicht wert gewesen waren und dieser Salto am Schluß noch das beste an ihnen war.

Ich machte mich auf den Weg zu meiner Verabredung mit Melania. Da rief jemand hinter mir «Buona sera, Signor Klint!» Als ich mich umdrehte, sah ich Achille Glauco auf mich zukommen.

Noch bevor er heran war, fielen mir zwei Männer auf, die Glauco in einigem Abstand folgten. Sie mußten zu ihm gehören, denn wie er blickten sie im Näherkommen unverwandt zu ihm her. An ihren zu knappen Anzügen, deren Jacken sie auch noch geschlossen trugen, als wollten sie das

Muskulöse ihrer Oberkörper zur Schau stellen, erkannte ich sie wieder. Immer wenn ich in den letzten Tagen während einer Schreibpause ans Fenster getreten war, hatte ich sie gesehen. Von ihrem Posten zu Füßen Giordano Brunos aus schienen sie das Haus zu überwachen, in dem ich wohne. Doch weil ich mich in nichts verwickelt wußte, das meine Observierung hätte erklären können, setzte ich sie nicht in Beziehung zu mir und beachtete sie nicht weiter. Erst jetzt, als ich sie im Kielwasser Glaucos auf mich zusteuern sah, war ich sicher, daß kein anderer als ich das Objekt ihrer Beobachtungen gewesen war. Sie mußten mir vom Campo de'Fiori hierher, auf die Piazza Navona, gefolgt sein, und als sie gesehen hatten, daß ich mich bei der Tänzerin länger aufhielt, war einer von ihnen zu einem Telefon gegangen, um Glauco zu benachrichtigen. Natürlich, so war es!

«Come sta, Signor Klint?»

«Bene, grazie, e Lei?»

Glauco war elegant in einen grauen Zweireiher aus feinem leichten Tuch gekleidet, Maßarbeit wahrscheinlich, denn der Anzug saß der um Hüften und Bauch herum nicht problemlosen Figur Glaucos vorzüglich an. Zum weißen Hemd mit korrekt geknöpftem hohen Kragen und einer durch dessen Enden gesteckten goldenen Nadel trug er eine seidene, maßvoll bunte Krawatte, deren Material und Muster sich im Brusttaschentuch wiederholten. Das glatte graue Haar war sorgfältig gekämmt und gescheitelt, das bartlose, merkwürdig alterslose Gesicht tief gebräunt. Ich hatte Mühe, in ihm den Mann mit dem Brustverband unter dem Krankenhemd wiederzuerkennen. Die intimen Vergilkenntnisse indessen, die er dort offenbart hatte, gingen besser mit diesem als mit jenem Glauco zusammen, und von der Erinnerung an den Einbruch des Göttlichen in die Delirienwelt jenes Nachmittags im Spital war es für einen wie mich wahrhaftig nicht mehr weit zu dem Gedanken, es wandelten so souverän wie dieser Glauco, so sinnverwirrend als Sterbliche kostümiert die alten Götter Griechenlands zu allen Zeiten über die Erde, und selten führten sie Gutes im Schilde, meist waren sie auf den eigenen Vorteil, die eigene Lust aus, und im olympischen Gelächter über das Gelingen ihrer Absichten versteinerten die Seelen der getäuschten Irdischen oder wandelten sich ihre Leiber in Tiergestalten um.

Während wir uns die Hand gaben, glaubte ich schier zu spüren, wie die beiden Männer, nachdem sie mich rechts und links passiert hatten, hinter meinem Rücken stehenblieben. Mein Nacken fing unter ihren Blicken zu brennen an, mein Puls beschleunigte sich, und da war auch wieder am ganzen Körper dieses spanische Hautkribbeln, das mich jedesmal befiel, wenn meine Seele dabei war, die Koffer zu packen, um mit mir auf eine weite Reise zu gehen. Nein! dachte ich. Nicht heute! Ich hatte anderes vor – Melania. Aber ich wußte sogleich, daß ich würde gehen müssen. Doch ließe sich der Abschied von mir selber vielleicht lange genug für ein Treffen mit der Jeansfrau verzögern, und wer weiß, ob sie mich nicht abermals retten würde, hatte sie doch schon einmal hilfreichen Zugang zu meinen geheimsten Gedanken gehabt. Um also Zeit zu gewinnen, versuchte ich, Glauco daran zu hindern, mir auf der Stelle die Absichten zu enthüllen, die nichts Gutes bedeuten konnten angesichts der Androhung von Gewalt, die unmißverständlich von den beiden Männern in seiner Begleitung ausging.

Ich wies mit dem Kopf hinter mich: «Sind die zwei Ihre Freunde?» Es hatte forsch klingen sollen, Beweis meiner Entschlossenheit, den ungleichen Kampf aufzunehmen, aber ein Schwanken in meiner Stimme strafte den Ton Lügen.

Glauco hob denn auch bloß, als verstünde er nicht, die Brauen und ging darüber hinweg. Unaufhaltsam, dem Schicksal gleich, dem mit rhetorischen Tricks nicht beizukommen ist, sagte er: «Wir hatten im Spital Ihres bedauerlichen Zustandes wegen, den Sie, hoffe ich, folgenlos überwunden haben, keine Gelegenheit, unsere Angelegenheiten zu besprechen...» – «Welche Angelegenheiten, bitte?» Ich wehrte mich nur noch schwach, und Glauco fuhr unbeirrt fort: «Ich bitte Sie darum, mit mir zu kommen. Glauben Sie mir, es ist wichtig. Vertrauen Sie mir. Kommen Sie, dies ist kein Ort für Gespräche.» Weil mir die Schärfe des Tons schon einmal mißlungen war und ich zu spüren meinte, wie die beiden Männer in meinem Rücken dichter zu mir aufschlossen – *sie wollen mich zum Zug bringen!* –, sagte ich, und es mußte beinahe weinerlich geklungen haben: «Aber ich kann nicht, ich habe eine Verabredung...» – «Ich weiß», sagte Glauco, «mit Ihrer Kollegin Melania, um sechs im Greco, vero?» Ich nickte zustimmend. Ich war nicht erstaunt, nicht einmal neugierig, ich wußte, was Glauco nun sagen würde, ich hatte es schon einmal in Rom gehört, von Herms, auf dem Bahnhof Termini, und Glauco sagte denn auch, als hätte ich gefragt, wie er von dieser Verabredung mit Melania wissen könne: «Ich weiß alles, Signor Klint.»

Da bestieg ich den Zug.

«Gut», sagte ich, «gehen wir.» Glauco nickte dazu, er schien nichts anderes erwartet zu haben, als daß die Dinge diese Wendung nahmen. Wie in freundschaftlicher Zuneigung schob er eine Hand unter meinen Arm. Wir gingen zu einem außerhalb der Verbotszone am Rande der Piazza Navona wartenden großen Auto. Ein livrierter Chauffeur stieg aus, öffnete die linke hintere Tür und ließ mich einsteigen. Dann ging er zur rechten Wagenseite und öffnete die Tür für

Glauco. Er mußte das Ziel der Fahrt kennen, denn er fragte, als er einstieg und losfuhr, Glauco nicht danach. Ich bemerkte erst jetzt, daß die beiden Männer uns nicht gefolgt waren. «Welche beiden Männer?» fragte Glauco und blickte hinaus, zu den beiden Seitenfenstern, dann durch die Rückscheibe. Führte ich Selbstgespräche? Ich konnte mich nicht erinnern und ließ die Sache auf sich beruhen. Glauco atmete seufzend aus. «Es ist heiß heute.» Er öffnete das Jackett und machte es sich in den Polstern bequem. Zu meiner Zufriedenheit hatte er mit diesem Allerweltssatz und wie er so dasaß neben mir die Normalität der Geschehnisse dieses Nachmittags nur noch einmal bekräftigt. Der Zug nahm Fahrt auf, die Unruhe der Abfahrt lag hinter mir. Ich war wieder unterwegs.

Über die Piazza Venezia und die Kaiserforen kamen wir zum Kolosseum, passierten den Circus maximus und die Caracalla-Thermen und folgten der Latina zur Stadt hinaus. Wir erreichten die Via Appia, erst die neue, dann die alte. Beim Grabmal der Cecilia Metella hieß Glauco den Fahrer halten. Er bat mich, mit ihm auszusteigen. Während der Chauffeur das Auto parkte, betraten wir, Glauco voran, den kleinen Innenhof der kastellartigen Denkmalsanlage durch ein offenstehendes Eisentor. In einem Glaskasten gleich daneben, zu unserer Rechten, saß ein Aufsichtsbeamter, zu zahlen brauchten wir indessen nicht. Ich folgte Glauco über den Hof zur Tür und in das Innere des mächtigen Turms mit der Gruft, in der während der Antike der Sarkophag der Cecilia Metella gestanden hatte. «Eine vornehme Schöne», rief Glauco über die Schulter zurück. «Kaiserverwandtschaft.»

Ich folgte ihm hinein. Er beugte sich über ein hüfthohes Gitter, das den Vorraum von der Gruft abgrenzte. Sie war kreisrund, maß zwanzig Schritt im Durchmesser und lag drei Meter unter uns. Was konnte es da unten schon zu sehen geben? Ich trat neben ihn ans Gitter und reckte den Hals. Die Grube war leer, nichts als große, von Alter und Schmutz gezeichnete mächtige Steinquadern, ein Boden aus gestampfter Erde, leere Bonbonpapiere darauf, eine Bierbüchse und zwei Cola-Becher. Auch der Turm darüber, vom gleichen Durchmesser, war leer bis unter das Kuppeldach. Glauco richtete sich auf. «Interessant, das da unten, finden Sie nicht auch?»

Ich sah genauer hin. Unter uns, am Boden und dicht an der Grabwand, kauerte bäuchlings ein Vogel. Er war schwarz, die Flügel, deren jeder eine Handspanne lang war, hatte er ausgebreitet. Sie waren schmal, ihre nach hinten weisenden Enden liefen in eine Spitze aus, und zusammen hatten sie die Form einer Sichel, gemacht, um Wolken zu mähen, dem Vogel den Weg in den reinen Himmel darüber freizuschneiden. Der kurze Schnabel war aufgesperrt. Die Kehle ging hechelnd. Entweder war es Erschöpfung oder schon das Ende.

«Ein Mauersegler!» sagte ich. Vor Überraschung hatte ich das deutsche Wort benutzt, und auch, weil ich den italienischen Namen des Vogels nicht kannte.

«Un rondone», sagte Glauco, «ein bemerkenswerter Vogel, nicht wahr. In der Luft, im Flug, hat er die Schnelligkeit von Gedanken und die Gestaltenfülle des Traums, für unser Auge ist er flüchtig wie das Glück und reißend wie der Tod. Er ist fleischgewordenes Fliegen, und man sagt, daß er im Flug, himmelhoch und bei Nacht, auch schläft, weil er am Boden hilflos ist, seine Füße sind verkrüppelt, ihr Gebrauch entfiel vor langer, langer Zeit schon dem Gedächtnis der Art.» Leiser, als sei er unentschieden, ob ich es hören sollte oder nicht, setzte er hinzu: «Ihre Seele, Klint – wolkensüchtig und gestrandet.»

Ich sah zu Glauco hin, aber der hatte nur Augen für den Vogel und sagte fast flüsternd: «Geben Sie um Himmels willen acht auf Ihre Seele, Klint! Sie ist in tödlicher Gefahr. Ein falscher Gedanke, und sie landet zwischen den Zähnen der Wirklichkeit. Also schauen Sie schon hin, blicken Sie der Gefahr ins beutelüstern funkelnde Auge! ... Sie werden fliegen müssen, gleich ...»

Erst jetzt sah ich die Ratte. Im Dämmerlicht der Gruft hob sich ihr schmutziggraues Fell nur wenig vom Boden ab, und sie bewegte sich nicht. Weniger als einen Meter vom Mauersegler entfernt, belauerte sie den anscheinend hilflosen Vogel, den fetten Bauch an der Erde, die Hinterbeine gefaltet zu den Seiten. Sie begann vorwärts zu kriechen, auf den Vogel zu, sacht, einen Millimeter um den andern, kaum merklich. Ich dachte, so fallen uns die Lebensjahre an, und das Ende vor deinem erschöpften Gesicht hat das Gesicht einer Ratte, ihre Barthaare zittern, und der lange nackte Schwanz geht wie ein Metronom, das dir die bis zu deinem Tod verbleibende Zeit in Sekunden zerlegt.

Die Augen der Ratte funkelten, wie Glauco es gesagt hatte. Das Funkeln mußte von innen kommen, aus ihrem innersten, gierigen Wesen, denn es fiel von draußen kein Licht auf das langnasige Gesicht mit dem spitz zulaufenden Maul und den offenliegenden Schneidezähnen. Sie hat sich Welt angefressen, dachte ich, und das Gleißen der Welt ist nun in ihren Augen. Ich sperrte den Mund auf und schob die Lippen vor, schnabelgleich, und machte tief im Rachen ein fauchendes Geräusch. Ich breitete die Arme aus und hob sie bis in Schulterhöhe, die Hände ließ ich flattern. Den Kopf hatte ich ins Genick genommen, so gab ich der Ratte die Drohung zurück. Ich wippte in den Kniegelenken, die Füße fest gegen den Boden gestemmt. Die Arme gingen nun auf und nieder, einmal, zweimal, dreimal, und am Ende jeder Abwärtsbewegung klatschten die Hände gegen die Schenkel. Mit einem schrillen Schrei flog der Mauersegler auf. Die Ratte sprang in den Schattenriß, den der Anpreßdruck der Sichelflügel auf dem Boden zurückgelassen hatte.

«Bravo!» sagte Glauco. «Nun, da Ihre Seele wieder fliegt, braucht sie Nahrung. Bildernahrung. Auch dafür ist gesorgt. Gehen wir?» Ich war erschöpft, taumelig und schweißig. «Warum haben Sie mich hierhergeführt?» fragte ich, während wir zum Ausgang gingen, ins Licht. Unter der Tür schüttelte ich Kopf und Schultern.

«Ich konnte mir einen besseren Platz als diesen Ort des Todes nicht denken», sagte Glauco, sich nach mir umdrehend. Er machte eine weitausholende Armbewegung, die die ganze Grabanlage einschloß. «Nun fragen Sie mich nicht auch noch, wofür!»

«Aber der Mauersegler und die Ratte ...?»

«Irgendwas geht immer», sagte er. «Eine Grille und eine Eidechse hätten es auch getan. Aber dann hätten Sie um ihr Leben zirpen müssen, Klint!»

Er lachte unangenehm und hatte plötzlich etwas Zynisches, fast Gemeines um den Mund. Mir kam es so vor, als stünde ich einem anderen Glauco gegenüber als dem, der soeben noch in die Trostlosigkeit der Gruft Wortbilder von anrührender Schönheit gehängt hatte. Die Eleganz seiner Erscheinung schlug in meinen Augen in ein Gockelhaftes um, die Bräune des Gesichts schien Schminke, der Blauschimmer des Haars eingefärbt zu sein, Frisösenarbeit wie die manikürten und polierten Fingernägel. Ich hatte es mit zwei Glaucos zu tun: einem auf meiner Hornhaut und einem anderen auf meiner Hirnrinde, und ich konnte mich für keinen von beiden als den wahren Glauco entscheiden.

Meine Verwirrung steigerte sich noch, als mir der Gedanke kam, es könnten in Wahrheit zwei verschiedene Klints sein, deren Sehweisen eben auch zu zwei verschiedenen Glaucos führten.

Ein Luftzug bewegte mein Haar, ein Flattergeräusch drang an mein Ohr, und ein Schatten strich über meine Augen. Es war der Mauersegler, der aus dem Grufttturm zur Tür hinaus ins Freie entwich. Sein Flug war unsicher. «Sehen Sie, sehen Sie!» sagte Glauco.

Das Haus der Pferde

Glauco ließ den Blick nicht von mir, bis ich mich von seinen wasserhellen, pupillenlos aussehenden Augen so mit Licht überschwemmt fühlte, daß ich es nicht mehr aushielt und die Lider senkte. Es half mir nichts, die Absichten, die Glauco gegen mich schickte, nahmen nun den Weg über die Ohren, und durch die geschlossenen Augenlider hindurch sah ich deutlich, was Glauco mir in langsamen, ruhig gesprochenen Sätzen als Ziel unserer Reise beschrieb, «damit es Ihnen vertraut ist, wenn wir ankommen und wir keine Zeit an Äußerlichkeiten verschwenden müssen»: Ein großes, langgestrecktes, graugesichtiges, altes Haus am Ende einer Baumallee – Baumallee – groß das Haus – lang und grau ... Zweistöckig – zweistöckig ... Blätternder Putz um Fenster hinter geschlossenen Läden – Efeu und Wein – blätternder Putz unter Efeu und Wein ... Ein bemoostes Dach aus altgelben Rundziegeln – Nonne und Mönch und Moos – Nonne und Mönch und Moos ... Dahinter zwei dem Haus angesetzte Flügel – zwei Flügel – rückwärts – einstöckig – einstöckig ... Es sind Stallungen – sehen Sie doch: Stallungen mit quergeteilten Türen – quergeteilt sind die Türen und offen – offen auf einen großen Hof aus Haupthaus und Stallflügeln – ein Hof, der in Weideland übergeht, sehen Sie es? – Jaah, nun sehen Sie es! ... Das Gras ist schon gelb – gelb – von der Sonne verbrannt ... Eine mächtige Eiche darin – eine Eiche ... In ihrem Schatten stehen Pferde – zählen Sie mit mir: zwei, drei, vier, sechs, acht – acht Pferde, Signor Klint ... Wollen wir sie noch einmal zählen, miteinander? Laut, Signor Klint, laut! Und ich zähle laut: «Zwei, vier, sechs, acht.» Ich zähle die

Pferde anders als Glauco sie zählte, paarweis zähle ich sie, was mir leichterfällt, denn wegen der Spätnachmittagshitze stehen sie Kopf an Kruppe, so brauche ich nur vier Köpfe zu zählen und komme auch auf acht Pferde, oder ich zähle vier Kruppen und komme auch auf acht. Vier Schweife links, vier Schweife rechts und ein träges Wedeln von links nach rechts, von rechts nach links, ich kann das leise Zischen der Schweifhaare hören und das verärgerte Gesumm aufgescheuchter Fliegen. Dann geht mein Blick in den kleinen Wald aus zweiunddreißig Pferdebeinen. Ich zähle sie penibel, komme aber damit nicht zu Ende. Ich bin abgelenkt von den in den Fesselgelenken eingeknickten Hufen, sie stehen vorn auf und tragen kein Gewicht. So dösen Pferde, ich weiß es gut, denn mit Pferden kenne ich mich aus. Als Kind habe ich sie oft so stehen sehen, im Wald, während die Holzknechte mit ihren beidhändigen Schälmessern die frisch gefällten Bäume entrindeten und die Tiere schläfrig darauf warteten, die Stämme herausziehen zu müssen aus dem Wald, auf einen Rückeplatz, so nennen die Holzknechte eine Wegverbreiterung zur Lagerung des Holzeinschlags. Manchmal, während die Pferde warteten, schlief eines von ihnen im Stehen ein, man kann es daran erkennen, daß sein Schweif plötzlich zum Stillstand kommt, und ich dachte dann und weiß es noch heute: wie das Pendel der alten Standuhr im Wohnzimmer zu Hause, wenn meine Mutter vergessen hatte, die Uhr aufzuziehen ... Das dösende Pferd schwankt ein bißchen: *So*! Und ich schwanke auch ein bißchen.

Da nahm Glauco mich beim Arm und führte mich über den Turmhof zum Tor zur Straße. Dem Aufsichtsbeamten, der aus seinem Glashaus getreten war und die Hand salutierend an die Uniformmütze gehoben hatte, steckte er im Vorbeigehen einen größeren Lireschein zu. Der Beamte nahm das

Geld und nickte. Er hatte keine Fragen in seinen Augen, was angesichts der Höhe der Zuwendung auf mich hätte verwunderlich wirken müssen, aber ich hatte nicht recht acht, ich war noch bei den Pferden in einem Wald aus Gedanken und kehrte daraus erst zurück, als der Chauffeur den Wagen vorfuhr. Nach dem Aussteigen öffnete er beide Fondtüren, und wir nahmen Platz.

Auf der Appia antica ging es weiter stadtauswärts. Ich sehe wieder Bäume stürzen. Es sind die großen Schirmpinien, die nach hinten wegbrechen, so schnell fährt das Auto. Am Chauffeur vorbei schaue ich auf den heranschießenden Gegenverkehr. Ich habe den sonderbaren Einfall, es seien alle diese auf uns zurasenden Autos meine mir irgendwie abhanden gekommenen Gedanken, und bei ihrer Rückkehr nun zischen sie mir zu: Komm mit, komm mit, in diese Richtung, nicht in deine! Aber ehe ich dem Chauffeur «Halt» befehlen kann, sind sie vorüber. Sie werden auch immer seltener, schließlich bleiben sie ganz weg. Der Chauffeur bog von der Hauptstraße ab, nach rechts, nach links, nach rechts und wieder nach links, oder so ungefähr, ich weiß es nicht mehr, es dunkelte auch schon. Wir fuhren durch eine von hohen Bäumen gesäumte Allee. Platanen. Ich kann an keinem Baum vorbeikommen, ohne ihn in Gedanken beim Namen zu nennen, und diese hier erkannte ich am Leuchten der großen weißen Flecke auf den glattrindigen Stämmen. Der Chauffeur schaltete die Scheinwerfer ein. Als ich ihrem Licht mit den Augen folgte, sah ich am Ende des schwarzgrünen Tunnels, durch den wir fast lautlos rollten, das große, graue, alte Haus.

Wir fuhren darauf zu und hielten nach einer Linkskurve vor einem großen Portal. Eine Türhälfte öffnete sich. Schwacher Lichtschein fiel heraus und warf den langen Schatten eines Mannes auf den weißen Kies des Vorplatzes.

«Da wären wir», sagte Glauco. Wir stiegen aus, der Wagen fuhr weg, das Licht seiner Scheinwerfer strich über mehrere unter Bäumen geparkte dunkle Autos und ging dann zusammen mit dem Motorgeräusch in der nun fast schwarzen Nacht verloren. Unsere Schritte knirschten im Kies. Der Mann, der zu dem langen Schatten gehörte, kam heraus und sagte «Buona sera». Er stand, als wir ihn passierten, mit der Brust zu uns, um uns besser einlassen zu können, und ich sah, daß sein zugeknöpftes Jackett ihm zu eng war und über der Brust klaffte.

Ich fühle mich wieder bewacht. Verunsichert gehe ich ins Haus, Glauco hinterdrein, der den Gruß des Türstehers nicht erwidert. Warum denke ich: *So als sei der Mann gar nicht da?* Ich verlangsame im Flur die Schritte, um mich, nach rückwärts gewandt, zu vergewissern. Der Mann ist nicht da. Nicht *mehr* da, denke ich und daß er draußen geblieben sein wird und die Tür von außen schloß. Glauco wendet sich zu mir zurück, lächelt. «Er ist gegangen, um das Schmücken der Pferde zu beaufsichtigen.»

Was hat dieser Glauco für eine zutiefst zufriedenstellende Art, in der Luft liegenden Fragen mit Antworten zuvorzukommen, die eigentlich keine Antworten sind, aber etwas Unverhofftes an sich haben, das ausreicht, die Logik des Abenteuers, in das ich mich verwickelt sehe, unbeschädigt zu lassen und im selben Atemzug meine Neugier zu wecken auf den Fortgang der Geschichte, lange bevor mir das schon Zurückliegende deutlich wurde: Da ich Pferde hier gesehen habe, ist es nur folgerichtig, daß es hier auch Pferde gibt. Aber wozu schmückt man Pferde zur Nacht?

Glauco fordert mich auf, ihm zu folgen. Der Flur hat einen alten, unter unseren Schritten dumpf hallenden Bohlenboden und eine hohe Gewölbedecke; an den weiß verputzten Wänden stecken in schmiedeeisernen Haltern unruhig brennende lange Wachskerzen. So gehen wir zu viert: Glauco, ich und unsere beiden Schatten. Am Ende des Flurs öffnen sich zwei neue Flure und bilden mit dem, durch den wir hereinkamen, ein T. Die Kreuzung wird von einem großen geschlossenen Holztor beherrscht. Es steht in einem barock gekehlten dicklaibigen Türrahmen und hängt an rankig ausschweifenden, schwarzeisernen Scharnieren. Der Rahmen ist nach oben aufgewölbt, so als kann der Durchlaß für jene, die hier passieren, zu ihrer Bequemlichkeit gar nicht hoch genug sein. Die Türschwelle zeigt in der Mitte starke Abnutzungsspuren, wie Schuhwerk sie auch nach langer Zeit eigentlich nicht zuwege bringen kann. Wieder denke ich an Pferde. Pferde? Von woher und nach wohin in einem so geschmackvollen Haus?

Glauco beschleunigt den Schritt und tritt auch fester auf. Als ob er meine den Dingen vorauseilenden Gedanken tottreten will! Er wendet sich nach links.

Ich werfe, bevor ich ihm folge, auch in den rechten Flur einen Blick: Beider Aussehen – Dielenboden, Gewölbedecke, Wandleuchter – unterscheiden sich von dem des Zubringerflurs nur durch je vier Türen. Nach Art alter Bauernmöbel sind sie aus unbehandeltem, nur gewachstem Holz, sie schimmern seidig im Licht der Kerzen. Aus vollem Material herausgearbeitete Kassetten, in jedem Flügel vier übereinander, unterstreichen das Edle dieser Türen. Kleiner zwar als das ihnen auf der Flurkreuzung gegenüberliegende Tor, sind sie ebenfalls höher und breiter als man es von Zimmertüren kennt. Dabei sind es von einer zur anderen immer nur zwei Schritte, so daß die Zimmer dahinter, wenn es denn Zimmer sind und nicht ein einziger durchgehender Saal, eher Zellen gleichen müssen, zu denen aber dann diese Türen nicht passen.

Glauco hat am Ende des Flurs eine Treppe erreicht, sie führt nach oben, und er geht sie hinauf. Ich folge. Als ich mit dem Kopf in Höhe der Gewölbedecke bin, weht mich ein schwacher Geruch von Pferden an – also doch! Beigemischt zu sein scheint der Duft eines schweren, animalischen Parfüms. Über die Nase kommt mir eine Spitalszene in den Sinn, mit Glauco im Nachbarbett, einem Glauco, der am Biß einer liebeskranken Stute litt – wie hieß sie doch? Melanippe! Und war nicht auch, während ich mal bei mir war und mal wieder nicht, die Rede gewesen von einem Moschusparfüm, das Melania an sich gehabt haben sollte? Ach, Melania!

Zu mehr als zu diesem Gedanken reicht die Zeit nicht. Glauco hat am Kopf der Treppe eine Tür geöffnet und dreht sich zu mir zurück. Er hat ein Leuchten in den Augen. «Herauf und herein, mein Lieber! Kommen Sie, kommen Sie! Sie sind an einem Ort der erlesensten Tierliebe. Es wird Ihnen gefallen, es muß Ihnen gefallen, findet hier doch die Versöhnung von Mensch und Tier ihren allerkonkretesten und zugleich beseeltesten Ausdruck!»

Ich komme wieder auf eine Art Flur, jedenfalls gibt es über die ganze Länge dieses Raumes, und sie scheint der Länge des Hauses zu entsprechen, keine einzige Zwischenwand. Anders als der untere Flur mit den geheimnisvollen Türen verläuft dieser hier nicht in der Hausmitte, sondern nach außen versetzt, unmittelbar hinter der Fassadenwand. Man sieht es an einer Reihe mäßig hoher Fenster. Es sind acht. Als Fenster geben sie sich nur durch ihre dicht geschlossenen Vorhänge zu erkennen, die den bauschigen Faltenwurf schwerer Stoffe haben. Ich ziehe meine Kopfskizze zu Rate: Kein Zweifel ist möglich, der Fußboden dieses Raumes ist die

Decke der Räumlichkeiten hinter den acht Türen da unten, seien es nun Zimmer, Zellen oder ein Saal. Den Fenstern gegenüber und parallel zu ihnen ist eine lange, mit Holzpaneelen verkleidete Wand; nach meiner Einschätzung steht sie genau auf der unteren Wand mit den acht Türen. An ihrem Fuß führt über die ganze Länge ein Laufsteg. Er ist an die zwei Meter breit, und ein Geländer grenzt ihn vom Fußboden ab.

Der Fußboden besteht nicht aus Dielen oder einem anderen üblichen Belag, er ist aus großflächigen, mattschimmernden Glasplatten gefügt. Das Licht, das sie leuchten läßt, kommt von unten, aus den Räumlichkeiten hinter den acht Türen. Ich mache ein paar vorsichtige Schritte auf dem Laufsteg und versuche, durch das Glas nach unten zu sehen. Glauco lacht leise. Es ist nichts zu erkennen, nur flächiges, milchiges Licht. Aber es reicht aus, um auf dem Glasboden zwei metallen blinkende Schienen sehen zu können. Die eine verläuft drüben unter den Fenstern, die andere unmittelbar unter mir, parallel zum Laufsteg. Sie liegen an die drei Meter auseinander und gehen über die ganze Länge des Bodens. Ich folge ihnen mit den Augen. An ihrem Ende, weit hinten, sehe ich im schwachen Unterlicht eine Art Wagen auf ihnen stehen. An den Innenseiten der Schienen geht je ein dünnes, über Rollen geführtes metallenes Seil zum Wagen hin, einem schwarzen Kasten, ein Kubikwürfel von einem Meter Kantenlänge. Das Wort Laufkatze kommt mir in den Sinn. Der Kasten steht auf einem spinnenbeinigen Gestänge, das an seinen schienenbreit gespreizten vier Füßen je ein kleines Rad hat. Oben aus ihm dringt Licht heraus und wird von der Schräge der Raumdecke reflektiert. Die Decke ist in einem matten Weiß gehalten, das Weiß scheint aber kein Farbauftrag zu sein, es hat eine feinkörnige Struktur und erinnert in seiner Ausdehnung an eine überdimensionale Breitleinwand. Ich kann nicht weiter darüber nachdenken, Glauco hat wieder eine Tür geöffnet und läßt mir den Vortritt. Es geht eine Stufe hinunter auf eine Galerie.

Was ich sehe, entzückt mich und will mich den Geschehnissen, ja was? – *einverleiben.*

Die Galerie umläuft einen ganz in Weiß gehaltenen, über zwei Stockwerke gehenden und in seiner Länge das ganze Haus einnehmenden Saal. Zur Rechten, mitten in der einen Längswand, ist die mächtige Tür, die ich vom Flur her schon kenne. Sie hat die gleichen weit ins Holz ausgreifenden Eisenscharniere. Die Saaldecke ist an den Rändern von Stuckornamenten umlaufen. Sie ruht optisch auf gekehlten, flach aus der Wand heraustretenden breiten Halbsäulen, vier jenseits und vier diesseits des Tors; sie haben ebenso viele Pendants in der gegenüberliegenden Wand. Drei mächtige venezianische Kronleuchter hängen von oben. Die Facetten ihrer tausend oder mehr Glaskörper zerlegen das Licht der in ihnen verborgenen Glühlampen in die Spektralfarben. Ich beuge mich über die breite, von dickbauchigen kleinen Säulen getragene Brüstung des Marmorgeländers der Galerie und sehe auf den Saalboden hinunter. Ich habe noch das Licht der Kronleuchter in den Augen. Ist das wirklich Sägemehl, was da unten dick auf die Dielen gestreut ist?

Als wäre diese Vermutung schon viel zu genau ausgefallen und sollte rasch wieder ins Ungewisse zurückgenommen werden, wird das Licht der Kronleuchter schwächer, stufenlos und viel zu schnell für meine Auffassung von Regie. Es wird fast dunkel im Saal. Aber dann flammt ein Scheinwerfer auf. Er muß unter der Galerie, zu meinen Füßen, angebracht sein und wirft weißgrelles Licht auf eine Tür in der Schmalwand gegenüber. Musik rauscht auf, *Le quattro stagioni.*

Vivaldi. Ich hätte, nach all dem Sägemehl und dem Geruch im Haus, Rossini gewählt, *Petite messe solenelle*, sie kommt so tänzelnd daher wie ein Pferd im Spanischen Tritt. Nach den ersten Takten gehen die beiden Flügel der angestrahlten Tür auf. Nach außen. Wie von selber. Ohne menschliches Zutun. Natürlich nach außen! Natürlich wie von selber! Natürlich ohne menschliches Zutun! Ich bin plötzlich wütend: So, im Stil eines Schmierentheaters, geht man mit mir nicht um, auch ein Glauco nicht, nicht mit Klint, der ich ein Mann von Bildung bin und sicherem Geschmack. Warum zeigt man nicht die Türbediener? Ich will sie sehen: rotberockte, goldbetreßte Livrierte mit siebenarmigen Kerzenleuchtern in den Händen und geschmeidigen Hüften, wenn sie sich für meinen Beifall bedanken! Ich beschließe, sie herbeizuklatschen! Und klatsche in die Hände. Aber niemand erscheint. Na gut, dann werde ich mich beschweren! Ich drehe mich nach Glauco um. Aber Glauco ist nicht mehr da. An seiner Stelle steht der Mann mit dem zu engen, über der Brust klaffenden Jackett. «Ich bin der Türbediener», sagt er. «Sie wissen wohl...» Ich meine gehört zu haben, wie er das Wort *bin* betonte, und falle aus der Euphorie in die alte Angst zurück, nehme, was der Mann sagt, als die versteckte Drohung, ich möge bitte nicht aus der Rolle fallen. Ich gehorche. Die Geigen jubeln, und Pferde erscheinen unter der weit offenen Tür gegenüber. Ich bin erleichtert, die Bilder bekommen wieder Leben und Leuchten. In Einzelreihe schreiten sie herein, zwei, vier, sechs, acht. Sie gehen Kopf an Kruppe, ein jedes an der Hand eines Rosseführers, der sie nach arabischer Art mit einer um ihren Hals geschlungenen bunten Kordel lenkt. Es ist nicht leicht, beiden, Mensch und Tier, ein Geschlecht zuzuordnen, denn alle, die da unten gehen, sind nicht nur von Kopf bis Fuß in langwallende Seide gehüllt, sie tragen auch Gesichtsmasken. So kann ich nur raten. Unter den weiten, burnusartig geschnittenen Kleidern der acht Rosseführer vermute ich nach genauem Hinschauen sowohl Männer als auch Frauen. Wie viele von ihnen das eine oder das andere sind, kann ich nicht ausmachen. An den Haaren sind sie nicht zu unterscheiden, sie tragen sie ausnahmslos lang und mit einem Seidenband an den Kopf geschmiegt. Es könnten Perücken sein, denn die Farben sind für natürliches Haar allzu entschieden blond, rot und schwarz. Auch in der Knabenhaftigkeit der Figuren sind sich alle ähnlich, und selbst ihrem Gang fehlt ein spezifisch Weibliches oder Männliches, haben sie ihren Schrittrhythmus doch dem ihrer Pferde angepaßt. So bleiben zur Geschlechtsbestimmung nur die Füße, die in griechisch geschnürten Goldsandalen stecken: einige scheinen grobknochiger zu sein als andere.

Bei den Pferden tue ich mich leichter. Zwar tragen alle acht Tiere sich gleichermaßen elegant, es zeigt aber keines einen in Hengstmanier aufgewölbten Hals und auch nicht den maskulinen Schub aus der weit unter die Kruppe tretenden Hinterhand. Alle schreiten sie ruhig aus, kein Tier imponiert mit erhabenen Gängen, doch schlurfen sie auch nicht mit den Hufen, die eisenlos sind, nach Art müder Mähren durch das Sägemehl. Überdies finde ich, daß ihnen die fessellangen Seidendecken gut stehen, einen Hengst kleidet nur nacktes Fell mit dem Glanz einer inneren Erregung. Den Gedanken an Wallache schiebe ich beiseite, die Erotik des Aufzugs ist mit Händen zu greifen, hier gilt alles oder nichts. Es sind Stuten, entscheide ich. Zwei reinfarbigen Schimmeln folgen zwei brandrote Füchse, dann kommen zwei dunkle Braune und am Schluß zwei blauschimmernde Rappen, man kann die Fellfarben an den unbedeckten Hälsen, an Keulen und Fesseln erkennen. Alles andere wird verhüllt von den Seidendecken. Eine jede ist einfarbig, aber zusammengeschaut zeigen sie die sieben Farben des Regenbogens.

Die große Künstlichkeit des Bildes summierte sich in mir wohl doch zu einer fast unerträglichen, tierfremden Süße, gäbe es am Ende nicht diesen harten, fast brutalen Schnitt: Das achte und letzte Pferd, eine Rappstute, geht ganz in Schwarz, und schwarz ist auch ihre Kopfmaske. Nach sieben Leben der Tod! denke ich und bin doppelt entzückt: über das schöne Bild und über meine hübsche Metapher dafür. Die Musik endet. Man hört jetzt das vom Sägemehl gedämpfte Poltern der nackten Hufe auf den Dielen und ein leises Schnauben. Die Stute in Schwarz wird von ihrer Führerin – ich bin inzwischen sicher, daß es eine junge Frau ist – in die Saalmitte geführt, wo beide stehenbleiben. Die Frau wendet das Pferd und sich mit ihm, so daß beide mit den maskierten Gesichtern zum großen Tor stehen. Die sieben anderen Paare gehen auf ihrer wandnahen Bahn weiter. Einen atemlosen Augenblick lang glaube ich, daß mein Staunen Stimme bekam: Ich höre ein Raunen. Aber es kommt von einem Balkon über dem großen Tor und dem Paar in Schwarz darunter.

Der Balkon ist eine Ausbuchtung der Galerie über dem großen Tor. Wo er in ihre Fluchtlinie zurückweicht, gibt es an jeder Seite eine unauffällige, in Struktur und Farbe der Wand angepaßte Tür. Ich bemerke sie erst jetzt, da sie geöffnet wurden. Die Treppen zu ihnen herauf müssen in der Torwand verborgen sein – geheime, fensterlose Gänge, dienlicher der Diskretion als der Bequemlichkeit. Im schwachen Licht, das aus den Türen fällt, zähle ich fünf Personen. Viel anderes kann ich nicht erkennen. Erst als die fünf vorn an der Brüstung auf Stühlen Platz nehmen, die weit genug auseinanderstehen, um den Verdacht zu rechtfertigen, man sei dort drüben auf Konversation nicht aus, erst da sehe ich, daß auch sie Gesichtsmasken tragen, schmale, schwarze.

Die sieben regenbogenbunten Pferde werden zum zweitenmal unter mir vorbeigeführt. Ihre Umhänge sind von der Schwanzwurzel bis hinunter zu den Fesseln geschlitzt. Die sorgsam gekämmten Schweife hat man ihnen zu dreisträhnigen Zöpfen geflochten, Goldfäden zeichnen die Flechtmuster nach und glitzern im Scheinwerferlicht, das der Gruppe folgt. Ich starre auf das Pendeln der schweren luxuriösen Zöpfe vor Analrosetten und blaulippigen Vulven. Das Starren stürzt mich in Schamlosigkeit und Scham zugleich, und ich flüchte mit den Augen zu der Stute in Schwarz. Ihr Schweif ist offen und hält sie bedeckt. Die Beinpaare sind geschlossen, sie steht ohne Pose. Langsam dreht sie den maskierten Kopf in die Richtung zu mir. Ich höre hinter mir einen tiefen Seufzer und erkenne Glaucos Stimme. Er ist also wieder da, zurück gewiß von einem unaufschiebbar gewordenen Eingriff in die Regie! «Ist sie nicht wunderbar? Und sie sucht mich. Sie ist die Tugend in Person.» Nach einer kleinen Pause dann: «Es ist Melanippe.» Und dann noch: «Sie wissen schon . . .»

Ich glaube jetzt zu verstehen, warum diese Stute aus der Herde ihrer Schwestern hinausgeführt wurde: Sie ist nicht verfügbar. Man sonderte sie aus und verhängte ihre Schönheit mit Schwarz, damit jeder begehrliche Blick vom Balkon dort drüben nicht anders als in tiefer Hoffnungslosigkeit auf sie fallen kann. Der Gedanke gefällt mir, ich hänge ihm lange nach, während die Stute dort unten mit dem rechten Vorderhuf scharrt, ganz leicht und obenhin, es ist mehr ein Streicheln als ein Scharren. Als weiter nichts geschieht, als daß die Stute so dasteht und scharrt und die anderen Pferde weiter ihre Bahn ziehen, hebe ich den Blick zum Balkon. Ist das nicht Glauco, der hinter der Sitzgruppe der fünf steht? Ich schaue rasch hinter mich. Und blicke in das freundlich lächelnde Gesicht des Mannes mit dem zu engen Jackett. Man läßt mich keine Sekunde allein! Ich fühle mich ungerecht behandelt, bin ich doch Mitwirkender an diesen Bildern, und sei es nur, weil sie in keinem anderen hier so rein zum Blühen kommen wie in mir! Im Hinüberblicken zum Balkon sehe ich, wie Glauco sich der Fünfergruppe zuwendet und den grauhaarigen Kopf zwischen die Köpfe der vor ihm Sitzenden steckt, zu ihnen spricht – sie befragt, sie gar berät? Von den fünf gibt es diskrete Handzeichen hinunter zu den Pferden. Glauco hat einen Schreibblock und einen Stift in Händen und macht sich Notizen. Verachtung für ihn kommt in mir auf: Er notiert ihre Voten! Was bin ich glücklich, daß die schwarze Stute aus dem Spiel ist! Erst jetzt bemerke ich, daß Glauco weiße Handschuhe trägt: Er will sich an diesen Wünschen nicht die Finger schmutzig machen! An was für Wünschen?

Glauco richtet sich wieder auf. Unter dem Balkon geht das große Tor auf, und die Frau in Schwarz schreitet mit der Stute in Schwarz draufzu. Die anderen Paare wenden sich von der Wand nach innen, gehen in breiter Front zur Saalmitte und formieren sich dort im Gehen zum Tor erneut in Einzelreihe. Der Auszug beginnt. Die Musik klingt aus, der Scheinwerfer erlischt, und das Licht der Kronleuchter kommt langsam zurück. Auf dem Balkon stehen nun die beiden kleinen Türen wieder offen. Die Maskierten haben sich erhoben und streben ihnen zu. Dabei zögern sie. Es ist ihnen die Unschlüssigkeit, welche der beiden Türen sie benutzen sollten, geradezu anzusehen, auch ist wieder, wie bei ihrem Sitzabstand zuvor, ein allgemeines Bemühen zu erkennen, die Nähe zu den anderen nach Möglichkeit zu meiden. So gehen sie getrennt hinaus. Als hätten sie nichts anderes gemein als dieselbe Stunde der Nacht. Glauco geht als letzter.

Der Mann mit dem zu engen Jackett sagt: «Signor Glauco erwartet Sie im Vorführraum.» Er hält mir die Tür auf. «Hier entlang, bitte!»

Blue Movies

Ich werde zurück in den Raum mit dem gläsernen Boden geführt. Der Muskelmann fordert mich auf, es mir bequem zu machen, und sagte, als ich mich vergeblich nach einer Sitzgelegenheit umsehe: «Hat Signor Glauco Ihnen das nicht gezeigt?» Er betritt den Laufgang und bewegt eine Schiebetür in der Holzwand. Mit einem Griff zieht er aus einer Nische eine Art Liegestuhl heraus. «Oder möchten Sie lieber hier Platz nehmen ... oder hier ... oder hier?» Er schiebt nacheinander drei Wandpaneele beiseite, und jedesmal holt er eine neue Liege heraus. «Man kann sie verstellen – sehen Sie so!» Er setzt sich in eine hinein und zeigt mir, wie man die Rückenlehne steiler oder flacher stellt. Dann steht er wieder auf. «Es gibt noch mehr davon.» Er deutet mit der Hand nach hinten, wo ganz am Ende des Laufstegs die Apparatur steht, die ich vorhin *die Laufkatze* genannt hatte. Danach kommt er zurück, geht an mir vorbei und faßt im Winkel zwischen zwei Türen Posten, das Kinn vorgereckt, die stämmigen Beine leicht gespreizt, die Hände auf dem Rücken verschränkt; das Jackett klafft mehr denn je.

Ich nehme im dritten Liegestuhl Platz, es ist mir an Abstand zu meinem Bewacher gelegen. Der Stuhl ist sehr bequem, eine Rohrkonstruktion mit einer dünnen, sich flauschig anfühlenden Polsterauflage. Ich probiere den Verstellmechanismus der Lehne. Besser als im Kino, wo man in der ersten Parkettreihe den Kopf ins Genick nehmen muß, weil die Leinwand fürs Geradeaussehen zu hoch angebracht ist. Das ist sie hier zwar auch, sie beginnt sogar erst drei Meter über dem Glasboden, unmittelbar über den verhängten Fenstern, und verläuft von dort in mäßiger Dachschräge nach oben. Aber in diesem Kino konnte man liegen!

Von unten kommt, gedämpft durch den Glasboden, das Geräusch von Hufen auf Holz. Die Anordnung der Türen im unteren Flur macht es mir möglich, mir vorzustellen, was dort geschieht: Die Pferde werden aus dem Saal heraus über den Flur in die Räumlichkeiten unter dem Glasboden geführt. Stimmen dringen herauf, die wie Kommandos klingen und begleitet werden vom an- und abschwellenden Summen einer Maschinerie.

Ich sehe erst jetzt, daß der Kasten sich auf den Schienen bewegt: Die Laufkatze rollt langsam heran. Unmittelbar über ihr, an der Decke, kommen im Kriechtempo ihres Gleitens große farbige Bilder daher, die hinter ihr wieder verschwinden. Was sie zeigen, ist nicht zu erkennen. Sie scheinen aus dem Kopfstück des Schienengefährts zu kommen, einem schlotartigen Aufsatz, der sie an die Deckenschräge wirft. Randlos gleiten sie ineinander über, sind in den Konturen verwischt und in den Farben zerlaufen. Erst als sie fast über mir sind und dadurch an Schärfe gewinnen, glaube ich, jeweils in ihrer Mitte eine Gestalt auszumachen, die halb Pferd ist, halb Mensch.

Ich gerate in ein Gefühlsgemenge aus Beklemmung und Faszination. Ich kann mich nicht entscheiden, ob ich meine Freiheit verlangen oder Platz behalten soll. Aber selbst wenn sie mich gehen ließen – wohin sollte ich gehen? Ich bin ohne Auto, irgendwo weit außerhalb von Rom, und allein dieser banale Umstand ist einem Weggang weit mehr im Weg als der Wachtposten an der Tür, von dem ich nicht einmal weiß, ob er mich wirklich bewacht, ob es nicht Einbildung ist, ein Gefangener zu sein, verursacht durch das bullige Aussehen des Mannes und wie er gekleidet ist.

Während ich noch über meinen Status in diesem seltsamem Haus nachdenke, blicke ich nach rechts, zum Muskelmann hinüber. Aber da ist kein Muskelmann mehr, an seiner Stelle steht Glauco, und er hat ein breites Lachen im Gesicht. Meine Beklemmung weicht einer Verärgerung, zum wiederholten Mal heute fühle ich mich überrumpelt und diesmal durch das Lachen Glaucos obendrein verspottet. Es ist mir wohl anzusehen, denn Glauco hebt zur Beschwichtigung und Erklärung die rechte Hand neben den Kopf. Sie hält ein längliches schwarzes Gerät umfaßt, aus dem eine lange Stabantenne heraussteht. Mit dem Zeigefinger der Linken drückt er zwei- oder dreimal auf irgendwelche Knöpfe am Gerät, und sogleich bleibt nicht nur die Laufkatze stehen, auch die Bilder an der Decke erlöschen, zurück bleibt ein schwacher, allgemeiner Lichtschein. «Ein Probelauf», sagt Glauco. «Noch nicht die eigentliche Show.» «Show?» Ich bin gereizt und zeige es. Nach dem Einbruch von soviel Technik in meine noch ungefestigte Bilderwelt nun auch noch dieses modische Wort.

«Nun ja», sagt Glauco, «man paßt sich der Ausdrucksweise der Zeit eben an.»

«Aber es ist eigentlich nicht die Ihre?»

Ich belauere ihn; bei Glaucos Antwort, die mir igendwie zwischen den Zeiten zu schweben schien, war mir ein Verdacht gekommen, zu vage und zu kühn freilich, um sich schon in eine direkte Frage fassen zu lassen. Zu meiner Überraschung scheint Glauco mit seiner Antwort einen ersten Fuß in die Falle zu setzen (in welche Falle?): «Nein, Show ist mein Wort eigentlich nicht.»

«Ich meinte mit meiner Frage nicht Ihr Wort, ich meinte Ihre Zeit.»

Glauco schüttelt den schönen, grauhaarigen Kopf. «Was

stellen Sie bloß für seltsame Fragen? Da ich in dieser Zeit lebe, ist es ja wohl auch die meine.»

Hat er die Falle bemerkt? Ich beharre in Gedanken darauf, daß es eine Falle ist, obwohl ich zu ihrer Beköderung wenig mehr als einen einzigen konkreten Gedanken habe: der Biß einer Stute in Glaucos Brust. War das nicht eine milde, der Oberflächlichkeit der Moderne angepaßte Version des Schicksals, das ein Glauco der griechischen Mythenwelt erlitt, nämlich Glaukus, der roßnärrische Sohn des Sisyphos? Ich erinnere mich, wenn auch nur undeutlich wegen der Nachwehen meiner Kopfverletzung im Spital, daß Glauco es war, der in Gegenwart Melanias und des Arztes den mythologischen Bezug zu dieser höchst ungewöhnlichen Verletzung herstellte, und das mit Wortbildern, die, als sie das Ohr der Anwesenden trafen, von so weit herzukommen und so alt zu sein schienen wie das Licht ferner Sterne, wenn es in unsere Augen fällt. Glaukus, ein Wagenlenker, war in der Arena von seinen Stuten durch deren eigenmächtigen und gewaltsamen Wechsel der Laufrichtung mitsamt dem Wagen, aus dem heraus er sie lenkte, zu Boden geschleudert worden, wonach sie ihn unter ihre Hufe nahmen und mit den Zähnen zerrissen. Er hatte ihnen wiederholt den Aufsprung eines Hengstes verweigert, sie sollten beweglich bleiben; obendrein waren sie von ihm mit Fleisch gefüttert worden, damit sie aggressiv würden für den Kampf der Gespanne. Es hieß damals, Aphrodite hätte den Tieren heimlich das Kraut Hippomanes zu fressen gegeben aus Rache dafür, daß Glaukus den Sieg über die Liebe stellte.

Stellte dieser Glauco, gewarnt wie er war durch einen ersten Biß seiner liebeskranken Stute, darum jetzt die Liebe über den Sieg? Aber was für eine Art von Liebe war das, und was war der Sieg?

Unten ist es still geworden. Glauco drückt wieder Knöpfe.

Unmittelbar vor mir leuchtet ein großes Glasgeviert im Boden auf, so als habe man darunter Licht gemacht. Ich sehe jetzt, daß in der Mitte des Gevierts eine tellergroße Linse eingeschliffen ist, ein gläserner Kern, um den, ähnlich den Rillen einer Schallplatte, konzentrische Ringe laufen. Die Laufkatze rollt mit leisem Summen darauf zu. Genau über dem Linsenkern bleibt sie stehen. Das Leuchten des Bodens verschwindet, die Katze hat es geschluckt, aber auf einen Knopfdruck Glaucos hin gibt sie es wieder von sich, nach oben, an die Deckenschräge.

Zuerst blendet mich ein Gleißen. Sogleich spielt Glauco am Sender, und das Gleißen schwächt sich ab zum Bild eines Raumes, in den wir von oben hineinsehen. Er liegt im Halbdunkel, die Wände verlieren sich in einem düsteren Rotton. Bildbeherrschend und voll im Licht ist ein großer Spiegel, aus ihm muß das anfängliche Gleißen gekommen sein. In ihm leuchtet das Abbild eines jungen Mannes. Er ist bis zur Taille sichtbar, und sein vollendet modellierter Oberkörper ist nackt. Den Spiegel, der rahmenlos ist, mannshoch und schulterbreit, hält er mit ausgestreckten Armen von sich, und da er ihn in der Leistengegend, zwischen Leib und Schenkeln, aufgestützt hat, weist das Glas schräg von ihm weg nach oben, und weder kann man dahinter schauen noch darunter. Von den Hüften abwärts ist der Mann mit einem kurzen Rock von der Art eines altgriechischen Chitons bekleidet. Der Rock liegt in seinem Rücken der im Licht sanft schimmernden Kruppe eines schwarzen Pferdes auf.

«Ein Kentaur», sage ich tonlos. Es ist nichts in meiner Stimme, das der Ungeheuerlichkeit dieses Wortes entsprochen hätte, wenn es gebraucht wurde, um im zwanzigsten Jahrhundert ein real Gesehenes namhaft zu machen.

Ich beuge mich nach vorn, schaue genauer hin, etwas scheint mit den Proportionen des Kentaurs nicht zu stimmen. Der menschliche Rücken, nimmt man ihn für das, was er vorgibt zu sein: Teil der Anatomie eines Kentaurs, ist dafür eigentlich zu lang. Und wozu hält sein... (ich suche nach einem Wort, das es für die menschliche Vorderhälfte eines Kentaurs nicht gibt) ... wozu hält sein ... sein *Frontispiz* einen so großen Spiegel vor sich, und warum ihn schräg von sich weg nach oben? Das mochte seinen Grund in der Sicht der Laufkatze von oben haben, die ohne den Spiegel und seine Schrägstellung den Mann nicht von vorn hätte zeigen können – aber Pferd und Mann ein Leib, ein Kentaur?

Da bewegt der Kentaur den schönen Kopf und verlagert das Gewicht seiner schwellenden, seidig schimmernden Hinterhand vom linken Fuß auf den rechten, und in mir ist plötzlich alles wieder anders. Gegen meinen Willen erschauere ich. Es ist der Kopf eines jungen Mannes mit blondem, von einem Stirnband aus dem stark geschminkten Gesicht gehaltenen Haar. Er dreht ihn nach links und nach rechts und lächelt seinem Abbild im Spiegel mit träumerisch gelösten Gesichtszügen zu. Jetzt hebt er die Augen nach oben, wo Glauco und ich sitzen, und behält das Lächeln bei. Weiß er, daß er beobachtet wird? Er nimmt die linke Hand vom Spiegel und langt mit ihr hinter sich, an die Flanke des Pferdes und tätschelt sie so sanft, wie man doch ein Pferd nicht tätschelt. Es sieht stark nach Selbstliebkosung aus.

Ich sehe nun auch, daß man den zu einem schweren Zopf geflochtenen, mit Goldfäden durchwirkten Schweif des Pferdes nach rechts weggebunden hat, er hängt waagrecht in der Luft, hochgehalten von einer Silberschnur, die von der Decke kommt und an seinem Ende befestigt ist. Das Raumlicht scheint meiner Blickrichtung zu folgen, Glauco hat wohl auch das in der Hand, und ich meine nun zu sehen, daß der Anus der Stute künstlich geöffnet wurde, aufgespreizt augenscheinlich von einem Glaszylinder, dessen nach außen gewölbter Rand paßgerecht dem der Rosette aufliegt. Einem schamlosen Finger gleich, dringt das Licht in das Tierinnere ein und verliert sich in einer ungewissen Tiefe. Ich bekomme einen Schweißausbruch, doch ziehe ich es vor, über seine Ursache diesmal nicht nachzudenken. Ich fange an zu begreifen, was das hier ist: ein Haus der metaphysischen Lüste.

«Das und noch ein bißchen mehr», sagt Glauco. Er läßt ein kleines Lachen hören, das für meine Ohren auf einem bösen Ton endet. «Ich sehe jetzt, Signor Klint, daß es richtig war, Sie... herzubitten, denn Sie formulieren wirklich gut. Gefährlich gut.»

«Ich verstehe nicht...»

«Machen Sie sich's wieder bequem, und haben Sie doch Geduld!»

Er schaut schon nicht mehr zu mir her, so als habe es meine Aufwallung nicht gegeben. Er fingert am Gerät in seiner Hand herum, und die Laufkatze bewegt sich in ein neues Bodengeviert hinein. Ein anderes Deckenbild erscheint. Es gleicht dem vorigen bis auf die Farbe des Pferdes; diesmal ist es eine Fuchsstute, und ein anderer Mann ist ihr Frontispiz. Er ist, wie der vorige, nackt bis auf den Chiton. Ob er sich auch, jenem anderen gleich, im vor sich gehaltenen Spiegel bewundern und sich die Flanke tätscheln würde? (Wessen Flanke? dachte ich beiseite.) Es ist mir nicht mehr wichtig, ich suche nach einem Detail, das mir helfen soll, der Wirklichkeit dieses Hauses weiter auf die Spur zu kommen. Und ich finde eines – eine tragbare vierstufige Treppe mit einem hochgezogenen Holm für die beim Hinaufsteigen haltsuchende Hand, ein Möbel, wie man es in Privatbibliotheken benutzt, um bequemer die auf den oberen Regalreihen stehenden Bücher erreichen zu können. Es ist in der Ecke gleich links hinter dem Pferd abgestellt. Darüber, an der Wand, hängt ein kleiner weißlackierter Instrumentenschrank mit gläsernen Türen. Durch sie hindurch sind chirurgische Instrumente zu sehen sowie drei oder vier gut handlange Glaszylinder von unterschiedlichen Durchmessern. Ich muß daran denken, daß die Stammgäste in den Nachtbars ihre eigene Whiskyflasche auf dem Regal stehen haben.

Während ich noch über den Daseinszweck von Treppe und Schrankinhalt weitere Vermutungen anstelle, fährt Glauco die Laufkatze weiter. Eine Schimmelstute kommt ins Bild, deren Rücken in den einer Frau aufsteigt. Der Spiegel, den sie ebenso wie die Männer in der Leistengegend aufgesetzt hat und von sich weghält, zeigt, daß auch sie bis auf den Chiton nackt ist. Geführt von einem über den Rücken des Pferdes nach hinten wandernden kleinen Punktscheinwerfer geht mein Blick zum auch hier seitlich weggebundenen Schweif. Lichtreflexe unter der Wurzel sagen mir, daß der Schimmelstute nicht der Anus, sondern die Vulva mit einem Glaszylinder ausgekleidet wurde.

«Suum quique», sagt Glauco. «Wir bedienen jeden Geschmack. Auch hat bei uns alles seine Ordnung.» Er läßt das Licht auf dem Rand des Glases ruhen. «Wie Sie sehen können, setzen wir bei aller Liebe zur mitgeschöpflichen Kreatur doch eine Grenze zwischen Mensch und Tier.»

«Eine durchsichtige», sage ich ironisch, dankbar für die Gelegenheit, auf intellektuelle Distanz gehen zu können zu den schwülen Bildern, die mich in ihren Bann gezogen hatten. «Und diese durchsichtige Grenze, Signore, ist in einer für Sie glücklichen Fügung zufällig auch die Grenze zwischen Tierliebe, die selbst in extremis, in der widerlichsten Vermenschlichung eines Tieres straffrei ist, und Sodomie. Das Tier ist hier nur ein die Stimmung fördernder Raum, in welchem genaugenommen nicht einmal Unzucht stattfindet, denn ein fleischlicher Kontakt, das karnale Wissen der Juristen, wie es Voraussetzung einer Verurteilung wegen Unzucht ist, ist hier vom Angeklagten nicht zu erlangen, ist gar nicht möglich, ist jedenfalls von der ihm die Dirne zuhaltenden Geschäftsführung des Hauses nicht vorgesehen. Damit sind Sie fein heraus, Signore: Die Dirne ist das Glas – nicht viel anders als in den moralisch blitzblanken Laboratorien und Samenbanken, wo sich Männer mit Hilfe optischer Stimulanzien lustvoll in vitro entleeren, um, abermals in vitro und auf gesellschaftlich voll akzeptierte Weise, Kinder zu zeugen, deren Väter sie nur den Chromosomen nach, nicht in Liebe sein werden. Was also ist der Unterschied? Er ist gering: Sie, Signore, schafften die degoutante Handarbeit ab. Und was machen Sie mit dem kostenlos gewonnenen Sperma?»

«Kleine Nebengeschäfte», sagt Glauco heiter. «Wir beherrschen die Frischhaltung mit flüssigem Stickstoff und verkaufen an ein Genlabor.» Wie nebenbei setzt er hinzu: »Es hat übrigens den gleichen Bedarf an Diskretion wie wir – Nachforschungen sind zwecklos. Und nicht ungefährlich. Diese neuen Wissenschaften von der Manipulierbarkeit der Gene ...»

«... halten das, was sich in den mit Forschungsgeldern zugestopften Hirnen der Experimentatoren regt, für Fortschritt, aber es sind nur faulige geistige Blähungen!» Ich sage das mit einer Forschheit, die ich nicht fühle; ich kämpfe gegen eine in mir den Hohn ablösende Traurigkeit an. Warum zeigt die Welt immer gerade mir ihr Aftergesicht? Meine Gedanken wandern fort, in den Madrider Prado zu Boschens Garten der

Lüste. Das Bild jenes infernalischen Hintern, in dem eine Flöte steckt, bedrängt mich, sie scheint nach den Noten, die der Maler einem zweiten nackten Gesäß aufpinselte, ein Tedeum einem Gott hinterdreinzuschicken, der die Welt verlassen hat.

Die Verwissenschaftlichung des Obszönen

Und was passiert im Genlabor mit Ihren Lieferungen?» Ich bin wieder zurück und froh, mit Glaucos professionellem Befragen eine intellektuell akzeptable Einstellung zum Haus der mythologisch verbrämten perversen Lüste gefunden zu haben. So kann ich am trittsicheren Ufer des Morastes bleiben und registrierend zuschauen, wie die Faulgase aufsteigen und in Blasen zerplatzen.

Glauco sagt: «Sie experimentieren dort mit der Vererbbarkeit von Intelligenz, soviel ich weiß. Es sickerte auch durch, daß sie Chimären für die Pharmaindustrie zu erzeugen versuchen, Ekelwesen sozusagen, deren Benutzung im Experiment endlich keinen Antivivisektionisten mehr aufregt.»

«Und Ihre Kundschaft als Grundstofflieferant für intelligente wie auch für chimärische Materie – ist sie so geartet?» Wie sich die Sprache dem Horror fügt!

«Aber ja! Die Intelligenz steht außer Frage – Juristen, Mediziner, Manager, Kleriker, ich bitte Sie! Auf ihr chimärisches Potential allerdings kann man nur aus ihrer Vorliebe für eine andere Spezies schließen. Ein Mixerfolg wäre selbst dann ungewiß, wenn diese Vorliebe genetisch fixiert wäre; die molekularbiologischen Schwierigkeiten einer Genvermischung von unterschiedlichen Arten sind enorm, wenngleich im subhumanen Bereich die Produktion von Chimären schon gelungen ist. Es gibt noch zwei weitere Gründe, die erschwerend hinzukommen: einmal, daß unsere Kunden nicht gänzlich auf Tiere fixiert sind, sie brauchen zur Stimulierung das Menschenbild.»

«Darum das Kentaurische.»

«Richtig.»

«Und die zweite Erschwernis?»

«Das, was ich die geistige Komponente ...»

«... des Spermas?»

«... ihres zunächst rein animalisch anmutenden Motivs nenne. Nehmen Sie die heutigen Herren, Sie sahen sie vorhin auf dem Balkon.»

«Sie kennen sie? Sie trugen Masken!»

«Sie tragen sie gegeneinander, nicht gegen mich. Das Restrisiko, das trotz der juristischen Absicherung, wie Sie sie soeben, übrigens in Übereinstimmung mit meinen Anwälten, entwickelten, in meinem delikaten Unternehmen steckt, erfordert es, daß ich über die Applikanten Einkünfte einhole, auf das diskreteste natürlich.»

«Natürlich.»

«Es wird Sie noch interessieren, daß uns das Labor sagt, es würden unsere Lieferungen in puncto Virilität und Mobilität der Spermien alles übertreffen, was aus konventionell produzierenden Instituten stamme.»

«Das wundert mich gar nicht», sage ich, «ähnliches wissen Tierexperimentatoren schon lange: Jeder ordinäre, von der Straße weggefangene Mischlingsköter sei, so sagen sie, einem eigens für pharmakologische Versuche gezüchteten Rassehund, meist ein Beagle, in der Aussagekraft der Körperreaktionen auf Medikamentengaben deutlich überlegen. Es scheint so zu sein, daß ein Organismus, der seine Lebensimpulse aus der Wildheit eines unangepaßten Sozialverhaltens bezieht, diese Wildheit in seinen Körpersäften reproduziert.»

«Das mag so sein oder nicht», sagt Glauco, leicht pikiert. «In gar keinem Fall kann ich zulassen, daß unsere Klienten ...»

«Advokaten, Kleriker, Mediziner...»

«...Modemacher und Manager, jawohl! auch nur in die Nähe zu Laborhunden gerückt werden!»

«Gut gut», sage ich zerstreut. Ich bin damit beschäftigt, einen Namen zu suchen für dieses Unternehmen. Es fällt mir ein: *Die Verwissenschaftlichung des Obszönen*. Dann sage ich: «Und wo, Signore, sind nun Ihre Herren Advokaten, Kleriker und Mediziner, Modemacher und Manager?»

Anstelle einer Antwort setzt Glauco die Laufkatze in Gang.

Als die Laufkatze stehenbleibt, erscheint an der Deckenschräge das Bild eines Kentaurs, wie ich es nun schon kenne. Der fuchsfarbene Pferdeleib verschwimmt mit den dunklen Rot- und Brauntönen seiner Umgebung, nur der nackte weiße Oberkörper des Mannes, der ihm vorn herauszuwachsen scheint, leuchtet; der matte Glanz des Tierfells kommt dagegen nicht an. Ich bin angerührt von der Symbolkraft dieses Bildes, es scheint mir die Inkarnation einer Metapher für das Verhältnis der Menschen zu den Tieren zu sein: Leuchtend vor Geist sitzen wir ihnen im Genick, beugen ihren Hals unter die Spiegelfechtereien unserer Nützlichkeitserwägungen und erniedrigen sie hochgemut zu Objekten unserer Augenweide oder zu Quellen unserer leiblichen Genüsse. Ich habe plötzlich den Wunsch, hinunterzugehen, hinter den Spiegel zu treten und das Pferd brüderlich zu umhalsen.

Da läßt Glauco mit einer Manipulation am Sender das Punktlicht links hinter das Pferd wandern. Es schält aus dem dunklen Rotbraun eine Gestalt heraus, die auf der untersten Stufe einer dort stehenden Tragtreppe kniet, so als sei sie ein Beichtgestühl. Aus einem langen schwarzen Gewand sehen zwei weiße Hände hervor, die wie im Gebet gefaltet sind und auf der obersten Treppenstufe ruhen. Der Kopf ist dunkelhaarig und mit dem Kinn auf die Brust gesenkt; dem Haarschnitt nach ist es der Kopf eines Mannes, sein Gesicht kann man nicht sehen, doch ist an den Schläfen zu erkennen, daß er eine Maske trägt.

«Ein Priester?» Verblüfft schaue ich Glauco an und sehe ihn im schwachen Licht, das das Deckenbild im Raum verbreitet, scheinbar amüsiert nicken: «Ein zeitgemäßer Franz von Assisi», sagt er, «der hier die Gleichgültigkeit seiner Kirche gegenüber den Tieren abbüßt, und weil, wie Sie wissen, diese zum Himmel schreiende Gleichgültigkeit andauert, kommt er zweimal die Woche.»

«Zum ...?»

«Natürlich!»

«Sie nennen das natürlich?»

«Wenn es Ihnen lieber ist, sagen wir: läßlich. Bei de Sade sodomisiert der Papst einen Truthahn. Auch bei den Auffanggeräten für das Sperma sind wir dem Natürlichen näher: Der Borgia-Papst ejakulierte in goldene Schalen.»

«Dichtung das eine, Wahrheit das andere», sage ich, «und beides Literatur, de Sade und Klabund.»

«Und wie sehr fällt doch die Wahrheit gegen die Dichtung ab! Um wieviel mehr ist diese phantasiereicher, blutvoller, farbiger als jene, die nur eine fade Selbstbefriedigung ist! Um ihr ein wenig Glanz abzugewinnen, bedurfte es des Goldes! Nein, nein, mein Lieber, lebenswert ist nur ein Leben aus Dichtung. Die Wahrheit ist langweilig.»

Während ich noch überlege, ob ich mein Mitleid mit dem Tier auf den Priester und auch auf Glauco ausdehnen soll, schickt der die Laufkatze ein Feld weiter. Ein neuer Kentaur erscheint. Hinter ihm, auf der dicht an ihn herangerückten Tragtreppe, steht auf der dritten Stufe ein – ebenfalls maskierter – Mann. Er hat über seinem Anzug, von dem man nur die Hosen sieht, eine schwarze, mit einem roten Samtkragen verzierte Seidenrobe an und trägt sie vorn offen. Seine Hände scheinen an den Seiten der Kruppe des Tieres streichelnd auf und ab zu gehen, aber ich vermisse an ihnen die Bewegung, überhaupt wirkt das ganze Bild plötzlich wie eingefroren. Ich sehe wieder Glauco an. Der deutet mit dem Kinn auf den Sender in seiner Hand und sagt: «Jeder Koitus ist ein göttlicher Akt, aber die Bewegungen dabei sind gar zu lächerlich. Das müssen wir nicht haben, nicht wahr? Sicherlich bedauern Sie mit mir, daß man die reinste, weil allein von Träumen bewegte nächtliche Ergießung des Mannes eine Pollution nennt – eine Umweltverschmutzung!» Er lacht lautlos, aber so heftig, daß es ihn an Brust und Schultern schüttelt. »Habe ich dies komische Wort aus Ihrer Sprache richtig ausgesprochen?»

Wir wenden uns wieder dem Bild zu. Als ich über den Mann in der Robe hinwegblicke, zum Vorderkörper des Kentaurs, dem ich zuvor keine Beachtung schenkte, sehe ich, daß der ihn darstellende junge Mann vor sich, auf dem großen Spiegel in seinen Händen, am unteren, seinen Schenkeln aufliegenden Rand eine Zeitung ausgebreitet hat und darin ungeachtet dessen, was in seinem Rücken vorgeht, liest. Am Layout der Seiten erkenne ich den Wirtschaftsteil der auch von mir gelesenen *Repubblica*. Einen Augenblick lang, währenddem mein Atem stockt, glaube ich, im Spiegelbild des lesenden Mannes Herms zu erkennen, aber als ich, mich aufsetzend, genauer hinsehen will, fährt Glauco die Laufkatze weiter, ob aus zeitlichem Zufall oder in Vereitelung meiner Absicht, kann ich nicht ausmachen.

«Ein Verstoß gegen die Dienstvorschriften», sagt Glauco in Antwort auf mein Starren, «aber der junge Mann ist bei uns eine Art Leithengst und von göttlichem Aussehen obendrein, da muß man Abstriche machen an der Disziplin. Außerdem ist sein Klient wirklich ein schlimmer Langweiler, ein hoher römischer Richter, der hier, wie er es mir gegenüber nannte, einen Lokaltermin abhält. Er wolle, sagte er, der von Tierschützern aufgestellten Behauptung auf den Grund gehen, es seien die Tiere im Sinne des Gesetzes keine Sachen, sondern des Rechtsverkehrs fähige Personen. Mir sehr sympathisch, das. Aber er kann sich nicht dazu durchringen, endlich mit der Beweisaufnahme zu beginnen – ein teures Verfahren.»

Glauco fährt die Laufkatze weiter. Gleichzeitig nötigt er mich, ein paar Stühle zur Mitte des langen Raumes vorzurükken, das nun erscheinende Bild ist dort besser zu sehen. Zwar bin ich auf eine perverse Steigerung des schon Gesehenen gefaßt, dennoch schockiert mich das neue Bild: eine Kentaurin, auf deren Pferderücken bäuchlings eine zweite nackte Frau liegt, die Arme hat sie nach vorn ausgestreckt, ihre Hände liegen, wie um geschwisterlichen Halt bemüht, den berockten Hüften der Frau an, die das kentaurische Vorderteil darstellt, ihre Beine hängen, in den Kniegelenken leicht gewinkelt, zu seiten der Pferdekruppe herab, ihr Gesäß endet über der Analregion des Pferdes, ihre Scham liegt der Wurzel des zur Seite weggebundenen Schweifs auf. Ich schlucke hart. Dicht vor diesem zweischeidigen Angebot steht auf der vierten und höchsten Stufe der Tragtreppe ein Mann – unnötig zu sagen, daß er maskiert ist wie die anderen. Über seiner Straßenkleidung trägt er einen weißen Arztkittel. Eine Bewegung ist auch an diesem Bild nicht wahrzunehmen, so daß mir der Verdacht kommt, ich sähe nicht wirklich, nicht *live* sozusagen, was ich sehe, sondern betrachte nur die Vergrößerung eines farbigen Diapositivs, angefertigt wohl für die Veröffentlichung in einem pornografischen Magazin und hier vor Publikum zum zweitenmal vermarktet. Der Gedanke, nicht Voyeur von lebendem Fleisch zu sein, sondern Betrachter von Leibern aus Zelluloid nur, ist mir willkommen, er mindert ein diffuses Gefühl von Schuld.

«Ein mit Tieren experimentierender Mediziner», sagt Glauco, und es klingt mokant. «Er kommt zu uns, um den Antivivisektionisten zu beweisen, was sie bekanntlich nicht wahrhaben wollen: daß im Tierexperiment gewonnene Erkenntnisse auf den Menschen anwendbar seien.

«Das haben Sie erfunden!»

«Aber nein! Ich hörte es ihn selber sagen. Er nannte es Grundlagenforschung, eine, der er im Labor verständlicherweise nicht nachgehen könne. Er verriet mir sogar den Titel der Arbeit, an der er schreibt – warten Sie, vielleicht bringe ich es noch zusammen: Der intermittierende quadru... quadrulabiale... Kann das stimmen?»

Ich nicke und sage: «Vierlippige.»

«...quadrulabiale Akt als Möglichkeit des Nachweises von Frigidität in phylo... phylo...»

«Phylogenetisch, stammesgeschichtlich.»

«...phylogenetisch heterogenen Arten. Na bravo!»

Ich sage: «Im Interesse der Wissenschaft hoffe ich nur, daß er bei der Versuchsanordnung nicht vergaß, das Glasrohr aus der Stute zu entfernen, anders dürfte das Ergebnis fragwürdig sein.» Der frivole Ton fällt mir leicht, weil ich nicht mehr an die Wirklichkeit des Gesehenen, jetzt und hier, glauben mag. Zu meinem Seelenheil rede ich mir ein, daß alles, was ich in den Bildern mit dem Priester, dem Richter und dem Mediziner sah, nur gestellt sei und der Geschlechtsakt, wenn es denn überhaupt einen gab, simuliert von Schauspielern, früher schon und keinesfalls eigens für mich, sondern irgendwann im normalen Geschäftsbetrieb dieses Hauses mit seiner Angebotsmischung aus Pferdeoper und Studio für pornografische Fotografie nebst nachgeschaltetem zahlenden Publikum. Alles Gehörte und Gesehene tue ich ab als die Perversion eines reichen Pferdezüchters, der seine abgöttisch geliebten Tiere zu Menschen erhöht, indem er die Menschen, die er ihnen mit wahrhaft neronischer Phantasie zuordnet, zu Tieren erniedrigt. Und noch Geld daraus schlägt. Wozu sonst die Galerie, der Balkon und der bestuhlte, mit multimedialem optischem Gerät ausgerüstete Vorführraum? Für die Annahme, es handle sich bei den Bildern um gestellte Fotos, spricht auch, daß die Klienten, die ich bisher sah, Berufskleidung trugen, der Priester seine Soutane, der Richter seine Robe, der Mediziner seinen Arztmantel – Kostüme bloß, die Glauco Gelegenheit geben, seinen Vortrag vor Publikum mit menschenverachtenden Pointen zu würzen! Andererseits, da war der pomphafte Auftritt der Pferde im großen Saal, die geheimnisvollen Besucher auf dem Balkon, die lebenden Bilder der Kentauren-Arrangements in den Zimmern unten, in die ich doch von oben hineinblickte – all das war real gewesen, kein Zweifel. Und konnte es nicht sein, daß Soutane, Robe und Arztmantel mitgebracht waren, angelegt im Schutz der Kabinen als die von Unrecht an Tieren befleckten Standesgewänder, welche einer symbolischen Reinigung womöglich bedürftiger noch sind als ihre von Tierleid endlich angerührten, bußfertigen Besitzer? Aber um keinen Preis wollte ich von meiner Vorstellung lassen, alles sei gestellt, und ich bekräftige es mit der harschen Frage an Glauco: «Wie viele Ihrer Pornodias muß ich mir denn noch anschauen?»

«Dias? Porno?» Glauco klingt gekränkt, als habe es in seinem exquisiten Theater Buhrufe gegeben. Er löscht das Bild und macht gleichzeitig mit dem Sender Licht im Raum.

Aufspringend und die Augen rollend sagt er: «Dann kommen Sie, Signore! Ich werde Sie eines Besseren belehren!» Er geht zur Tür, die nach unten führt, reißt sie auf, stößt mit herrischer Geste den Muskelmann dahinter beiseite und eilt, die Füße im Stakkato auf die Treppenstufen setzend, mir ins Erdgeschoß voran. Im Geschwindschritt geht er über den Gang mit den Kerzenleuchtern, biegt nach rechts ab in den Flur, der zum Ausgang führt, und öffnet kurz davor, zur Linken, eine unauffällige schmale Tür, die ich beim Betreten des Hauses übersah. Glauco winkt mir, ihm zu folgen.

Der Mord

Der Gang, den wir betreten, ist fast dunkel, zum schwachen Deckenlicht gibt es noch vier rote, rechteckige Leuchten über ebenso vielen Türen. Ich vermute, daß man von diesem Gang aus diskret in die Kentaurenzimmer gelangen kann und daß die roten Lampen, wenn sie brennen, den Eintritt untersagen.

Noch in Höhe der ersten Tür bleibt Glauco abrupt stehen. Er scheint zu lauschen. Dann wendet er sich zu mir zurück und legt den Zeigefinger über die Lippen. Auf Zehenspitzen geht er weiter. Ich folge ihm ebenso heimlichtuerisch, ohne zu wissen, warum, doch ist mit Händen zu greifen, daß Glaucos Benehmen etwas Ungewöhnliches an sich hat, das weit jenseits seiner Schauspielkünste liegt, von denen er bisher so reichlich Gebrauch machte. Auch kommt es mir so vor, als verdicke sich die Luft, je näher wir der vierten und letzten Tür kommen; in die Ausdünstungen der Pferde mischt sich ein stickiger, an den Innenwänden der Nase klebender süßlicher Geruch, wie von Blut.

Vor der vierten Tür angekommen, bleibt Glauco stehen. Er zeigt auf die rote Lampe darüber und flüstert mir zu: «Sie darf nicht brennen, wenn ich nicht in diesem Raum bin, es ist mein Privatzimmer, und das Rotlicht ist nur von innen einzuschalten. Es muß jemand drin sein!»

Im selben Augenblick, da Glauco das sagt, wird die Tür nach innen aufgerissen. Ein Mann stürmt heraus und stößt Glauco mit solcher Gewalt vor die Brust, daß er zu Boden stürzt, wo er liegenbleibt. Ich war dem Herausstürmenden ausgewichen, indem ich mich mit dem Rücken an die Türwand preßte und so den Weg den Gang hinunter, zur Tür, die auf den Hauptflur führte, freimachte. Im schwachen Licht, das im Gang herrscht, war das Gesicht des Mannes nicht zu erkennen gewesen, lediglich die Körperstatur hatte sich gegen das hellere Licht im Eingangsflur abgezeichnet, als der Mann die Tür dorthin aufgerissen und sich nach links, zum Ausgang ins Freie, gewandt hatte. Es mußte ein großer Mann sein, breit in den Schultern, sehr muskulös wohl unter einer enganliegenden Jacke, dabei schmal in der Hüftgegend und sehr behende auf den Beinen. Ich höre die schwere Portaltür gehen, dann die Laufgeräusche einer Flucht über Kies, das Zuschlagen einer Autotür, das Anlassen eines Motors, sein Aufheulen, das Geprassel von kleinen Steinen gegen Blech, als die Reifen mit Macht in den Kies griffen, und am Ende das rasche Verebben der Fahrgeräusche.

Auch hinten im Gang ist es heller geworden, seit die Tür dort offensteht. Ich gehe zu Glauco und beuge mich über ihn, seine Brust bewegt sich atmend, also war er nur ohnmächtig, er mußte im Fallen mit dem Kopf gegen die Wand geschlagen sein. Ich überlege, ob ich um Hilfe rufen soll, irgendwo in diesem Haus mußten doch Menschen sein, der Muskelmann aus dem Vorführraum, der zweite irgendwo draußen ... aber vielleicht war einer von ihnen der Mörder und der andere sein Komplize; der mächtigen Statur des Flüchtenden nach zu urteilen hätte es einer von ihnen sein können, und dann war mit ihnen nicht zu rechnen, sowenig wie mit dem Kabinenpersonal. Ich gebe den Gedanken an einen Ruf um Hilfe noch aus einem anderen Grund auf: Das Haus liegt in tiefer Stille, und seine geheimnisvolle Aura muß extrem verletzlich sein durch jedweden Lärm, also probiere ich einen Hilferuf erst einmal im Kopf, stimmlos, und es klingt entsetzlich, wie der Schreckensschrei eines Träumenden.

An dieser Stelle verließ Klint beim Schreiben das bis hierher durchgehaltene Präsens und ging in die Vergangenheitsform über. Nach Willkür oder bloßer Nachlässigkeit sieht es nicht aus. Ich vermute, daß er den Schrecknissen, die ihm im folgenden widerfuhren, leichter Worte geben konnte, wenn er zu ihnen auf zeitliche Distanz ging, den Horror in die Form der Erzählung zwang. Es finden sich von jetzt an auch deutlich weniger Tippfehler, wie sie einem vom Präsens Gehetzten leicht unterlaufen. Das läßt darauf schließen, daß Klint den folgenden Text später schrieb.

Ich ließ Glauco liegen und ging in das Zimmer. Im schwachen Licht sah ich ein schwarzes Pferd stehen, es schien leicht zu schwanken, sein Atem ging leise, und beim Einatmen war ein Röcheln zu hören, so als saugte das Pferd die Luft nicht auf dem normalen Weg, durch die Nüstern, ein. Vor Kopf und Brust baumelte an zwei Drähten, die von der Decke kamen, ein hoher, mannsbreiter Spiegel. Das Pferd schien sich darin zu betrachten. Dabei bewegte es den Kopf langsam und mit kleinen Ausschlägen in alle Richtungen, es sah aus, als suchte es zwischen den trüben Stellen, die sein gegen den Spiegel geblasener Atem auf dem Glas verursachte, ein klares Bild von sich zu gewinnen. Ich folgte mit den Augen den Drähten, an denen der Spiegel hing; die Zimmerdecke war aus Glas, und in ihrer Mitte erkannte ich den konzentrischen Linsenschliff. Natürlich! Beim Starren in die Höhe glitt ich mit einem Fuß aus, so daß ich fast gestürzt wäre. Haltsuchend streckte ich die Hand aus. Ich griff an den Hals des Pferdes. Das Tier scheute leicht unter der Berührung. Als ich mich wieder gefangen hatte und die Hand zurückzog, fühlte sie sich naß an. Ich drehte sie, bis von der Decke her etwas Licht auf sie fiel. Die Hand war naß von Blut.

Ich ging näher an das Pferd heran und wischte mir die Hand an seinem Hals ab. Gleichzeitig suchte ich die Stelle, wo das Blut austreten mußte. Im Schwarz des Fells war der Schnitt nur schwer auszumachen, der in Höhe des Kieferbogens quer über den Hals ging. Blut sickerte in kleinen Schüben, die mit dem Ausatmen einhergingen, an den Beinen hinunter. Ich ging den Rinnsalen mit den Augen nach, über die Fesseln, die Hufe, auf den Boden. Das Pferd stand in einer großen, in düsterem Rot schimmernden Lache. Als ich deren Ränder zu erfassen suchte, um mir vom Ausmaß des Blutverlustes ein Bild zu machen, und mich dabei bückte, sah ich auf der anderen Seite des Pferdes, ein wenig unter ihm auf dem Boden, den Körper einer Frau liegen.

Sie lag auf dem Rücken, reglos, die Arme ausgebreitet, die Oberschenkel waren gekreuzt und dicht aufeinandergepreßt, wie in Abwehr oder Scham, denn sie war nackt; ein kurzer Rock, ein Chiton, wie ich ihn schon kannte, lag mit einem langen, vom Bund zum Saum gehenden Riß, der von roher Gewalt zeugte, neben ihren Füßen. Zwischen den Strähnen ihres dichten Haars sammelte sich dickflüssiges Blut. Vorsichtig, um nicht wieder auszugleiten, ging ich hinter dem Spiegel um den Kopf des Pferdes herum und beugte mich über das Gesicht der Frau. Vor ihrem großäugigen Starren direkt in meine Augen wich ich, mich aufrichtend, entsetzt zurück, meine blutverschmierte Hand tastete nach einem Halt hinter mir an der Wand. Ich hatte in das tote Gesicht Melanias geblickt.

Als ich die blutverschmierte Hand unbewußt zum Mund führte, um einen aus tiefster Seele in mir aufsteigenden Schrei zu unterdrücken, schmeckten meine Lippen das klebrige Blut des Pferdes. Ich erbrach mich gegen die Wand. Danach widerstrebte es mir, mit dieser Hand das Taschentuch aus der

Hose hervorzuholen, um damit Mund und Hände zu säubern, und mit der anderen Hand konnte ich das Tuch nicht erreichen. Ich sah mich auf dem Boden um. Meine Augen kamen zu dem Chiton neben Melanias Füßen. Ich ging dorthin, bückte mich und nahm den Rock auf. Melanias Parfüm drang mir in die Nase. Es roch deutlich nach Moschus. Ich drückte die Lippen auf den Rock. Dann bedeckte ich mit ihm Melanias Unterleib. Ich konnte nicht umhin, sie dabei zu berühren. Sie fühlte sich noch warm an. Um Spiegel und Pferdekopf herum, eilte ich zur Tür. Auf der Schwelle stolperte ich. Flüchtig blickte ich nach unten. Ich war auf ein Messer getreten. Ich stieß es beiseite und ging auf den Gang hinaus. Glauco lag noch immer in Ohnmacht am Boden. Ich schlich auf Zehenspitzen den Gang hinunter, zur Tür an dessen Ende. Als ich sie passiert hatte, wandte ich mich nach links. Ein Flügel der Portaltür, die ins Freie führte, stand offen. Ich trat vors Haus. Es war stockfinster draußen, aus keinem Fenster fiel irgendein Lichtschein, nur die Flurbeleuchtung innen im Haus gab einem schmalen, sich im Dunkeln verlaufenden Sektor der gekiesten Auffahrt ein weißliches Aussehen. Ich hatte die Vision einer krankhaft belegten Zunge, die das Haus mir zur Diagnose vorzeigte. Dieses Bild verschwand erst, nachdem meine Augen sich an die Dunkelheit gewöhnt hatten und ich die Stämme der Pinien ausmachte, die ich bei meiner Ankunft schon wahrgenommen hatte. Und zwischen ihnen auch wieder die schwarzen Umrisse einiger geparkter Autos.

Mein Kopf war inzwischen wie ausgeleert, und ich mochte auch an nichts mehr denken. Aber weil man immer, selbst im Nichtstun, an irgend etwas denken muß, ließ ich, als Sperre gegen die Schrecknisse dieser Nacht, Belanglosigkeiten in mich ein: Ich würde mir den Spaß machen, an den Karosserieformen der Autos dort drüben deren Marken zu identifizieren. Aber der Fluchtversuch mißlang schon beim ersten Auto, das ich ansah.

Es war ein Jaguar, und ich dachte, daß er dem Mediziner gehören mußte, und der große Lancia rechts davon dem Richter, und der Motorroller, der zwischen ihnen abgestellt war, dem Priester. Und als ich mit den Augen zu einem mittelgroßen Fiat kam, kroch mir neue Hitze den Hals hoch, ins Gesicht, bis unter die Haare. War das nicht das Auto, in welchem Nessuno mich vom Büro in der Via dei Greci ins Universitätsspital gefahren hatte? Es konnte das Dienstauto des Reisebüros sein, dem Herms vorstand, und war es nicht denkbar, daß dieser Herms, den ich im Spiegel auf einem der Pferde erkannt zu haben glaubte, mit diesem Auto hergekommen war? Andererseits gab es in Rom viele Autos dieses Typs. Ich wollte gerade hinübergehen und in den Wagen hineinschauen in der Hoffnung, die deutschen Zeitschriften noch auf den hinteren Sitzen liegen zu sehen, die ich am Unfalltag bei mir gehabt und dort deponiert hatte, da hörte ich rechts von mir, nicht weit weg, von irgendwoher gleich hinter der Hausecke, das erstickte Rufen einer Männerstimme. Nach kurzem Zögern ging ich über den Kiesweg längs der dunklen Hausfassade in die Richtung, aus der das Rufen kam. Am Eck angekommen, wäre ich im Stolpern über den am Boden liegenden Körper eines großen Mannes fast zu Fall gekommen. Es schien einer der beiden Muskelmänner zu sein – ob der, den ich bei der Ankunft mit Glauco unter dem Portal passiert hatte, oder der andere, der mich im Haus, auf der Galerie und im Vorführraum, bewacht hatte, das konnte ich nicht erkennen, denn der Mann hatte über Mund und Kinn einen breiten papierenen Klebstreifen, der an seinen Wangen zerrte und ihn entstellte. Ich riß ihm den Mundverschluß ab. Der Mann, es war der Türsteher, stöhnte und hielt sich vor Schmerz den Mund. Dann sagte er: «Grazie, Signore! Sie sind der zuletzt mit Signor Glauco gekommene Hausgast, vero? Und würden Sie mir noch die Fesseln an den Handgelenken und an den Füßen lösen? Irgendein mieser Strolch hat mich während eines Kontrollgangs ums Haus aus dem Dunkel heraus angesprungen und bewußtlos geschlagen. Als ich wieder zu mir kam, war ich geknebelt und gefesselt – was das wohl sollte?» Er drehte sich etwas auf die Seite und hielt mir die gefesselten Handgelenke hin. «In meiner rechten Jackettasche steckt ein scharfes Messer.»

Aber da war kein Jackett mit einer Tasche und einem Messer darin, der Mann hatte nur Hemd und Hose an. «Porco di Madonna!» fluchte er unflätig, als er das Fehlen seines Jacketts bemerkte. «Das Schwein hat mich also beraubt! Ausweise, Geld, das schöne Klappmesser – alles weg!» Ich nahm ihm, nicht ohne Schwierigkeiten mit der Verknotung, die Fesseln ab. Im Aufstehen spuckte der Befreite die Nacht an, als trüge sie Schuld an seinem Unglück. Da kam aus dem Haus das Brüllen eines Mannes.

Es war Schmerz darin, vor allem aber eine Wut, die dem Wahnsinn verschwistert sein mußte. Glauco! Der Muskelmann rannte los, zum Portal. Im Licht der Hausflurlampe konnte ich sehen, daß Glauco die Arme über dem wirrhaarigen Kopf in die Höhe gereckt hielt und die geballten Fäuste so stakkatohaft schüttelte, als stünde er unter hochgespanntem elektrischen Strom. «Melanippe!» schrie er, brüllte danach wieder wie ein Tier und schrie noch einmal «Melanippe!» Den Muskelmann, der Anstalten machte, ihn beim Arm zu nehmen, wohl um ihn ins Haus zu führen, stieß er heftig von sich. Dann sah er mich kommen und hörte abrupt zu brüllen auf. Weinerlich sagte er: «Signore, man hat meiner Melanippe den Hals aufgeschlitzt – einen Arzt, holt ihr einen Arzt!» Er brach in ein trockenes Schluchzen aus und schien nicht zu hören, was ich sagte: «Und Melania ist ermordet worden.»

Glauco stierte ins Leere, in die Nacht hinaus, als suchte er dort, um es zurückzuholen, was ich zu ihm gesagt hatte. Das Schluchzen hatte aufgehört, und er wirkte von einem Augenblick auf den andern gefaßt. «Ach, die!» sagte er und zuckte die Achseln. Er drehte sich um und wollte schon ins Haus gehen, als er, mit dem Rücken zu mir und dem Muskelmann, abrupt stehenblieb und in dieser Stellung angestrengt nachzudenken schien, jedenfalls sagte er währenddem nichts und blickte auch nicht zurück. Als er sich dann doch umdrehte, sah er mich lange an.

Ein Pfau schrie irgendwo in der Ferne. Ich hob den Kopf und lauschte, so entkamen meine Augen dem Starren Glaucos. Ich sah eine Sternschnuppe zur Erde stürzen und meinte das Zischen ihres Verglühens zu hören, so still war es, während Glauco nachdachte und nicht aufhörte, mich dabei anzusehen. Es wunderte mich, daß ich trotz dieser großen Stille nicht hören konnte, was er über mich dachte.

Schließlich beendete er sein Schweigen. Er sagte zum Muskelmann: «Du kommst mit mir!» Und wieder mich anblikkend: «Sie, Signore, warten hier draußen. Ich lasse Sie gleich nach Rom zurückbringen.» Ich war noch ganz verwirrt von Glaucos langem Starren und Schweigen und stotterte etwas von Polizei und daß man mich, weil ich das Verbrechen doch entdeckt hätte, würde befragen wollen. Glauco wischte das mit einer herrischen Handbewegung weg: «Keine Polizei!» Als ich noch einmal davon anfangen wollte und den Mund öffnete, sagte er «basta!». Dann ging er mit dem Muskelmann ins Haus.

Ich setzte mich auf die oberste Stufe der Portaltreppe und

hing meinen Gedanken nach. Mir wurde klar, daß Glauco die Polizei weniger des Mordes wegen nicht im Haus haben wollte, als vielmehr aus Rücksicht auf seine hochgestellte Klientel. Während ich noch darüber nachdachte, fiel mir unter plötzlich einsetzendem Herzklopfen ein, daß ich im Ablauf der Ereignisse noch keinen einzigen Gedanken an die Frage gewendet hatte, wie Melania, mit der ich am späten Nachmittag, vor meiner Entführung, im Greco verabredet gewesen war, in dieses Haus kam. Diese Frage vor allen anderen Fragen überdeckte für mich sogar das Rätsel ihrer Ermordung. Ermordung? Das Wort echote in mir weiter: Ermordung? Ermordung? Ermordung...? Ich hatte keine Verletzung an ihrem nackten Leib gesehen (ihn freilich auch nicht vom Rücken auf den Bauch gedreht), das Blut bei ihrem Kopf schien das des Pferdes gewesen zu sein, ich glaubte mich zu erinnern, daß es aus dessen Richtung zwischen ihre Haarsträhnen geflossen war.

Ich kam nicht mehr dazu, eine Antwort auf diese Frage auch nur zu versuchen. Ich hörte leise, schnelle Schritte hinter mir, die sich anhörten wie ein in der Eile der Füße mißratenes Schleichen. Ich kam nicht einmal mehr dazu, den Kopf danach umzuwenden. Ich spürte plötzlich am Hals einen Arm, der mich würgte, und einen mir auf Mund und Nase gepreßten Lappen, dem ein stechender Geruch entstieg. Dann verlor ich das Bewußtsein.

Der folgende Text wurde von Klint mit der Hand geschrieben, mit einem Bleistift. Den Grund dafür gibt er selber an, so daß ich dazu nichts zu sagen brauche. Die Schrift ist an nicht wenigen Stellen verwischt, was zusammen mit den vielen Durchstreichungen und nachlässig bis gar nicht lokalisierten Änderungen die Wiedergabe schwierig macht. Ohne ein paar Hinzufügungen meinerseits, die ich nach vielem Überlegen mit größter Vorsicht dort in den Text einbrachte, wo er zusammenhanglos schien, eines Übergangs oder einer Verdeutlichung bedürftig, ging es nicht ab. Ich habe, was von mir stammt, aus der ersten Person, der Ich-Form des Textes, in die dritte transponiert, so gibt es keine Mißverständnisse.

Ein Morgen im Circus des Maxentius

Meine Gedanken gehen zum hoch in der Wand sitzenden vergitterten Fenster hinaus, sie allein sind frei, hinzugehen, wohin sie wollen, und sie wollen immer wieder zu dem seltsamen Ort meiner Festnahme zurück, sie suchen dort nun schon seit Stunden nach Spuren meiner Erinnerung an Glaucos Haus der metaphysischen Lüste und wie es dazu kam, daß ich hier bin. Ich bat um Papier und Bleistift, sie brachten mir beides, wohl weil sie annahmen, ich wollte ein schriftliches Geständnis ablegen. Aber was sollte ich gestehen? Ich bin unschuldig an Melanias Tod. Andererseits ist man an nichts unschuldig, das einem anderen widerfährt, wenn man sich mit Leidenschaft in sein Leben drängt, wie ich in das Leben Melanias. Die Echos, die wir wecken, können heitere Vogelrufe sein, aber auch der hohle Ruf des Todes. Ich werde alles aufschreiben. Ich muß schreiben, sonst lebe ich nicht.

Während ich fort war, hatte mein Kopf es sich bequem gemacht; ich lag nun mit der rechten Wange auf einem Kissen, das sich straff, aber seidig glatt anfühlte. Als ich die Wange leicht verschob, um die Natur des Kissens zu prüfen, kroch mir Kälte ins Wangenfleisch. Die Augen hielt ich geschlossen; sie zu öffnen, nur um rasch Fragen nach Ort und Zeit eines neuen Tages beantwortet zu sehen, das war für einen wie mich zu einfach. Und an die wirklichen Fragen, an Fragen, die zu stellen sich lohnte, kam man ja doch nur mit Gedanken heran. Ich mache das bei jedem Erwachen so, besonders dann, wenn ich aus irgendeinem Grund stark benommen bin und das Licht, das ich durch die Lider wahrnehme, mich in den Augen schmerzen würde. Mit den Augen kann jeder Dummkopf sofort herausfinden, wo er ist und was er hört, wenn es ihm die noch schlafbehangene Erinnerung nicht gleich enthüllt. So ließ ich die Augen zu und schickte meine Gedanken aus wie Tentakel. Ich registrierte, daß ich auf dem Rücken lag. Und daß ich hart lag, wie auf alter Erde. Zwischen den Schulterblättern verspürte ich einen Druckschmerz. Mich fröstelte. Mein Kopf war aus der Ebene der Schultern herausgehoben, so daß mein Kinn mit der rechten unteren Seite in der Halsgrube nistete. Ich bewegte es, und es kratzte auf der Haut. Darüber dachte ich wieder eine Zeit lang nach. Mein Bartwuchs sagte mir, daß seit der letzten morgendlichen Rasur sehr viel Zeit vergangen sein mußte, ein ganzer Tag, wenn nicht mehr; ich weiß aus lebenslanger Erfahrung, wie mein Bart sich im Fortschreiten seines Wachsens anfühlt. Aber um sicher sein zu können, wie alt der Bart wirklich war, brauchte ich die Hand am Kinn. Als ich sie dorthin führte, verfingen die Finger sich in einer Kette, die auf dem Kissen zu liegen schien und unter dem Gewicht meines Kopfes gegen die Wange gerutscht sein mußte. Ich nahm die Kette prüfend zwischen den Daumen und die beiden ersten Finger. Es waren Perlen, kein Zweifel, und sie waren kalt und glatt wie das Kissen unter meinem Kopf. Ich ließ die Kette los und nahm die Hand wieder weg. Als ich sie neben mir niederlegte, hatte ich ein Gefühl, als griffe ich in dickhalmiges Gras. Ich stellte neue Überlegungen an und gewann dem Spiel meiner Gedanken, die um das Kissen kreisten, um die Kette und das Gras, ein gewisses Vergnügen ab. Dieses Vergnügen wurde noch dadurch gesteigert, daß ich über mir eine Feldlerche trillern hörte. Der Gesang entfernte sich himmelwärts. Da hob ich die Wange vom Kissen und öffnete die Augen. Eine singende, in den Himmel steigende Lerche ist für mich jederzeit und überall ein Anlaß, die Augen zu öffnen und ihr nachzuschauen.

Ich schaute in einen rot leuchtenden Himmel. Das Leuchten kam von der hinter schleierigen Wolken über dem Horizont aufgehenden Sonne. Der Horizont war ein von leichtem Wind bewegtes grüngelbes Ährenmeer auf hüfthoch stehendem wilden Hafer. Ich hob mich auf die Ellenbogen. Ich lag ganz in der Nähe einer vier Meter hohen antiken Ziegelmauer. In der Mauer, mir gegenüber, befand sich ein Tor mit einem Rundbogen. Von ihm her lief im Hafer eine schmale Gasse direkt auf mich zu. Sie sah aus wie eine Schleifspur, die Halme waren auf einer Breite von einem Meter niedergedrückt. Das Tor hatte keine Türen, man konnte hindurchsehen, hinaus in eine hügelig bewegte Landschaft, der einige schwarze Zypressen einen gewissen Ernst verliehen. Und in ihr, nicht sehr weit entfernt, stand vor rotem Morgenhimmel schwarzmassig und von Zinnen gekrönt das Grabmal der Cecilia Metella.

Ich kannte dieses Bild, ich hatte es, wenn auch nicht aus der Perspektive des Liegenden und nicht zu dieser Tageszeit, früher schon einmal gesehen, als Tourist in Rom. Ich hatte es sogar fotografiert, angetan von der schönen Rahmung des Grabmals durch dieses Tor da in der endlos langen, nach Osten laufenden römischen Ziegelmauer, die, wie ich von früher her wußte, weit hinten mit einer langgestreckten Kurve im Parallelgang zurückkehrte, zwischen sich, auf hundert Schritt in die Breite, nur Verlassenheit und Wildwuchs und an Bildern nichts, das einer nicht im Kopf schon mit sich brachte. Ich versuchte mich zu erinnern, wo ich das Foto, das ich damals gemacht hatte, aufbewahrte. Der Reihe nach ging ich die Schubfächer durch, die in meiner Münchner Wohnung dafür in Frage kamen – erfolglos. Als ich über diese Art von Denken nachdachte, ging mir auf, daß mir noch die banalsten, auf die Vergangenheit gerichteten Gedanken gut genug waren, um mir die Gegenwart vom Leib zu halten. Ich ließ mich von den Ellenbogen wieder auf den Rücken sinken. Dabei kam ich erneut mit dem kalten, glatten, seidigen Kissen in Berührung, und weil ich mir auf ein kaltes, glattes, seidiges Kissen oder überhaupt auf ein Kissen am Ende einer Schleifspur im wilden Hafer inmitten der untergegangenen Pferderennbahn des römischen Kaisers Maxentius keinen Reim machen konnte und auch die Erinnerung an das Haus der kentaurischen Lüste wiederkam, warf ich mich, ohne aufzustehen, herum. Ich lag nun auf dem Bauch.

Das Kissen dicht unter meinem Gesicht war der nackte Leib einer Frau. Aus den Augenwinkeln sah ich den oberen Rand von Schamhaar und die Unterseiten zweier Brüste. Zwischen diesen kam eine lange Perlenkette heraus. Ich schaute ihr dabei zu, wie sie, befreit vom Hindernis meines Kopfes, langsam über den Brustkorb zur mir abgewandten rechten Hüfte wanderte, wobei der obere Perlenstrang dem unteren nur widerwillig zu folgen schien, jedenfalls mit kleinen zeitlichen Verzögerungen, die mir vorkamen wie das Abbild meines eigenen, zu Materie gewordenen Widerwillens, ja meines Ekels beim Anblick der Frau. Schließlich blieben beide Perlenstränge still liegen. Die Lerche sang wieder. Aber ich hatte nun keinen Blick mehr für sie.

Die Tote lag quer zu mir. Unterschenkel und Kopf steckten im noch aufrechtstehenden Hafer; die Schleifspur endete unter ihrem Rücken. Ich stand auf. Ich machte das langsam und schwerfällig: über die Hände, über die Knie auf die Füße. Als ich endlich stand, steifbeinig und ohne etwas zu verstehen, drückte ich mit der Hand die Halme des Hafers über dem Kopf der Frau zur Seite. Es war Melania. Ich dachte: Du hättest es wissen müssen. Ihre Augen waren geschlossen, die Lippen blaßblau wie der geschminkte Schatten auf den eingesunkenen Lidern. Das Haar stand ihr in Strähnen vom Kopf ab, schräg nach oben, die Strähnen hatten sich in den Haferhalmen verfangen. Es sah aus, als züngelten medusengleich schwarze Flammen um ihr weißes Gesicht.

Ich fragte mich, was ich sonst noch empfand. Es interessierte mich, wenn auch auf eine eher distanzierte Weise, etwa so, wie wenn ich mich als Autor einer Romanfigur für ein ihrem Charakter entsprechendes und der Handlung angemessenes Gefühl zu entscheiden gehabt hätte. Mehrere Gefühle waren denkbar, und sie konnten sich auch auf das unterschiedlichste äußern: in Tränen oder in hysterischem Lachen, in Stöhnen oder in Schreien. Aber auch ein Achselzucken wäre nicht aus der Welt gewesen, so wenig wie kalter Schweiß an Händen und Stirn. Für alles hätte sich ein Grund finden lassen: für Tränen das Mitleid mit Melania, für ein hysterisches Lachen die Erinnerung an ihren Bauch als ein Kissen unter meinem Kopf, fürs Stöhnen der leise Schmerz um meine gerade erst aufkeimende Liebe zu ihr, fürs Schreien die Wut, fürs Achselzucken die Ziellosigkeit der Wut, und für den kalten Schweiß die Angst wegen des Ortes und der Umstände hier. Doch das alles war es nicht, was ich empfand. Es mußte noch ein anderes Gefühl geben, eines, auf das ich noch zu kommen hoffte. Vorläufig schob ich den Gedanken daran beiseite. Ich hörte mich murmeln: «Mein Gott, sie ist ja immer noch tot!» Eins ums andere Mal, immer lauter und mit wachsendem Entsetzen: «Mein Gott, sie ist ja immer noch tot!»

Die Perlenkette begann Gott weiß warum sich mit einem Strang auf der Hüfte der Toten noch einmal zu bewegen, aber der andere hinderte sie am Weiterrutschen: Es war ekelhaft, hier noch Leben zu zeigen. Da endlich konnte ich mich für ein Gefühl entscheiden angesichts der spreizbeinig daliegenden Frau mit dem offenen Schoß: Ekel. Ekel auch über mich und den süßlichen Geschmack im Mund, der Gedanken an Leichengift provozierte. Ekel über meine geschwollene Zunge. Und Ekel ganz allgemein und überhaupt: Ekel über ein Leben in Perversion und widerwärtiger Naturverneinung.

Meine Augen begannen abzuirren von der Toten. An der Stelle, wo meine Schulterblätter gelegen hatten, sah ich zwischen niedergedrückten Haferhalmen ein großes, offenstehendes Klappmesser liegen. Die Klinge war braun von krustig getrocknetem Blut. Ich bückte mich, faßte das Messer am Griff und hob es auf, und während ich mit dem Messer in der Hand über der Leiche stand und dramatische, aber von Weinerlichkeit nicht ganz freie Gedanken an ein Schlußmachen faßte (währenddem ich die Schärfe der langen Klinge auf einem Daumennagel prüfte), hörte ich Stimmen. Sie näherten sich vom Grabmal der Metella. Die Sonne stand inzwischen so hoch, daß ich in den drei Männern, die durch das Tor in der Circusmauer auf mich zukamen, zwei Carabinieri-Beamte erkennen konnte und im dritten, als sie heran waren, den Pförtner aus dem Glashaus im Vorhof des Grabmals. Ich glaubte zu sehen, wie er den Beamten zunickte. Der eine nahm mir mit weißbehandschuhten spitzen Fingern das Messer ab, der andere legte mir Handschellen an. Von der Via Appia kam das Heulen einer sich nähernden Sirene.

Der Wärter warf mir heute morgen einen Stoß Pornohefte auf das Bett der Zelle und stellte ein Glasgefäß auf den Tisch. «Subito!» sagte er und machte vor dem Unterleib mit der Hand ein paar eindeutige Bewegungen. Er grinste dabei zu mir herüber, der ich unter dem hohen Zellenfenster stand. Dann ging er. Die eisenbeschlagene Tür fiel krachend ins Schloß.

Wozu das noch? Sie hatten mir doch bei der Einlieferung schon die Unterwäsche fortgenommen, desgleichen die Oberkleider zur sofortigen Untersuchung auf Gott weiß was für Spuren, und einen Abstrich am Penis hatten sie auch gemacht, ebenso eine Atemprobe genommen. Hätte eine Blutprobe zur Genbestimmung meines Spermas nicht genügt? Ich trat ans Bett und blickte auf die gefächert daliegenden Hefte hinunter. Sie waren angeschmuddelt, ein paar Seiten hatten sich beim Fall auf das Bett aus der Bindung gelöst und hingen heraus. Ich sah, daß es Hefte von der Sorte waren, für die man die Gesichter der Abgebildeten nicht braucht, es sei denn als Varianten ihrer Geschlechtsteile. Ich faßte sie nicht einmal an. Ich ging zum Fenster zurück und bog den Kopf ins Genick, so konnte ich den Himmel sehen. Ich hoffte auf eine Lerche.

Ich stand noch unter dem Fenster, das Gesicht zur Wand, als der Wärter zurückkehrte. Ich hörte ihn hinter mir fluchen und fühlte mich an der Schulter gepackt. Als ich, dem Druck der Wärterhand folgend, mich umdrehte, bekam ich einen Schwall Wörter ins Gesicht geschüttet, dem ich entnahm, daß es mir nichts helfen würde, die Beweisaufnahme zu sabotieren. In einer Geste der Unschuld hob ich Schultern und Arme. «Non posso!» sagte ich und wies mit dem Kinn auf die Hefte. Dabei verzog ich, Ekel andeutend, den Mund. Der Wärter schaute mich an, unschlüssig, was nun zu tun war.

Schließlich zuckte er mit den Schultern, sammelte die Hefte ein, nahm das Glasgefäß vom Tisch und verließ mit allem die Zelle. Die Tür krachte wieder ins Schloß.

Ich verbrachte eine unruhige Nacht. Ich träumte, ich sei ein Mauersegler, der mit ausgebreiteten Flügeln hilflos auf der Erde kauerte. Meine Flügel peitschten die Erde, eins ums andere Mal, bis zur Erschöpfung, und doch kam ich von ihr nicht frei. Ich erwachte vom Schmerz in einem Arm, den ich gegen die Zellenwand geschlagen haben mußte. Am Morgen holten mich zwei weißgekleidete Männer ab und führten mich über Eisentreppen und hallende Korridore in einen Raum, der ärztlichen Untersuchungen zu dienen schien. Sie sagten mir unter einem konspirativen Lachen, das ich nicht deuten konnte, ich solle mich unten freimachen und mich auf die Liege da drüben legen. Dann gingen sie hinaus.

Ich machte alles sehr langsam: das Jackett ausziehen (das sie mir inzwischen zurückgegeben hatten), dann mich nach einer Aufhängemöglichkeit umsehen, dann zu einem Wandhaken gehen und das Jackett daran aufhängen, mich dann auf einen Hocker setzen, die Schuhbänder lösen, die Schuhe von den

Füßen streifen, nachdenken, ob ich die Socken ausziehen oder anbehalten sollte, mich fürs Anbehalten entscheiden, dann aufstehen, den Gürtel öffnen und den Reißverschluß der Hose (die auch wieder meine eigene war), dann die Hose auf die Füße fallen lassen, aus ihr aussteigen, erst links, dann rechts, dann mich nach der Hose bücken, sie aufnehmen, sie falten, sie auf den Hocker legen, schließlich die Schuhe zusammenstellen und sie mit einem Fuß unter den Hocker schieben, dabei achtgeben, daß sie durch das Schieben nicht wieder auseinandergerieten... Ich sah an mir hinunter. Nur noch das Oberhemd bedeckte jetzt meine Blöße, eine Unterhose hatte ich ja nicht mehr, die hatten sie einbehalten und vergessen, mir eine andere zu geben. Ich hatte nicht danach fragen mögen.

Ich ging zur Liege und legte mich auf das frische weiße Papierlaken. Während ich das Vorderteil meines Hemdes soweit es ging nach unten zog, kam von draußen wieder dieses Lachen von Männerstimmen. Eine Frauenstimme mischte sich ein. Sie sagte etwas, aber ich konnte es nicht verstehen, es ging auch sogleich die Tür auf, und die beiden Weißkittel schoben eine Frau in den Raum. Ich griff nach meiner Hose auf dem Hocker neben der Liege und wollte aufstehen, aber einer der Männer nahm mir die Hose weg und legte sie zurück. Der andere trat hinter das Kopfende und drückte mich an den Schultern wieder nieder, nicht gewaltsam, aber doch mit Nachdruck. Ich fügte mich still.

Nach Kleidung und Make-up war die Frau unzweifelhaft eine Dirne. Sie ging auf sehr hohen und dünnen Absätzen, ihr zu enger roter Rock endete gleich unter dem Gesäß, die schwarze, vorn nur lose geknotete Bluse gab den Blick auf den Bauch und fast ganz auf zwei große Brüste frei. Ihre Lippen waren grellrot gemalt, die langen Wimpern an den

Lidrändern sicher so falsch wie die rote Farbe ihres kurzgeschnittenen Haars, die Augenlider waren grün schattiert. Als sie sich über mich beugte, mit leicht geöffnetem, wie zum Kuß gerundeten Mund, roch ich Tabak und Alkohol. Sie mußten sie gerade erst von der Straße geholt haben. Aber dann fiel mir ein, daß es nicht mehr die Zeit dafür war. Also hatten sie sie wohl aus einer Arrestzelle hergebracht – darum das Männerlachen! Ich fing an zu begreifen. Ich wollte aufstehen, aber sie drückten mich wieder nieder.

Mir zugewandt, stand sie dicht am Kopfende der Liege. Sie beugte sich über mich, und ich konnte sehen, wie sie dicht über meinem Gesicht die Hand in die Bluse schob und eine Brust herausholte. Ich schloß die Augen. Die Frau lachte leise und ließ mich auf meinem Mund die Spitze ihrer Brust fühlen. Ihr Fleisch lastete auf meinem Gesicht, der Atem wurde mir knapp, ich öffnete die Lippen. Die Brustspitze ist groß und hart und gefurcht, von vielen Männerbissen, denke ich, und sie schmeckt leicht nach Salz. Ich drehe mit Anstrengung das Gesicht weg. Mein unrasiertes Kinn schabt hörbar über ihr weiches Fleisch. Sie lacht wieder. Aber diesmal klingt ihr Lachen deutlich kehlig. Ich versuche, mir die Dirne wenigstens gedanklich vom Leib zu halten. Aber mit meinem Denkwiderstand gegen lastendes Fleisch und einen aus überständiger Wäsche aufsteigenden Geruch ist es sogleich vorbei, als ich fühle, wie ihre Hand an meine Hoden faßt. Ich wage es nicht, die Augen zu öffnen. «Aber, aber!» sagt ihre Stimme dicht an meinem Ohr, noch kehliger als vorhin, und eine Hand tupft mir, ohne daß die andere mich unten ausläßt, mit einem stark parfümierten Tuch den Schweiß von der Stirn. «Caro mio», flüstert sie und nibbelt mit den Zähnen an meinem Ohr, «wir wollen doch nicht hier oben naß werden!» Die Männer lachen roh, aber auch in ihren Stimmen ist nun ein brüchiger Ton. Die Frau zischt: «Schert euch raus, sonst wird das hier nie was!» Ich fühle, wie mein Penis angehoben und wieder fallengelassen wird, und spüre die Verachtung der Frau deutlich auf der Bauchhaut. Ich lege eine Hand drauf. Die Haut brennt, wie in Scham. Ich suche wieder Rettung beim Kopf: Es ist nicht Scham über die demütigende Situation. Es ist Scham über mein Versagen. Ich zittere vor Angst, der Dirne willenlos zu Willen zu sein, an Händen, Beinen und Kinn. Schweiß näßt mir die Achselhöhlen. «Wir bleiben», sagt einer der Männer. «Er ist ein Mörder.» Die Frau sagt: «Dann holt euch doch seinen verdammten Saft selber, ihr geilen Böcke!» Ich glaube, ein ganz kleines Schluchzen in ihrer Stimme gehört zu haben, und obwohl ich vermute, daß das Schluchzen, wenn es denn eines war, nicht meinem Versagen gilt, sondern ihrem eigenen, macht es mich ruhiger, das Zittern läßt nach. Die Stimme, die mich einen Mörder genannt hat, sagt: «Also gut. Das Fenster ist vergittert. Wir warten vor der Tür. Beeil dich. Du weißt, es darf nicht herauskommen, was wir hier machen.» Schritte. Tür auf, Tür zu. Dann, nach langen Augenblicken der Angst und der Hoffnung, der Scham und der Gier, wieder Stille und der warme feuchte Atem der Dirne auf meinem Geschlecht. Der Atem wird Hand, und ich stöhne, meine Bauchmuskeln, die Muskeln der Oberschenkel spannen sich, mein Gesäß drückt das Becken in die Höhe und gibt mich mit spasmischen Stößen in die Hand der Dirne. «Ecco fatto!» sagt sie so laut, daß die beiden Weißkittel eintreten. Ich komme von weit her, aus Glaucos Haus der Stuten, die Frauen sind mit gläsernen Scheiden und einem überirdischen Glanz auf den weißen und braunen, den fuchsenen und schwarzen Lenden. Ich sehe, wie die Dirne einem der Männer mit Triumph im Blick einen bauchigen Glaskolben reicht. Der andere nimmt meine Hose vom Hocker und fingert aus der Gesäßtasche die Geldbörse heraus. Er entnimmt ihr einen großen Schein und gibt ihn der Dirne. «Sie erlauben doch?» sagte er zu mir, grinsend. Die Dirne schaut auch auf mich, küßt den Geldschein und sagt «Grazie, Signore!» Sie deutet einen Knicks an und geht.

Ich zog mich langsam an. Dann brachten sie mich zurück.

In der Zelle sei Klint in Weinen ausgebrochen, sagte mir der Sanitäter, der ihn damals zurückbrachte. Er hatte Klint auf dem Weg dorthin gesagt, daß der Untersuchungsrichter ihn für verrückt hielt – wegen seiner irrwitzigen Geschichte von einem Pferdebordell und dem großen Unbekannten, der die Frau darin ermordet und einem Pferd den Hals durchschnitten haben soll, und dann diese angebliche Betäubung und Verschleppung mitsamt der Leiche in den Circus des Maxentius! Andererseits, das hatte er Klint auch gesagt, war inzwischen klargeworden, daß das Blut an dem Messer, das er bei seiner Verhaftung in der Hand hielt, tatsächlich von einem Pferd stammte, und der Abstrich hatte bewiesen, daß er auch als der Vergewaltiger der Frau nicht in Frage kam. Warum dann, fragte ich den Mann, die Vergewaltigung Klints? Ein Spaß, sagte er, weil der Dienst doch so langweilig sei, außerdem hätte Klint zu diesem Zeitpunkt noch als Mörder gegolten, als verrückt auch, als ein Idiot quasi, da mache man so was schon mal. Es sei nicht seine Idee gewesen, und er habe sich bei Klint vor dessen Entlassung entschuldigt. Das Weinen Klints in der Zelle sei allein auf die Mitteilung zurückzuführen gewesen, daß man ihn in eine Heilanstalt einweisen wollte.

Ich blicke zum Fenster hoch. Das Gitter! Ich rechne: Ich bin einsachtundsiebzig, dreißig Zentimeter Gürtel über dem

Kopf und dreißig Zentimeter Luftraum unter den Füßen – macht zwei Meter und achtunddreißig, also zwei Meter und vierzig einschließlich der Dehnung im Hals. Ich stelle mich unter dem Fenster an die Wand, hebe mich auf die Zehen und recke die Arme hoch. Die Fingerspitzen erreichen gerade eben das Fensterbrett. So ausgestreckt schätze ich mich auf zwei Meter und fünfzig. Es wird also gehen. Ich ziehe den Gürtel aus der Hose und beginne zu probieren. Der Gürtel ist einszwanzig lang. Eine Schlinge mit Hilfe der Schnalle kürzt ihn um ein Drittel. Ein weiteres Drittel geht dabei drauf, als ich am anderen Ende einen Knoten hineinmache, für den Halt am Gitter, und noch einen, sicher ist sicher. Was an freier Länge übrigbleibt, geht in der vorigen Rechnung glatt auf. Zufriedenheit überkommt mich: Wer so rechnen, so planen, so vorausschauen kann, der ist nicht verrückt! Ich werde es ihnen zeigen!

An dieser Stelle zwischen den Blättern, die Klint im Gefängnis vollschrieb, lag dieses Gedicht:

Alle Schatten durchhastet / Dragón und Gizeh / Alle Kloaken betastet / Pissoir und Bidet / Alle Düfte gerochen / Asphodel und Anis / Alle Räusche erbrochen / Methyl und Cannabis / Alle Lüste erkundet / Oral und anal / Alle Säulen umrundet / Aphrodite und Baal / Allen Glauben vergessen / Stoa und Pan / Alle Wüsten durchmessen / Leere und Wahn / Alle Meere durcheilt / Nostrum und Okeanos / Alle Wolken durchpfeilt / Skua und Albatros / Alle Kleider getragen / Djellabah und Levi-Jeans / Alle Trommeln geschlagen / Woodstock und New Orleans / Alle Lieder gesungen / Krishnam und Pink Floyd / Alle Himmelfahrten gelungen / Spantax und Aero Lloyd / Alles gesagt / Keine Fragen mehr an

Gott und die Welt / Höchstens, kannst du mir sagen / Ob der Strick hier auch hält?

Es folgen skizzenhafte Entwürfe, die seine Vorbereitungen zum Selbstmord betreffen, seine Reflexionen darüber, auch über seinen Vater, des weiteren über das zwanghafte Gefühl, am Ende allen Schreibens ein Gedicht schreiben zu sollen, und als er es geschrieben hatte, ein Kommentar zu Form und Inhalt. Vieles ist ausformuliert, anderes nur in Stichworten gehalten, Übergänge fehlen. Ich versuche, alles so klintgetreu zusammenzufügen, wie es mir nach der Vertiefung in sein Leben – und das heißt bei ihm stets: in sein Schreiben – nur möglich ist.

Klint holt den Schemel, der beim Tisch steht, und stellt ihn unter das Fenster. Dann fällt ihm ein, daß einer wie er, der nur leben konnte, weil er schrieb, schon gar nicht sterben kann, ohne noch einmal geschrieben zu haben! Aber er weiß noch nicht, was er schreiben soll, doch geht er schon mal zur Tür und ruft durch lautes Klopfen einen Wärter herbei. Als der kommt, bittet er um neues Papier und einen Bleistiftspitzer. Ob er dem Untersuchungsrichter schreiben wolle, daß er nicht verrückt sei, fragt ihn der Wärter. Klint nickt, damit der Wärter auch ja geht und das Gewünschte holt. Würde er ihm sagen, was ihm in dieser Sekunde eingefallen ist: daß er zum Abschied von der Welt ein Gedicht schreiben möchte, eines, das ihm schon öfter durch den Kopf gegangen sei und irgendwie in ihm bereitliege, auf den Augenblick seiner Wahrheit wartend sozusagen, um herauszukommen, und dieser Augenblick nun ja wohl gekommen sei – würde er das alles dem Wärter sagen, ihm sagen, daß er das Papier für ein Gedicht wolle, weil ein Gedicht etwas Besonderes sei, ein dem Anlaß

Gemäßes – der Wärter würde ihm das Papier gewiß verweigern, ja er würde Klints absonderlichen Wunsch der Verwaltung melden, die Verwaltung dem Untersuchungsrichter, und alle miteinander würden ihn endgültig für verrückt erklären: Ein Gedicht, man denke!

Nach einer Weile brachte der Wärter ihm Papier und den Bleistiftspitzer. Klint hatte inzwischen den Schemel wieder an den Tisch geschoben und den Gürtel in die Hose eingeschlauft. Auch das trug zu seiner neuen Zufriedenheit bei: Er hatte Vorausschau und Einsicht in die Denkwelt der angeblich Gesunden. Wie konnte er da verrückt sein! Wieder allein, setzte er sich an den Tisch und fing an zu schreiben, zögernd zuerst, mit Durchstreichungen und Neuanfängen, dann wieder zügiger, und gleich wieder zögernd, und so fort, bis er zwei Blatt Papier vollgeschrieben hatte. Aber so, voller Korrekturen, konnte man das Gedicht nicht gut hinterlassen. Auch schien ihm dessen Gliederung in Zeilenfall und Verse schon vom Schriftbild her etwas zu pathetisch zu sein. Er entschied sich für einen Kompromiß, der den Text zwar als ein Gedicht erkennbar machte, ihm aber das äußere, ihm vertraute Bild von Prosa ließ; er hatte immer nur Prosa geschrieben. Wenigstens einmal wollte er sich an Lyrik versuchen. Wenn nicht jetzt, wann dann?

Als er das Gedicht, das ich schon wiedergab, vollendet hatte, überlas er es noch einmal, es schien gelungen, ein paar rhythmische Unebenheiten, ein paar kühne Raffungen – sie mochten hingehen unter den Umständen ihrer Entstehung. Die Verfremdung seiner privaten Situation am Schluß, die Transponierung eines Zufälligen, seines Hosengürtels, in das allgemein Metaphorische eines Stricks gefiel ihm besonders gut, und nirgends eine Weinerlichkeit, ihr Herren Kritiker! Das Blatt mit der Reinschrift zuoberst, stieß er die Bögen sauber vierkant, plazierte sie in der Tischmitte und legte den Bleistift obenauf. Dann stand er auf, nahm im Aufstehen den Schemel in die Hand und ging zum Fenster. Er stellte ihn dicht an die Wand, aber nicht zu dicht, so daß er, wenn er auf ihm stand, mit einem Fuß zwischen Wand und Schemel fassen und ihn wegstoßen konnte. In diesem Wegstoßen sah er die größte Schwierigkeit der ganzen Unternehmung, das letzte, stichflammenartige Auflodern seines Lebens und das Austreten dieser letzten Flamme mit dem eigenen Fuß. Er mußte an seinen Vater denken und welche Vorkehrungen der für ein sicheres Ende getroffen hatte und wie er sich den Lebenswillen mit Gas betäubt hatte, damit das Ende nicht schmerzte, im Herzen nicht und nicht im Hals. Er beneidete seinen Vater um die Freiheit der Werkzeugwahl. Er, Klint, hatte nur einen Schemel und einen Gürtel. Während er langsam den Gürtel wieder aus den Bundschlaufen der Hose zog und das Ende durch die Schnalle führte, spielerisch den glatten Durchgang prüfend, auch sein Körpergewicht und die Verkantung des Leders bedenkend, wenn er in die Schlinge stürzen würde, wurde ein Schlüssel in die Zellentür gesteckt und im Schloß umgedreht. Klint erschrak. Er drehte sich zur Tür und versteckte den Gürtel hinter seinem Rücken. Er konnte nur mit Mühe verhindern, daß seine Hose zu rutschen begann.

So, in dieser unmöglichen, die morgendliche Demütigung fortsetzenden Situation traf ihn die Eröffnung durch einen eintretenden Zivilisten, in welchem er den Untersuchungsrichter erkannte, daß er frei sei. Weder als Mörder noch als Notzüchtiger käme er in Frage, die Untersuchung der ihm gleich nach der Verhaftung abgenommenen Atemprobe haben Spuren von Äther enthalten, seine Kleider solche eines Schleifens durch wilden Hafer, wie er am Verhaftungsort wachse, so daß nach dem jetzigen Stand der Ermittlungen seine, des Beschuldigten, Behauptung hinreichend glaubwürdig sei, man habe ihn anderswo betäubt und dann mitsamt der Leiche, die längere Zeit vor ihrem Auffinden durch die Polizei und desgleichen anderswo getötet worden sei, in den Circus des Maxentius verbracht. Es blieben indes viele Unklarheiten, und Klint möge Rom nicht verlassen, er werde noch als Zeuge gebraucht in der Mordsache Melania Gattoni.

Es war das erste Mal, daß Klint Melanias Nachnamen hörte, und er wird sich Gedanken gemacht haben. *Gattoni* bedeutet soviel wie *vierfüßig*.

Der Nachmittag eines Fauns

Unweit der Haftanstalt ging ich in eine Bar und bestellte einen doppelten Espresso und einen Grappa. Dann ließ ich mir vom Barmann das Telefon geben. Ich las die Nummer von einem Zettel ab, den ich vor mir hatte, auf dem Tresen.

Herms sagte: «Pronto!» Als ich mich mit meinem Namen meldete, schwieg er eine Weile.

«Sind Sie noch da?» fragte ich.

«Ja, natürlich. Ich freue mich, Sie zu hören. Von wo rufen Sie an – aus dem Gefängnis?»

«Sie wissen also alles.» Ich machte eine Pause. «Aber Sie wissen ja immer alles.»

«Ich verstehe nicht. Es stand in der Zeitung.»

«In der ‹Repubblica›, im ... Wirtschaftsteil?»

«Wieso im Wirtschaftsteil?»

«Ach, nur so. Ich mußte gerade an etwas denken.»

Wir schwiegen uns an, so lange, daß der Barmann kam und fragte: «Fertig, Signore?» Ich schüttelte den Kopf. Herms sagte: «Es tut mir leid.»

«Was tut Ihnen leid?»

«Die Sache mit Melania.»

«Ich habe sie nicht ermordet.»

Der Barmann schaute vom Einschenken des Grappas auf und starrte zu mir her. Ich setzte für ihn ein Lächeln auf, zwinkerte mit einem Auge, als hätte ich bloß einen Scherz gemacht. Als er aus meiner Blickrichtung ging, gab er im wandgroßen Spiegel hinter dem Tresen mein Bild frei, statt eines Lächelns hatte ich eine Grimasse im Gesicht. Die Lippen waren breitgezogen und von Speichel feucht, die verengten Augenlider glichen Schlitzen in einer burlesken Maske, das Licht versank darin und ließ die Augen dahinter so glanzlos aussehen, als seien es die Augen eines Toten. Und tiefe Falten überall, die ich so an mir noch nie gesehen hatte – quer über die Stirn und senkrecht über der Nase, von den Mundwinkeln, an der Nase vorbei, bis hoch unter die Tränensäcke, die unrasierten Wangen spaltend, und an den Schläfen Knitterhaut, gelb wie Pergament. Ich war mein Ich nicht mehr. Aber was war ich? Ich war ein zynischer alter Faun: das Gesicht gerahmt von einer goldfarbenen, kunstvoll verschnörkelten Weinranke, die als Dekoration um die Spiegelmitte lief und meinem Kopf so eng anlag, daß mir das Weinlaub von den Ohren hing; zu den Seiten meines grinsenden Mundes hingen Trauben, aus denen die Zeit ein paar Beeren herausgefressen hatte.

Herms sagte: «Ich weiß.»

Ich wußte nicht mehr, wovon die Rede war. Dann fiel es mir wieder ein: vom Mord an Melania und daß ich gesagt hatte, ich sei nicht ihr Mörder. «Natürlich wissen Sie.»

«Seien Sie nicht albern, Klint. Man hat Sie schließlich freigelassen.»

«Ach so.» Ich nippte am Grappa. Dann fragte ich leise (und schirmte mit der Hand die Sprechmuschel ab): «Kennen Sie einen Mann namens Glauco?»

Herms ließ sich mit der Antwort Zeit. Ich dachte: Aha! Er hat nicht den Mut, mich anzulügen. Und Herms sagte dann auch: «Ja.» Aber gleich danach: «Das heißt, eigentlich nicht. Melania erwähnte ihn mir gegenüber, während Sie im Krankenhaus waren. Sie erzählte mir, daß ein Mann dieses Namens im Bett neben Ihnen gelegen hätte, ein Schausteller oder so was, und daß er gleich nach seiner Entlassung aus dem Krankenhaus telefonischen Kontakt zu ihr aufnahm. Sie hatte während ihres Besuches bei Ihnen wohl unser Büro erwähnt.»

Ich gab so leicht nicht auf. «Aber nicht den Firmennamen und keine Adresse!»

Hatte ich ihn erwischt? Konstruierte er von innen her den äußeren Ablauf einer Geschichte und sah die Webfehler im eigenen Lügengespinst nicht mehr, hinter dem er sich zu verbergen trachtete? Herms sagte: «Sie waren während des Krankenbesuchs nicht immer bei sich, hörte ich von Melania.»

«Na gut», sagte ich, enttäuscht. «Und weiter?»

«Ist dies ein Verhör?»

«Entschuldigen Sie. Aber verstehen Sie doch: Man wird mich erneut befragen.»

«Ich verstehe. Natürlich. Melania traf sich mit Glauco. Er bot ihr einen Nebenjob an und versprach ihr ziemlich viel Geld für wenig genug, wie sie mir sagte.»

«Für ein halbes Pferd», sagte ich. Im Spiegel sah ich, daß ich schiefgesichtig lachte. Ich trank den Grappa aus, es war ein billiger Fusel, so hatte ich doch einen Grund, schiefgesichtig auszusehen.

«Ich verstehe nicht», sagte Herms.

«Ich glaube, Sie verstehen sehr gut. Was zahlte Glauco Ihnen denn?»

Herms sagte leise: «Sie müssen wirklich verrückt sein, Klint, wie es in der Presse ja auch angedeutet wurde. Wollen Sie nun hören, was ich weiß, oder nicht?»

«Ich höre», sagte Klint.

«Melania ging darauf ein. Ihr Gehalt ist nicht eben bedeutend ...»

«*War* nicht bedeutend ...», sagte ich.

«Wie Sie wollen ... Glauco ließ sie nach Büroschluß immer

mit einem großen Wagen abholen, ich sah das, als ich ihr einmal aus dem Fenster nachschaute. Diese Fahrten fingen schon an, während Sie noch im Spital waren. Wohin sie gefahren wurde und was sie dort machte, sagte sie mir nie. Ich fragte sie auch nicht, es ging mich nichts an.»

«Und dann?»

«Eines Mittags hörte ich, wie sie am Telefon mit Ihnen redete. Da waren Sie wohl wieder zu Hause. Sie tat ziemlich geheimnisvoll, wollte im Büro nicht reden. Ich erinnere mich, daß sie sich mit Ihnen für den späteren Nachmittag im Greco verabredete. Ich fand das merkwürdig, ein privates Treffen mit einem Kunden, sagte aber nichts. Gleich danach rief sie diesen Glauco an. Ich konnte nicht umhin, auch das mitanzuhören, Sie wissen, daß bei uns die Türen immer offenstehen. Sie sagte ihm, sie wolle Schluß machen, womit sagte sie nicht, ich nahm an, mit ihrer Arbeit bei ihm, was immer das war.»

«Herms, bitte!»

Er ging darauf nicht ein, so als sei er solche Einwürfe von mir nun schon gewohnt. «Sie sagte Glauco weiter, daß jener Tag der letzte in seinen Diensten sein würde und daß er sie heute nicht abholen lassen solle, sie habe am Nachmittag eine Verabredung mit Ihnen, Klint. Sie nannte Sie ‹den Journalisten, der im Spital das Nachbarbett hatte›. Dann sagte sie noch, sie hätte selber ein Auto, und mit dem würde sie kommen. Dann legte sie auf.»

Ich verlangte noch einen Grappa. Das also war es! Glauco mußte gefürchtet haben, daß Melania sich mir offenbaren würde! Mir, einem Journalisten! Er fürchtete Enthüllungen! Aber warum der Mord an Melania, statt an mir? Und warum meine Verschleppung und die ihrer Leiche in den Circus des Maxentius? Ich ging in schnellaufenden Gedanken die Bilder durch, die ich in jener Nacht, draußen vor Glaucos Haus, nach der Entdeckung des Mordes gesehen hatte. Bei einem dieser Kopfbilder sah ich genauer hin. Dann fragte ich Herms wie nebenbei: «Fuhren *Sie* Melania an jenem Abend zu Glauco? Ich sah Ihr Auto dort stehen.»

«Es ist unser Firmenwagen», sagte Herms. «Sie bat mich, ihn an jenem Nachmittag und am Abend benutzen zu dürfen, ihr Auto habe sie Nessuno überlassen, weil sie doch abends immer abgeholt wurde, doch unvorhergesehenerweise nicht an diesem Tag, und sie könne Nessuno nicht erreichen.»

«Nessuno?»

Ich hatte den bulligen Büroboten vor Augen, das massige Gesicht, die öligen Augen, das Halskettchen mit dem goldenen Kreuz im schwarzen Brusthaar, das von Muskeln gespannte T-Shirt, die zu engen Jeans. Ich fragte noch einmal: «Nessuno?»

«Ja, Nessuno. Warum fragen Sie das so betont? Die beiden waren doch vertraut miteinander, es lief was zwischen ihnen, da bin ich sicher. Nessuno war schier verrückt nach ihr. Das müssen Sie doch mitbekommen haben, als Sie uns am Tag nach Ihrer Ankunft im Büro besuchten.»

«Ja, ja...», murmelte ich. Dann legte ich den Hörer auf den Tresen, holte ein Taschentuch aus der Hose und wischte mir die Stirn. Als ich wieder nach dem Hörer griff, stieß ich das volle Grappaglas um. Der Barmann kam und fragte, ob mir nicht gut sei. Er fuhr mit einem Lappen durch die Schnapspfütze, stellte mir ein frisches Glas hin und schenkte neu ein. Ich sagte abwesend «grazie» und hob den Hörer wieder ans Ohr. Die Leitung war tot.

Den Hörer in der Hand, starrte ich in den Wandspiegel. Mein Kopf befand sich noch immer zwischen den goldenen, von der Zeit angefressenen Reben und dem Weinlaub. Mit der Ruckhaftigkeit einer Marionette bewegte ich ihn von links nach rechts, von unten nach oben, und beides wieder zurück und alles wieder von vorn. Ich spielte mit meinem Gesicht Verstecken hinter den Blättern und den Trauben. Wie leicht, dachte ich, ließ es sich doch verschwinden aus der sichtbaren Welt! Und ich begann das Versteckspiel von neuem. Die anderen Männer an der Bar, Arbeiter und Handwerker ihrer Kleidung nach, stießen sich an und sahen zu mir her. Einer tippte sich an die Schläfe. Es störte mich nicht, es kam auf einen mehr oder weniger, der mich für verrückt hielt, schon nicht mehr an. Ich wählte wieder die Nummer des Büros. Ich hatte Mühe, sie von meinem Zettel abzulesen, der Zettel war von Grappa durchnäßt. Ich ließ es lange läuten. Niemand hob ab. Ich starrte in den Spiegel mit meinem Faunsgesicht, schließlich legte ich auf. In der Brust, über dem Herzen, hatte ich einen starken Schmerz, ein anhaltendes Ziehen. Ich suchte nach einem Namen für dieses Ziehen, ich brauchte für alles einen Namen, ein Wort. «Frag mich bloß nicht, warum», sagte ich zum Barmann, «das würde viel zu lange dauern, und ich muß nach Arkadien!» Ich deutete mit dem Kinn zum Spiegel, als seien das Gesicht eines Fauns und die Weinranken Erklärung genug, und legte mit einer Handbewegung, die bedeuten sollte, daß ich auf das Restgeld verzichtete, einen Zehntausendlireschein auf die Untertasse mit dem Kassenbon und ging hinaus. Zum erstenmal seit Tagen nahm ich die Sonne wieder wahr. Ich winkte einem vorbeifahrenden Taxi und ließ mich zum Campo de'Fiori fahren.

Vom Augenblick seines Eintreffens auf dem Campo sind Klints Wege in Rom in Polizeiprotokollen, Gerichtsakten und Arztkarteien festgehalten. Ich konnte das meiste davon einse-

hen. Mit Klints Tod war sein Fall abgeschlossen, niemand hatte sich gemeldet, dessen legitime Interessen eine auch nur teilweise Geheimhaltung geboten hätten. Man akzeptierte meinen Wunsch, Klints Papiere zu veröffentlichen, als ausreichenden Grund für die Öffnung der Akten. Sie billigten mir zu, daß ich, indem ich meinen Beruf ausübte, in Wahrnehmung berechtigter Interessen handelte, wie sie das nannten. Ich habe mich, was den Handlungsverlauf betrifft, streng an die Akten gehalten, ihren Wortlaut aber verändert, die Lektüre wäre sonst allzu mühsam und nicht frei von sprachlichen Peinlichkeiten gewesen; auch einige atmosphärische Freiheiten nahm ich mir heraus; doch sind sie der Wahrscheinlichkeit näher als der Erfindung, denn ich kam zu ihnen durch gezielte Befragungen der beteiligten Amtspersonen. Ich hatte mir beim Studium der Protokolle gedacht, daß ein zur Akte reduzierter Klint gar kein Klint wäre.

Lokaltermin

Es war wie immer Markttag. Klint kaufte ein paar Blumen, legte sie auf den Sockel zu Füßen Giordano Brunos, grüßte den Mönch, indem er zu ihm aufsah, und ging dann zu dem Haus, in welchem er wohnte. Ein Polizeiauto hielt davor. Als er zur Haustür ging und so tat, als ginge ihn Polizei vor seinem Haus nichts an, stieg einer der beiden Insassen aus – ein Zivilist, der Fahrer trug Uniform – und trat ihm in den Weg. Er wünschte einen guten Tag, zeigte einen Ausweis vor und bat Klint mitzukommen. Nein, nein, dies sei keine neue Festnahme. Der Herr Untersuchungsrichter habe sich entschlossen, mit dem Signore lieber doch noch heute zu diesem Haus der Pferde hinauszufahren, er wisse wohl. «Prego, Signore!» Die Fahrt endete auf dem Gelände einer Kaserne neben einem Hubschrauber. Klint erkannte gewiß in einem der beiden Männer, die sich bei der Kanzel stehend unterhielten, den Untersuchungsrichter, der ihn am Mittag freigelassen hatte. Der andere war der Pilot. Es gab nach Lage der Dinge keine Vorstellung und keinen Händedruck. Klint mußte sich ausgesondert gefühlt haben und wieder angeklagt. Der Untersuchungsrichter befahl dem Kriminalbeamten mitzufliegen. Klint und der Beamte nahmen hinter dem Piloten und dem Untersuchungsrichter Platz. Sie hoben ab. Während sie stadtauswärts flogen, über das Kolosseum hinweg zur Via Appia, und unter ihnen der Circus des Maxentius mit dem Grabmal der Cecilia Metella auftauchte, zog der Untersuchungsrichter ein Blatt Papier aus einer Akte und las – wegen des Lärms sicherlich mit erhobener Stimme – eine protokollierte Aussage Klints davon ab: «Vom Grabmal fuhren wir stadtauswärts. Es dunkelte schon. Auch war ich in Gedanken, wohin dies alles führen sollte, so daß ich mich nur daran erinnere, daß wir irgendwann, nach wie langer Zeit, weiß ich nicht mehr, von der Hauptstraße abbogen. (Der Beschuldigte auf Nachfrage: Ob es noch die Via Appia war, kann ich mit Sicherheit nicht sagen.)»

Er gab nach Beamtenart den Klammern, der Interpunktion und sogar den Absätzen Sprache, was Klint lächerlich erschienen sein mußte. Er sagte aber nichts. Der Richter las weiter:

«Wir bogen irgendwann in eine Baumallee ein, an deren Ende ein Haus stand. Es war ein zweistöckiges altes Haus (Der Beschuldigte besteht auf dem Wort graugesichtig) mit abblätterndem Wandverputz, geschlossenen Fensterläden und Efeu- und Weinbewuchs auf der Fassade. Das Haus hatte ferner ein mit landesüblichen Rundziegeln gedecktes Dach (Der Beschuldigte besteht auf dem Ausdruck Nonne und Mönch). Es war bemoost. Rückwärtig waren dem Haus zwei eingeschossige Flügel angebaut. Es waren Stallungen mit quergeteilten Türen in den Wänden zum Hof. Im Hof, der in Weideland überging, stand eine alte Eiche, und in ihrem Schatten standen acht Pferde (Der Beschuldigte besteht auf der Zählweise zwei, vier, sechs, acht). Ich sehe sie genau vor mir – (Der Beschuldigte besteht auf folgendem Wortlaut): Vier Schweife links, vier Schweife rechts, und ein träges Wedeln von links nach rechts ...»

Der Untersuchungsrichter drehte sich nach Klint um: «An dieser Stelle fragte ich Sie, Sie werden sich erinnern, wie Sie solche Einzelheiten von einem Anwesen kennen können, das Sie Ihrer eigenen Aussage zufolge vor Ihrer Verbringung nach dort noch nie gesehen hatten. Ich hielt Ihnen ferner vor, daß, während Sie dort waren, von Anfang bis Ende ihres Aufenthalts Dunkelheit herrschte. Einen rückwärtigen Hof haben Sie sogar niemals betreten. Wie konnten Sie da Kenntnis haben von Stallungen, deren Türen Sie präzis beschreiben, von einer Eiche und acht Pferden in einer ganz bestimmten Stellung zueinander?» Er nahm die Brille ab. «Sie gaben dazu keine mich wirklich befriedigende Erklärung ab, Signor Klint. Sie sagten etwas von einer detaillierten Unterhaltung, die Sie mit diesem Glauco vor der Abfahrt vom Grabmal der Metella über dieses Anwesen gehabt hätten. Sie nahmen achselzuckend die von mir erwogene und Ihrer Glaubwürdigkeit dienlich sein würdende Möglichkeit zur Kenntnis, es könnte sich bei Ihrer Erinnerung um eine hypnotisch herbeigeführte, Spuren verwischende Gedächtnisleistung handeln. Eine konkrete Äußerung gab es von Ihnen aber auch dazu nicht.» Er schaute durch das Glas der Kanzel und wies mit dem Kinn nach unten, zur Erde hin. «Das Merkwürdige ist, daß wir dieses Haus gestern tatsächlich fanden. Da unten liegt es.»

Klint schloß wohl die Augen. Er sagte, es sei ihm übel. Der Pilot hatte den Hubschrauber in eine enge Steilkurve gezogen, ihn dann schnell sinken lassen und aufgesetzt. Sie kletterten hinaus. Vor ihnen stand eine mächtige alte Eiche und in einiger Entfernung von ihr in loser Gruppierung eine kleine Pferdeherde. Klint zählte zwei, vier, sechs, acht. Die Tiere schienen unruhig, der Hubschrauber mußte sie aus dem Schatten der Eiche vertrieben haben. Klint sah sich um, während der Untersuchungsrichter und der Kriminalbeamte ihn scharf beobachteten. Da waren sie, die beiden der Rückfront des Hauses angesetzten Stallflügel mit den quergeteilten Türen in den Wänden zum Hof! Und der Hof ging in Weideland über, das spärliche Gras war schon gelb, von der Sonne verbrannt!

«Ich kenne das alles», sagte er.

«Aber Sie können es, wenn Ihre Geschichte wahr ist, niemals gesehen haben», sagte der Untersuchungsrichter.

Klint wurde einer Antwort enthoben, weil aus dem Haus eine alte, in Schwarz gekleidete Dame kam. Der Haftrichter ging ihr entgegen und entschuldigte sich für den neuerlichen Besuch und die damit verbundene Belästigung. Die Dame lächelte und wies mit einladender Geste auf das Haus. Klint und der Kriminalbeamte folgten, der Pilot blieb bei seinem Helikopter.

Sie betraten ein zweistöckiges Treppenhaus, das sich im Erdgeschoß zu einer kleinen Halle weitete und oben, hinter einem umlaufenden Galeriegeländer, mehrere, im Viereck verteilte Zimmertüren sehen ließ. Ein riesiger venezianischer Kronleuchter hing von der hohen Decke. Klint starrte ihn an, aber es ließ sich kein weiterführender Gedanke daran aufhängen. Die alte Dame nötigte die Herren, in Sesseln Platz zu nehmen, die um einen niedrigen runden Intarsientisch gruppiert waren. Sie würde Tee bringen, sagte sie und ging durch die Halle zu einer Tür. Der Untersuchungsrichter sah Klint an, der seine Augen umhergehen ließ, und sagte: «Sie können, wenn Sie möchten, gern das ganze Haus anschauen, von oben bis unten, von hinten bis vorn. Aber wir können der Signora d'Alba, denke ich, diese neuerliche Belästigung ersparen. Es gibt in diesem Haus weder einen von einer steinernen Galerie umlaufenen großen Saal mit Halbsäulen an den Längswänden und einem Holzboden, noch überhaupt einen Saal, wenn man von dieser kleinen Halle absieht, in der wir sitzen. Und schon gar nicht gibt es hier zur Sodomie mit Pferden geeignete Räumlichkeiten, desgleichen kein Obergeschoß mit einem Glasboden und einem Großprojektor. Wir konnten im Haus nicht den geringsten Geruch von Pferden feststellen, wie er bemerkbar sein müßte, hätten Sie hier wirklich erlebt, vor ein paar Tagen erst, was Sie mir schilderten. Und schon gar nicht fanden wir Spuren von Blut, nicht von Pferdeblut, nicht von menschlichem Blut.»

Die alte Dame kam in Begleitung einer ebenfalls schwarz gekleideten Zofe zurück. Es wurde Tee serviert. Klint bat darum, vor das Haus treten zu dürfen. Der Untersuchungsrichter nickte und gab dem Kriminalbeamten mit der Hand ein Zeichen, Klint zu folgen. Nirgendwo gab es den T-förmigen Korridor, den Klint in jener Nacht gegangen war, keine Kerzenhalter aus geschmiedetem Eisen an den Wänden, auch keine geschnitzten, übermannshohen Türen, nicht in Reihe und auch anders angeordnet nicht; der Fußboden war nicht aus Holz, sondern mit Keramikplatten belegt, und die Eingangstür, zu der hinaus er nun ins Freie trat, hatte nicht die zwei Flügel, an die er sich erinnerte. Aber die Baumallee, sie gab es!

Klint hatte nun gewiß neue Hoffnung bekommen, daß er irgendwie doch am richtigen Ort war, denn er rief: «Aber so sehen Sie doch!» Aber dann sah er, daß die Bäume keine Platanen waren, sondern Pappeln. Er warf einen nur noch flüchtigen Blick auf die Hausfassade. Sie war zweistöckig und graugesichtig, der Putz blätterte hier und da, Efeu und Wein umrankten von der Sonne mitgenommene, geschlossene Fensterjalousien. Außen war alles, oder doch fast alles, wie er es in seiner Erinnerung hatte, innen stimmte nichts, aber auch gar nichts damit überein. Er mußte sich an der Hauswand anlehnen und war bleich im Gesicht. Der Kriminalbeamte, der mir die Szene schilderte, faßte ihn am Arm. «Kommen Sie!» Klint tat ihm leid. Er führte ihn ins Haus zurück.

Der Untersuchungsrichter kam ihnen schon entgegen. Sie gingen vorn hinaus, durch den Hauptausgang, von woher

Klint und sein Begleiter soeben gekommen waren. Unter der Führung des Untersuchungsrichters wandten sie sich nach rechts und hielten sich auf einem gekiesten Weg parallel zur Hausfassade. Klint glaubte gewiß, den Kiesweg zu kennen, doch muß er, als er nach links blickte, die Bäume vermißt haben, unter denen er die Autos der Klienten hatte stehen sehen. Er schwieg aber dazu, zu ungewiß, zu rätselhaft war alles. Nur als sie zur Hausecke kamen, sagte er:

«Hier fand ich den gefesselten und geknebelten Muskelmann.»

«Ja, ja», sagte der Untersuchungsrichter und ging weiter, zum Hof, wo der Helikopter wartete.

«Und Glauco?» fragte Klint, als sie wieder in der Luft waren.

«Es hat ein Mann dieses Namens tatsächlich für zwei Tage mit Ihnen in einem Zweibettzimmer des Universitätsspitals gelegen», sagte der Untersuchungsrichter. «Die Adresse indes, die er bei der Einlieferung nannte, gibt es nicht. Wir fanden auch sonst in öffentlichen Unterlagen keinen Hinweis auf jemanden dieses Namens.»

«Und der Pförtner im Grabmal der Cecilia Metella?»

«Er sagt, er habe in der Frühe des Tages, an dem wir Sie bei der Leiche der Melania Gattoni verhafteten, im offenen Feld zwischen dem Grabmal und dem Südtor des Circo Massenzio die Spuren von Autoreifen bemerkt. Er sei ihnen nachgegangen, habe an ihrem Endpunkt den Beginn einer Schleifspur in das Tor hinein entdeckt und unweit vom Tor, in der alten Rennbahn, eine nackte Frau am Boden gesehen und halb auf ihr liegend einen Mann. Es sei ihm sofort der Gedanke gekommen, daß es sich um ein Verbrechen handeln könnte, also sei er in sein Pförtnerhaus zurückgegangen und habe die Polizei angerufen.»

«Und das Geld, das ich Glauco ihm geben sah?»

«Er sagte, es würde ihm von Besuchern des Grabmals öfter Geld zugesteckt.»

«Aber so viel!»

«Wieviel, Signor Klint?»

Klint zuckte mit den Schultern.

«Sehen Sie!» sagte der Untersuchungsrichter.

«Und Melania? Haben Sie sie untersuchen lassen?»

«Natürlich. Sie hatte einen Schädelbruch.»

Klint sagte mit Triumph in der Stimme: «Sie wurde vom Pferd gestürzt!»

«Ja, ja», sagte der Untersuchungsrichter.

Als sie Klint auf dem Kasernengelände in Rom verabschiedeten, entnahm der Richter seiner Aktentasche ein Schriftstück. Er überflog das zur Unterschrift schon vorbereitete Papier und setzte seinen Namen an den Fuß. Dann gab er es Klint und ließ ihn den Erhalt auf einem Formular quittieren. Eine Bescheinigung fürs Zeugengeld, wird Klint gedacht haben und hatte es ungelesen in die Jackettasche gesteckt. Der Stadtpolizist war immer noch da. Er brachte Klint zum Campo de'Fiori zurück. Es hatte wohl wieder keinen Händedruck gegeben.

In meiner Wohnung trat ich ans Fenster und schaute auf den sich leerenden, von Grünabfällen stark verschmutzten Platz. Ich schob die Hände in die Jackettaschen. Dabei stieß ich auf das Papier, das der Untersuchungsrichter mir gegeben hatte. Ich zog es heraus und begann zu lesen. Es war eine Vorladung in die Psychiatrie der Universität Umberto Primo. Die Aktenlage mache meine Untersuchung zwecks Bewertung meiner Aussagen nötig. Das Verfahren gegen Unbekannt in der Mordsache Melania Gattoni sei nicht abgeschlossen, werde weiterverfolgt und könnte meine gerichtliche Zeugenschaft erneut nötig machen. Ich möge binnen achtundvierzig Stunden einen Untersuchungstermin vereinbaren. Die Klinik habe Kopie dieses Schreibens erhalten. Ich ließ das Papier zu Boden flattern und blickte zu Giordano Bruno hinüber. Meine Blumen lagen immer noch zu seinen Füßen. Der Mönch blickte düster auf sie hinunter. Ich hatte ein Gefühl, wie ich es als Widerschein in Form eines Lächelns gern einmal auf Giordanos Gesicht gesehen hätte: ein bißchen schmerzlich, aber nicht verzweifelt. Ich habe gut reden, dachte ich – der da unten ist an den Sockel und an seine Geschichte gefesselt, ich aber bin frei! Frei! Ich holte mir eine halbvolle Flasche Weißwein aus dem Kühlschrank, ging mit ihr zum Fenster zurück und hob sie gegen den Mönch. Laut sagte ich: «Ich grüße dich, Bruder im Geiste! Und zum Teufel mit allen Häschern!» Dann trank ich in tiefen Zügen.

Nachdem die Flasche leer war, stand ich noch eine gute halbe Stunde am Fenster. Weil ich während der ganzen Zeit niemanden bemerkt hatte, der das Haus beobachtete, fühlte ich mich sicher. Ich ging in mein Schlafzimmer und packte ein paar Kleidungsstücke und etwas Wäsche in eine große schwarze Nylontasche. Gegen acht Uhr abends verließ ich nach einem letzten Blick aus dem Fenster die Wohnung. Mit einem Taxi, das ich gleich um die Ecke, in der Via Giubbonari, anhalten konnte, fuhr ich zum Bahnhof Termini. Ich kaufte mir eine Fahrkarte und nahm den Nachtzug nach Brindisi.

Ich habe Grund zu der Annahme, daß Klint in Wahrheit Rom nicht verließ, denn die Geschichte, die nun folgt, schließt eigentlich aus, daß er den voraufgegangenen Text, seine Flucht aus der Wohnung betreffend, an den Orten geschrie-

ben haben könnte, an denen sie spielt, in Griechenland. Ich glaube vielmehr, daß er sich in der Wohnung verborgen hielt und sich mit der Einbildung einer Flucht nach Griechenland (denn auf dieses Land zielt der angebliche Kauf einer Fahrkarte nach Brindisi) in eine Arbeit hineinsteigerte, mit der er sich die Freiheit erschrieb, statt sie in der Realität zu suchen. Es gibt in seinen voraufgegangen Texten Hinweise, die meine Vermutung begründet erscheinen lassen. Nachdem er zu Giordano Bruno «als dem Fieberherd meiner überhitzten Gedanken» auf Distanz gegangen war, wollte er, um sich die Abkehr von dem Mönch zu erleichtern, auf den Spuren Vergils nach Arkadien. Diese griechische Provinz auf der Peloponnes ist denn auch der Ort der Handlung des folgenden Textes und die Vergilsche Dichtung ihr Gerüst. Ihre Handlungsmuster entstammen zu einem nicht geringen Teil dem Glauco-Abenteuer. So gehe ich kaum fehl, wenn ich sage, daß Klint sich schon in Rom daran machte, sich ein Leben in Arkadien vorauszuschreiben, wie er es in Madrid mit dem Dreieck aus ihm, dem Jesuiten und der Astronomin gemacht hatte. Und hier wie dort vermischten sich Leben und Traum in ihm bis zu einem Grad, wo die Traumgestalten zu Menschen seines Alltags wurden und handelnd in sein Leben eingriffen.

Im Haus der Kentauren

Der klapprige Bus, mit dem ich von Patras heraufgekommen war, ins arkadische Hochland, verröchelte mit zitternder Motorhaube im Sandstaub eines ungepflasterten Vorstadtplatzes, der menschenleer war und für die Augen trostlos. Schmalbrüstige, meist dreigeschossige Häuser umstanden ihn. Sie erinnerten an hochkant aneinandergestellte, einst weiß gewesene alte Schuhkartons. Die Dächer waren flach, und keines war ohne Fernsehantennen. Meine Übellaunigkeit machte aus ihnen Finger, die im griechischen Himmel statt nach Mythen nach Werbung für Waschpulver und Windeln fischten. Alle Fenster und Balkontüren waren mit Jalousien verschlossen; ihr blauer Farbanstrich hing ihnen in verblichenen Fetzen vom Holz. Über der Tür zu einem leeren, schäbig aussehenden Kaffeehaus (es war die Haltestelle des Überlandbusses) stand auf einer alten Holzplanke das Wort *Agora*. Ich überlegte ohne Neugier, ob das Kaffeehaus seinen Namen wohl von diesem Platz hatte. Es wäre so großmäulig (ich dachte böse: also griechisch!) wie der Name der ganzen Stadt: Megalopolis, die Große. Ich erinnerte mich, im Guide Michelin gelesen zu haben, daß schon Strabon sich über diese Anmaßung der Arkadier mokiert hatte.

Inzwischen hatten sich alle mit mir angekommenen Griechen in den Gassen verlaufen, die von diesem Platz ins Stadtzentrum führten. Nur der Chauffeur lungerte noch herum. Offensichtlich mißgelaunt vom vielen Herumstochern in den kariösen Getriebezähnen seines Busses während der langen Kriechfahrt durch tausend Kurven hier herauf, stieß er, als wollte er den Luftdruck prüfen, mit dem Fuß ein paarmal hart gegen einen Vorderreifen; es sah aber eher aus, als trete er nach seinem Bus wie nach einem ungeliebten Hund. Schließlich ging auch er. Bevor er im Kaffeehaus mit dem großmäuligen Namen verschwand, spuckte er seinen krächzend heraufgeholten Auswurf hinter sich, in den Sand des Platzes, auf dem ich jetzt allein war.

Es war ein Augusttag, ein Nachmittag zwischen drei und vier, und mich beschlichen Zweifel, ob das hier wirklich die Agora war, der heilige, dem Zeus geweihte Ratsplatz des Arkadischen Bundes, und diese Landstadt, die sich bis heute die Große nannte, tatsächlich seine Kapitale. Und ob sie es nun waren oder nicht – warum war ich hierhergekommen? Was wollte ich auf diesem Platz, in diesem Staub, in den ich, nicht ohne Reinlichkeitsbedenken, meine Reisetasche gestellt hatte. Aber dann ging ich durch den mehligen Staub, der so tief war, daß er die Schritte lautlos machte und die Füße weiß umwölkte, in die Mitte des Platzes, in den Schatten einer alten Platane. Ich setzte mich auf eine niedrige Mauer, die ihren Stamm eng umlief, so daß mein müder Rücken an ihm Halt hatte.

Und hier, endlich, hörte ich, weswegen ich nach Arkadien gekommen war: das Atmen der auf dem Berg Lykaion im Mittagsschlaf liegenden Götter. Ein sanftes Blasen, das ihren rhythmisch geblähten Lippen entwich, strich über das Blätterdach der Platane hin, ohne es aber zu bewegen; nur pudriger Staub rieselte ins Licht außerhalb des Baumschattens. Ich sah dem thermischen Tanz der golden schimmernden Materie zu. Meine Übellaunigkeit, meine Alltagsgedanken verschwanden; ich hatte sie an einen mageren, hochbeinigen Hund gehängt, der mit ihnen im Schatten zwischen den engstehenden Häusern einer Gasse verschwand. Die Staubpartikel tanzten im Rhythmus des Götteratems und hängten mir einen wogenden schimmernden Vorhang vor die Augen. So saß ich lange. Bis ich hörte, wie mir hinter dem Vorhang die Welt zur Bühne gerichtet wurde. Es waren meine Gedanken, die dort am Werk waren; des Streunens in dunklen, schmutzigen Gassen müde, hatten sie den Hund verlassen und waren zurückgekehrt. Ich konnte es nicht erwarten, den Vorhang von selber aufgehen zu sehen, zu begierig war ich auf meine neue, von göttlichem Atem beseelte Welt. Ich stand auf, ging aus dem Baumschatten und machte mir mit der Hand ein kleines Loch in den schimmernden Vorhang. Als ich ein Auge daranhielt, sah ich geradewegs auf ein Schild, das ich bei meiner Ankunft auf dem Platz nicht gesehen hatte. Es stand armlang von einer mit warmem Licht übergossenen Hauswand ab, kein sehr großes Schild und aus Blech. Um seinen Rand rankte sich von Hand gemaltes Weinlaub. Es war schon verblaßt, und ein paar Trauben darin hatte die Sonne bis auf wenige blaue Farbreste weggefressen. Viel über das Alter des Schildes besagte das aber nicht; die Sonne hier stahl allen Dingen rasch die Farbe. Ich hielt mich mit dem Randzierat auch nicht lange auf; meine Aufmerksamkeit galt der Inschrift des Schildes. In lateinischen Großbuchstaben, als gelte es, die Blicke fremdländischer Besucher einzufangen, stand da gut lesbar: RENT A KENTAUR. Und kleingeschrieben darunter: *Arcadian Tours.* Da bückte ich mich nach meiner Tasche und ging durch den Vorhang. Ohne einen Blick für anderes zu haben, hielt ich auf das Schild zu. Ich hatte die Sonne im Gesicht; geblendet blieb ich stehen und fürchtete schon, es seien das Schild und seine Verheißung eines arkadischen Abenteuers verschwunden. Aber als ich die Augen mit der Hand beschattete, war es wieder da. Weiße pudrige Wolken um die Füße, schwerelos und ohne jeden Laut, schritt ich aus.

Unter dem Schild war ein nichts von sich hermachender, mit gekalkten Langsteinen eingefaßter Hauseingang. Eine Glocke oder einen Klopfer gab es nicht. Ich drückte mit der Hand gegen die Tür. Sie war unverschlossen und gab nach innen nach, in einen langen halbdunklen Flur hinein. Auf mein nachträgliches Klopfen am Türholz kam keine Antwort, alles blieb still. Ich lauschte noch eine Weile, schließlich trat ich ein. Ich durchschritt den Flur, wobei ich die Füße kräftig aufsetzte, um nicht, sollte ich auf jemanden stoßen, heimlicher Absichten verdächtigt zu werden. Aber niemand zeigte sich. So kam ich ans Ende des Flurs, zu einer Tür, die augenscheinlich wieder ins Freie führte, denn durch einen Spalt über der Schwelle drang Licht herein. Es hatte eine deutlich andere Färbung als jenes, aus dem ich gerade kam. Es schimmerte in den Farben des Muschelinneren, doch ein perlmuttenes Rosa überwog. Mit großer Vorsicht begann ich, die Tür zu öffnen, und war bereit, sie sofort wieder zuzuschlagen. Ich fürchtete ernstlich, es könnte sich dieses merkwürdig körperhaft aussehende Licht wie eine Flutwelle in den Flur ergießen und mich hinausschwemmen, zurück in den Staub und die Trostlosigkeit des Agoraplatzes. Aber die Tür ging leicht und unwirklich lautlos auf. (Hierbei fiel mir ein, daß ich mich nicht an ein Schrittgeräusch meiner Füße im Flur erinnern konnte, doch dachte ich darüber nicht weiter nach.)

Ich kam in einen wunderlichen Innenhof. Der Grundriß hatte die Form eines Hufeisens. Es war kein sehr großer Hof; mit zwölf oder fünfzehn Schritten hätte man ihn in jeder Richtung rasch durchquert gehabt. Ich blieb bei der Tür stehen, mich fesselte das Pflaster, weil von ihm die Lichtfärbung auszugehen schien, die ich im Flur gesehen hatte. Es bestand aus rosafarbenen, taubenblau geäderten und unregelmäßig zugehauenen großen Marmorplatten und war von makelloser Sauberkeit und spiegelndem Glanz. In den Fugen zwischen den Platten wuchsen kleine Grasbüschel. Sie waren von einem frischen Grün und sollten den Fuß wohl vor einem Ausgleiten bewahren. Aber wessen Fuß? Auch hier ließ sich niemand sehen, alles blieb still, und der Marmorboden schimmerte weiter in überirdischem Glanz. Ich war sicher, dieses Glänzen auch in den Augen zu haben, es fehlte nicht viel und sie hätten sich mit Tränen gefüllt. Mich umschauend, als könnte ich am Ende doch beobachtet werden, rieb ich mir, bevor ich ein paar vorsichtige Schritte in den Hof hinein machte, meine staubbedeckten Schuhe am jeweils anderen hinteren Hosenbein ab.

Ich kam zu einem Olivenbaum, der in der Hofmitte stand und mit seinen tief angesetzten Ästen und dem silbrigen Laub den Blick auf den Gebäudetrakt beeinträchtigte, der den Hof bauchig umgriff. Der Baum war uralt, das sah ich sofort, zweitausend Jahre gewiß, wenn nicht älter. Äußerlich war er von bizarrem Drehwuchs und in seinem Innern so hohl, daß ein Mann bequem in ihm hätte stehen können. Er lebte nur noch aus seiner schrundigen Rindenhaut. Ich umrundete ihn ehrfürchtig, alte Bäume sind mir die liebsten Naturgestalten. Ich berührte das Holz, strich mit den Fingern zart über die dicken Körperadern und pflückte mir, nicht ohne Bedenken, ein noch junges Blatt, das ich in eine Hemdtasche steckte. Getrocknet sollte es mir als Souvenir dienen. Ich bevorzuge in allem, auch bei Reiseandenken, die Produkte der Natur. Schließlich betrachtete ich das Hofgebäude.

Es enthielt Stallboxen, kein Zweifel. Ich sah, daß mein Gedanke an ein Hufeisen nicht falsch gewesen und diese Form nicht zufällig gewählt worden war – von wem auch immer, denn auch jetzt, wo ich bereits in der Hofmitte stand, kam niemand, um sich als Hausherr vorzustellen und mich nach meinen Wünschen zu fragen. Der Rundbau war eingeschossig. Tür reihte sich an Tür, eine jede in der Mitte quergeteilt, die untere Hälfte geschlossen, die obere nach außen geklappt und gegen ein Zuschlagen an einer makellos weiß getünchten Wand verriegelt, die das frisch gemalte Grün des Holzes leuchten ließ. Ich zählte neun Türen. Über jeder hing ein hölzernes, von Hand gemaltes Namensschild. Ich hatte Mühe, sie zu entziffern, denn nicht nur war die Schrift griechisch und weckte in mir kaum mehr als eine Erinnerung an meine weit zurückliegende Schulzeit, es waren die Namen auch sehr ungewöhnlich. Ich las sie langsam und stimmlos: Pholos ... Eurytion ... Nessos ... Homados ... Rhoikos ... Hylayos ... Ich zuckte die Achseln, auch Ocyrrhoë sagte mir nichts. Aber Melanippe ... Melanippe? Wo war ich? Erst als ich zum Namen Cheiron kam und ihn in der Überraschung des Erkennens laut vor mich hin sagte, wußte ich, daß das Blechschild draußen nicht trog: Ich war im Haus der Kentauren.

«Wer ruft mich?» dröhnte in Antwort auf die Nennung des Namens Cheiron ein Männerbaß über den Hof. Ich erschrak bis ins Mark. Die Stimme spaltete die Stille wie ein Blitz den Baum und zerschellte danach an den umlaufenden Wänden zu Echos, die wie zeternde Vögel in den Olivenbaum einfielen und sein Blattwerk erzittern ließen. Ein lautes Scharren, wie von harten Hufen auf Stein, war plötzlich hinter allen Türen und schien sich zu vermischen mit den dumpfen Stöhnlauten schwerfällig hochgewuchteter massiger Leiber. Zuerst erschienen der Kopf und die Brust dessen, der mit seiner Stimme die Stille des Nachmittags zerstört hatte: Cheiron, wie ich dem Schild über der Tür entnahm. Gleich darauf waren alle oberen Türhälften ausgefüllt mit Menschen, wie ich noch keine je gesehen hatte: Köpfe und Oberkörper, die den Ornamenten antiker Vasen entstiegen zu sein schienen, bedrohlich groß nun zum Leben erwacht mit wilden, spitzbärtigen und spitznasigen Gesichtern unter wirr gelocktem Haar. Die oval geschnittenen, vor Übermut rollenden Augen waren schwarz wie boiotische Oliven. Satyrhaft die ausgestülpten, rossig flehmenden Lippen, aus denen denn auch, statt menschlicher Lachlaute, ein an Hengststimmen erinnerndes Gewieher kam. Sehnig die Hälse, die tief und säulengleich zwischen athletischen Schultern saßen. An den Oberarmen schwollen die Muskeln unter brauner, schwarz behaarter Haut, und die markanten Brüste dazwischen waren die des Herakles, wie Lysippos sie einst für den großen Alexander in Marmor meißelte. Aber es waren auch, beim Zeus, die Brüste der paphischen Aphrodite! Denn zwei der Kentauren waren weiblich: Ocyrrhoë und Melanippe. Ich sah es nicht nur an ihren herrlichen, über den Türrand drängenden Brüsten. Beide waren auch viel zarter gebaut als ihre Genossen, waren hellhäutiger und, soweit ich das sehen konnte, frei von Körperhaaren. Auch waren die Zähne weiß statt gelb wie die der Roßmänner, und als Kentaurinnen lachten sie mit zitternden Lippen im Silberklang der Stimmen von Stuten.

Unter dem Ansturm der Bilder und Laute wich ich bis an den Olivenstamm zurück. Von meiner Verzagtheit offenbar begeistert, trommelten die männlichen Kentauren mit den Fäusten auf die oberen Ränder ihrer Halbtüren und donnerten mit den Füßen, die Hufe sein mußten, gegen das Holz. Ich meinte zu hören, wie einer von ihnen vor Lachen das Wasser nicht halten konnte, in hartem Strahl fiel es auf Stein. Es kann nun, dachte ich in wachsender Angst, nicht mehr lange dauern, bis diese wilden Pferdemänner ihre Boxentüren öffnen und herausstürzen werden, um mich zwischen sich im

Kreis herumzustoßen wie eine zum Spielen taugende Beute! Und lachenden Mundes würden sie schließlich ihre langen mißfarbenen Zähne in meinen armen Leib schlagen, hatte ich doch gelesen, daß Kentauren sich von rohem Fleisch ernährten. Schweiß sammelte sich auf meiner Stirn und rann aus den Achselhöhlen zu den Seiten hinunter. Ich dachte an Flucht.

Hermes, Nessos, Melanippe et al.

Da wurde es still im Hof. Alle Kentauren verstummten und erstarrten in den Türöffnungen zu schön gerahmten Bildern. Keine Miene, kein Muskel zuckte mehr, kein Huf rührte sich noch, auch kein Blatt des alten Olivenbaums, und eine männliche, eher helle Stimme sagte dicht hinter mir: «What can I do for you, Sir?» Und als ich mich umwandte: «My name is Hermes.» Es klang wie Hörmes, mit einem harten Zungen-R, so daß ich den Namen nicht gleich verstand, zumal er aus einer leichten Verbeugung heraus gegen den Boden gesprochen worden war. Erst als ich den noch jungen, dandyhaft gekleideten Mann musterte und dabei auch zu dessen in Sandalen steckenden Füßen kam, an deren Knöchel sich je ein kleiner Flügel befand, erkannte ich den Gott der Reisenden und der Kaufleute. Obwohl die Flügel nur taubenschwingengroß waren, ließen sie sich, sollte dies des Gottes Absicht gewesen sein, selbst unter den modisch weiten Beinkleidern nicht ganz verbergen. Wie befiederte Sporen lugten sie darunter hervor. Ich fragte mich, wozu sie wohl besser taugten: das Gockelhafte des jungen Gottes zu unterstreichen oder fette Wolkenrösser durch den griechischen Himmel zu spornieren. Hermes, der zu meinem Entsetzen diese Gedanken offenbar lesen konnte, sagte dazu mit einem Blick hinunter zu den Schwingen (und den Gockel großmütig übergehend):

«Die Dinger beflügeln meinen Schritt, das ist alles. Große Sprünge sind mit ihnen nicht mehr zu machen. Es lebt sich mehr schlecht als recht im Exil.»

«Im Exil?»

«In den Seelen der Träumenden nur noch.»

Die Kentauren scharrten dem Gott mit ihren Hufen Beifall für seine schönen Worte, als fühlten sie sich eingeschlossen in seine Vertriebenenklage. Die Saiten einer Kithara wurden angerissen zu einem Dur-Akkord, der die Haltbarkeit des arkadischen Mythos prüfte. Aber der panische Nachmittag zerbrach nicht, die marmorfarbene Stimmung dauerte an, und der Olivenbaum kehrte horchend seine Blätter in die Richtung, aus der Cheiron – er war es, der das Saiteninstrument angerissen hatte – nun einen Sprechgesang hören ließ.

Söhne des Kéntauros sind wir, der sich paarte
Mit magnesischen Rossen an des Pelions Fuß.
So wurden wir unten nach Art der Mütter:
Schweiftragend und viergehuft. Und dem Vater
Gleich oben: menschlich und göttlich beseelt.

(Schrummschrumm ...)

So kamen wir nach Kyllene, ein arkadisch Gebirg,
Das den Namen von Eseln hat, die hier gedeihn
Als Griechenlands beste: harthufig vom Fels
Und starkfleischig von kargen, salzigen Triften,
Steilohrig und im Rücken unbeugbar vor Stolz
Auf die eigene wilde Art. Und schönäugig von
Der Anbetung Hermes', des Gottes der Esel,
Der drum auch zu unserem Gotte ward.

(Schrummschrumm ... Schrummschrumm ...)

An dieser Stelle legte Hermes die Rechte aufs Herz oder doch auf die Stelle, unter der in den Menschen das Herz schlägt.

Damit einher ging eine leichte Verbeugung gegen Cheiron, der zum Gegendank einen Akkord auf der Kithara hören ließ: Schrumm...

Ich machte einen Schritt aus der Sichtachse beider, ich fühlte mich unangenehm von etwas durchflogen. In der Verwirrung des Nachmittags Halt suchend an einer beruflichen Recherche aus jüngerer Zeit, nannte ich dieses Körperlose bei mir *Neutrinos* und dachte an masselose Teilchen, Minuspotenzen der Materie und Träger solarer Botschaften, eine Gottesessenz, die in Lichtgeschwindigkeit Raum und Zeit durchdringt sowie jedwede Materie, sei sie Mensch oder Magma, Ozean oder Gebirge.

Hermes las, immer noch zu meinem Entsetzen, wieder meine Gedanken und sagte: «Sie tragen Ihre Haut nach außen, Herr...»

«Klint», sagte ich verdattert. Zum erstenmal empfand ich meinen Namen als banal, nichtssagend, jedenfalls als zu irdisch für diesen Ort, der alle Zeichen des Göttlichen an sich trug.

Hermes setzte ein Lächeln auf, das wie eine brüderliche Umarmung war: «Es ist mein Name», sagte er mit wegwerfender Handgebärde, «auch nicht von der allerfeinsten Art. Es steckt als Wurzel das gemeinsemitische *h-m-r* in ihm, das Konsonantengerüst für das Wort Esel. Unter der Annahme der Metathesis *h-r-m* haben Sie Hermes. Sie sehen, Herr Klint, es mistet mein Göttername auch!»

Von den Boxen her kamen die Strahlgeräusche von fallendem Harn und das Aufklatschen von Dung, dazu ein wieherndes Lachen. Tiefes Erröten der beiden Kentaurinnen. Der wilde Nessos verrenkte sich im Hinübergrölen zu ihnen fast den Hals: «Stellt euch nicht so an, meine Lieben, gelegentlich pißt ihr schließlich auch!»

Auf einen Wink des Gottes machte Cheiron dem Spektakel ein Ende, indem er auf der Kithara wieder einen Akkord anriß: Schrumm ... Es wurde still, und Cheiron sang:

Wir züchteten Esel, und vom Anschaun der Hengste
Kam rasche Erregbarkeit uns in die Lenden.
Wir züchteten Rosse, und vom Anschaun der Stuten
Blitzende Vulven kam uns fleischliche Gier
Ins göttergleich schäumende rote Blut.

(Schrummschrumm ...)

Wir füllten den Stuten Wein in die Tränken,
Den Hippodamanteios aus Kyzikos.
Denn nur trunken ließen die Stolzen den Esel,
Den allzeit geilen, zum Decksprung zu.

(Schrummschrumm ...)

Wir tranken den Wein aus denselben Tränken
Und besprangen das Maultier, die gemischte Frucht,
Die unfruchtbar ist und unserer Leiber
Roßanteil nicht im Kind noch vermehrt.

(Schrummschrumm ...)

Vermehrung geschah auf dem Lager der Nymphen.
So kam aus der Chalico mir erst die Hippe
Und dann, durch Umarmung der Tochter, die Enkelin
Melanippe, die Sanfte und Schöne.

(Schrummschrumm ... Schrummschrumm ...)

«Sie wäre am leichtesten zu reiten», sagte Hermes, dem Mendelschen Exkurs des Cheiron ein Ende machend und zum Geschäft kommend.

«Andererseits ...»

«Andererseits ist Melanippe ein Dummerchen!» grölte Nessos wieder. «In der Ringellockenfrisur ist sie up to date, aber das stinkende Braunkohlekraftwerk draußen vor den Toren von Megalopolis, das hält sie noch immer für die Schmiede des Hephaistos! Dieser Kunde hier mit einem Namen, der noch kürzer ist als ein Furz, aber mit unüblich langen Gedanken, braucht einen Kentaur, mit dem sich über anderes reden läßt als über das griechische Wetter, das seines ewig blauen Himmels wegen nicht viel hergibt für eine interessante Unterhaltung. Wie also wär's mit mir, mit Nessos?»

«Du bist rasch mit dem Wort, Nessos», mischte Cheiron sich ein, «aber deine Worte fallen aus deinem Mund wie Töne von meiner Kithara, wenn eine unkundige Hand sie schlägt; man hat nichts als Kopfweh davon. Auch bist du als Reitkentaur gefährlich, weil ein jeder deinen Weg kreuzende Weiberrock dich steigen läßt, auf den Hinterbeinen und auch dazwischen.»

«Wovor dich dein Alter bewahrt!» gab Nessos zurück. Dann schwieg er, und Hermes nahm wieder das Wort: «Es wird derjenige von euch unter diesem Herrn hier durch Arkadien gehen, der ihm die Frage beantworten kann, die ich seit längerer Zeit schon in seinem Kopfe sehe, nämlich wie es kam, daß ihr seid, was ihr seid: leibhaftige ...»

«Doppelleibhaftige, bitte!» (Nessos)

«... Objekte neuzeitlicher touristischer Begierde, Förderer des staatlichen griechischen Fremdenverkehrs.»

«Nikos Kazantzakis von vorn und Melina Mercouri von hinten.» (Hylayos)

«Ein kluger Kopf für die Unterhaltung und ein breiter Hintern zum Tätscheln.» (Homados)

«Zum Klugscheißen», sagte Nessos und mistete wieder.

Hermes stampfte mit dem Fuß auf. Erschrockenes Schweigen. «Es ist da noch eine Frage offen», sagte er, «die Frage nämlich, wie ihr wurdet, was ihr seid.»

«Unsterblich und in Staatsdiensten», platzte Nessos heraus. «Und das kam so: Bekanntlich putschte im Jahr 313 dieser Oströmer Konstantin im Auftrag des Emporkömmlings Jesus gegen den Olymp. Freilich hatte man da oben auch dreihundert Jahre lang tatenlos zugesehen, wie die geometrisch reinen Seelen der Griechen als im Dauerzustand der Sünde befindlich erklärt wurden von Leuten, die vorgaben, den Leib ihres Gottes zu essen und sein Blut zu trinken, zu Dutzenden aus ein und demselben Pokal! Zeus war müde geworden, nicht zuletzt wohl auch durch seine vielen Weibergeschichten.»

«Mein lieber Schwan! intonierte Homados mit bäuerischer Koketterie, drängte seinen Bauch zotig gegen das Innere der Stalltür und machte den Hals lang. Ocyrrhoë errötete, Melanippe drehte indigniert das Gesicht weg, Cheiron schwieg. Hermes gebot dem trampelnden Beifall der Clique um Nessos ein Ende. Nessos fuhr fort: «Bevor der alte Zeus sich verabschiedete, um als Buffo nach Byzanz zum Theater zu gehen, erwies er noch schnell einigen seiner alten Weggefährten, darunter uns, den Kentauren, einen letzten Freundschaftsdienst: Er erhob uns unter die Unsterblichen. Um das abzusichern gegen die ihm in der Macht Nachfolgenden und politisch Andersdenkenden ...»

«Und christlichen Sexualmuffel!» (Pholos)

«... verlieh er uns gleichzeitig den Status von Berufsbeamten auf Lebenszeit.»

«Und weil wir nicht gestorben sind, leben wir als griechische Staatsbeamte mit Pensionsanspruch noch heute!» grölten im Chor Hylayos, Homados, Pholos, Rhoikos und Eurytion. Nessos aber schwieg diesmal und biß sich die Lippen. Es war ihm soeben aufgegangen, daß die Fünf sich in seine Geschichte eingeschlichen hatten, so daß wieder fraglich war, wer von ihnen den Fremden als Reitkentaur durch Arkadien tragen würde. Hermes sah das wohl genauso, denn er sagte: «Die Sache ist nicht entschieden. Meldet sich jemand anderer zu Wort?»

Melanippe warf den Kopf auf, daß ihre langen schwarzen Locken flogen wie die vom Haupt der Medusa wegstrebenden Schlangen. Als sie alle Blicke erwartungsvoll auf sich gerichtet wußte, legte sie mit neckischer Grazie unter jede nackte Brust eine offene, nach oben gekehrte, die süße Last leicht anhebende Hand. Das Oliv ihrer Brusthaut kontrastierte auf das reizendste mit dem Rosa ihrer Fingernägel.

«Sehr sexy», sagte Nessos spöttisch.

«Bei diesen Brüsten», ließ Melanippe sich hören, «die mein Menschlichstes sind und darum mir heilig, sage ich dir, Nessos, und auch euch anderen, die ihr ihm sekundiert habt in seiner Mär vom Aufstieg der Kentauren unter die Unsterblichen: Es war noch nicht einmal die halbe Wahrheit, die ihr erzähltet. Und wenn ihr die ganze von mir gehört habt, werde ich es sein, die diesen Kunden mit den langen und traurigen Gedanken durch Arkadien trägt!»

Während sie ihre Zwillinge aus den Händen legte, auf die Brüstung der Halbtür vor ihrer Box, sprang ein Protestgemurmel von einem der der Lüge geziehenen Kentauren zum anderen: Hohohohohohohohohohohohohohohohohohohohohohohohohohohohohoho! Und sprang wieder zurück: Hohohohohohohohohohohohohohohohohohohohohohohohohohoho! Und fiel regengleich auf die Blätter des alten Olivenbaums: Hohohohohohohohohohohohohohohoho-hohohohohoho... Und von ihnen auf die Marmorplatten des Hofbodens: Hohohohohohohohohohohohohohoho-hoho... Und versickerte in seinen Grasfugen: Hohoho... hoho... hoh...

Als das Kentaurenlachen fort ist, höre ich, wie der Chauffeur den Busmotor anläßt. Ich höre das Klopfen des Diesels wie durch ölgetränkte Wattebäusche in den Ohren. Die eben noch dichte arkadische Stimmung, die mein Bewußtsein wie eine Luftblase umgibt, dehnt sich zu einer gefährlich dünnen Wandstärke. Ein einziger, aus der Chauffeurwelt herbeigewehter Gedanke, zugespitzt in meinem Kopf zu einer nach Wirklichkeit stochernden Sonde, kann sie zerspringen lassen. Doch sie hält die Schallwellen aus, die vom Busmotor kommen. Das Geäder des alten Ölbaums drückt ermutigend in meine Schulterblätter. Dabei umkränzt kühlglattes Olivenlaub meinen Kopf. Ich spüre die Blätter an Stirn und Schläfen und habe sogleich wieder ein dionysisches Bild von mir: *Et in Arcadia ego!*

Da kommen wieder die Geräusche des Busmotors an mein Ohr. Diesmal meine ich zu hören, wie das Leerlaufgebrabbel mich zu überreden versucht, herauszukommen und einzusteigen, fortzugehen von hier, weg von diesem von gegenläufigen Strömungen gefährlich unterspülten Nichtort.

Nichtort? Ein Nichtort, dieser Ort in Hörweite atmender Götter? Dieser Ort des goldenen Staubes und des metallenen Weins? Dieser Ort der gedankenverschleppenden Hunde? Ein Nichtort der Ort, an welchem man den Atem der Götter auf den Wangen, ihren marmornen Estrich unter den Füßen und ihren der Hera heiligen Baum im Rücken verspürt? Was wohl könnte wirklicher sein als ein solcher Ort? denke ich mit fast schon kentaurischer Wildheit...

Hier bricht Klints Text ab, jedenfalls der ausformulierte. Es folgen in flüchtiger, offenbar mit rascher Hand hingeworfener Bleistiftschrift Stichworte, aber auch ganze Sätze, die es mir gestatten, den Text, den er im Sinn gehabt haben muß, annähernd zuverlässig zu rekonstruieren, anders müßte er einem, der Klint nicht kennt, unverständlich bleiben. Leichte Abweichungen von Klints Absichten muß ich in Kauf nehmen.

Klint ist jetzt ohne Zeit und Ort, ist reine Gegenwart, ist fernstes Sehen aus leeräugigem, marmorblassem Antlitz. Er fühlt, wie eine Kraft an ihm reißt, die einer Peitschenschnur gleicht, welche man um die Mitte eines Kreisels gewickelt und rasch wieder abgezogen hat: ein rasendes Rotieren auf der Stelle ist das, und wären da nicht ein leichtes Taumeln und ein hoher, der Reibung an der Welt abgewonnener Ton – die rasende Drehung gliche einem Stillstand.

Als das Rasen zum Stehen kommt, ist Klint außer sich, und er sieht sich dort stehen, zwischen Stall und Baum. Und den er dort sieht, der gleicht in allem seinem eigenen, erst gestern gesehenen Spiegelbild in den Flügeltüren des Fährschiffes von Brindisi nach Patras: kräftiges braunes Schuhwerk, an den Knien ausgebeulte, im Schritt zu tief hängende graue Cordhosen, ein am Hals offenes Leinenhemd, ein grüngemustertes Tweedjackett. Auch auf den zweiten Blick, der kritisch Falten und Farben prüft, Hände und Gesicht, bleibt dieser Er ein Ich. Nichts also ist zu fürchten, nichts ist in Unordnung. Klint schreibt den anderen Klint irgendeiner unbekannten, was weiß man denn schon, physikalischen Eigenschaft der gestalthaltigen arkadischen Luft zu.

Ein neu aufkommender Zweifel an dieser Deutung veranlaßt ihn, prüfend die Augen zu schließen. Aber der andere Klint bleibt, ja erscheint vor dem Schwarz der geschlossenen Lider nur um so deutlicher. Klint geht auf die Suche nach einem seine Verdoppelung faßbar machenden Bild. Er sucht danach mit schnellen, einmal hierhin und einmal dorthin tastenden Gedanken, einem Blinden gleich, der mit dem Stock die Nacht nach dem Weg fragt. Dabei hat er auch das leere Gesicht der Blinden, das immer aussieht, als horchten sie mit den Augen in die Welt. Klints Mund steht vor Denkanstrengung offen, ein Speichelfaden läuft ihm übers Kinn. Je länger er sucht in seinem Kopf, desto mehr wird die Existenz eines anderen Klints in ihm zur Gewißheit: Es sucht doch keiner was, das es gar nicht gibt. Es wäre so einer ja verrückt!

Aber schon tut sich neue Dunkelheit auf: Wie geht das, diese Verdoppelung? Seine Gedanken tappen wieder hierhin und dorthin. Bald stößt er auf das in einem wie ihm latent bereitliegende Bild von den siamesischen Zwillingen. Ein zweifelsfreier Wegweiser zu sich und dem anderen ist das aber noch nicht. Klint fühlt sich ja nicht mit einem Dioskur jeanpaulisch an Steiß oder Buckel verkettet; ihm ist darum auch nicht geschehen, daß er, um ein bißchen körperliche Selbständigkeit zu erlangen, zu komischen Verrenkungen gezwungen gewesen wäre, zum Beispiel Arkadien kopfunter zu bestaunen, durchs pittoreske Vierbeinstativ aus seinen Beinen und denen seines Zwillings, so daß die Kentauren gleich ihm Kopf gestanden hätten. Es geschieht ihm ganz anderes, Unheimliches: Er bemerkt schaudernd, daß er die Gedanken dieses anderen Klint im eigenen Kopf denken kann und dabei durchaus auch noch die seinigen hat, die sehr verschieden davon sind. Er und jener sind also nicht an Steiß oder Buckel, sondern an Kopf und Gehirn verkettet!

Klint ist sogleich auf der Hut vor Klint II: Er denkt dessen Gedanken und weiß darum, daß jener ihn ganz anders sieht als er jenen. Der andere gibt ihm seine tiefe Beunruhigung zu denken: Klint sei bereits ein zu fernen Grenzen hin stark aufgelöstes Ich, das zeit- und schwerelos, dabei mitteilsam bis zum euphorischen Geschwätz, durch ein arkadisch geweitetes, nur noch chimärisch zu nennendes Bewußtsein fliege, alles sehend, alles hörend, nichts bezweifelnd, nichts bestreitend. Er aber, Klint II, der alles bestreite, was Klint höre, und alles bezweifle, was dieser sehe, leiste entschieden Widerstand gegen eine das Wohlbefinden des Gemeinwesens gefährdende Bilderflut, die auch gegen ihn anbrande und sie beide wegzuschwemmen drohe ins Chimärische.

Klint II tut zum Mißvergnügen Klints ein übriges: Indem er im Hinblick auf Hermes das Wort Gott penetrant in Gänsefüßchen denkt, erniedrigt er es für Klint zur bloßen Metapher. Auch setzt er ein Benn-Zitat dagegen: *Was heutzutage Gott ist: Tablette!* Die Ironie, die darin steckt, beginnt in Klint rasch zu wirken. Sie wird, zum zweitenmal heute schon, zu einer nach Wirklichkeit suchenden Sonde inmitten der zu dünnstem verletzlichsten Stoff gedehnten Hülle seines Bewußtseins. Sein Herz beginnt zu rasen und verschluckt sich bei jedem neunten oder zehnten Schlag. Mit zitternden Händen sucht er in den Jackentaschen nach der kleinen silbernen Pillendose mit dem ruhigmachenden, dem hellmachenden, dem gottgleichmachenden Pharmakon. Er entnimmt der Dose zwei blaßrosa Tabletten und schluckt sie mit eilends im Mund zusammengezogenem Speichel...

Hier wird Klints Text wieder eigenständig und liest sich so:

Hermes trat wieder deutlich ins Licht. Amüsiert schaute er auf die kleine Pillendose in meiner Hand. Ich hielt sie ihm hin, sie war noch geöffnet. Ein rosafarbener Schimmer ging von ihr aus, wie vom Marmorboden des göttlichen Orts. «Möchten Sie probieren?» fragte ich. Ich fühlte mich bei einer Manipulation ertappt, war verlegen und meine Frage rein rhetorisch. Hermes lehnte die Offerte denn auch mit einem Kopfschütteln ab. «Götter», sagte er ernst, «halluzinieren nicht. Götter wissen.»

Ich sagte: «Es heißt die Stelle bei Aristoteles: Götter philosophieren nicht. Götter wissen.» Danach fühlte ich mich deutlich besser, wie einer, der ein ihm wichtiges schiefhängendes Bild geradegerückt hat. Hermes erwiderte darauf nur: «Der Gast hat immer recht.»

«Papperlapapp!» schaltete sich an dieser Stelle Melanippe ein. «Man hat hier vorhin die Ankündigung meiner Version vom Werdegang der Kentauren niedergemacht, so daß nicht entschieden ist, wer den Herrn durch Arkadien trägt – Nessos oder ich. Ich bitte also wieder ums Wort!»

Cheiron ließ zustimmend ein *Schrummschrumm* auf seiner Kithara hören. Nessos gab seine Verachtung für das Weibergeschwätz mit einem langen Flatterlaut unterm Schweif zu erkennen. Hermes sagte zu Melanippe: «Also gut, rede!» In seiner Stimme war Besorgnis. «Bedenke aber, was du sagst...»

Melanippe sagte zunächst gar nichts. Statt der von allen erwarteten Geschichte begann sie einen Koloraturgesang, dessen aneinandergereihte Silben wie eine Herde aufgescheuchter Spatzen in den alten Ölbaum abschwirrten:

«Urururururururururururururururururururururururururururururururururur...»

Dann ging ihr die Luft aus. Alle starrten. Melanippe weidete sich an den dümmlich dreinschauenden Gesichtern und sagte: «Urenkel hoch Ich-weiß-nicht-Wieviel unserer Altvordern sind wir zwar, aber nur in der Erbfolge ihrer Namen, nicht der ihrer Lenden.»

«Du sprichst in Rätseln», sagte Pholos. «Wenn wir die leiblichen Nachkommen der Urkentauren nicht sind, was sind wir dann?»

«Keiner von ihnen», sagte Melanippe, «auch keiner von ihren Nachkommen wurde unsterblich. Alle Kentauren starben zu Zeiten der Vorsokratiker schon aus, die ihnen mit ihren mythenfeindlichen, die physikalische Welt vergottenden Gedanken zusetzten wie schlimmer Herakles nicht unseren Namenspatronen seinerzeit mit Pfeilen. Nicht einmal von ihren großen gelben Zähnen und ihren eisenharten Hufen blieb in den Wäldern des Pelion, wohin sie sich zum Sterben zurückzogen, etwas erhalten. Daß sie in uns überlebten, furchtbar und geil wie sie waren, ja daß wir womöglich die alten Roßmenschen selber sind, Cheiron & Co., das ist ein albernes Märchen. Erfunden hat es die Athener Tourismuswerbung, und sie gab es als scharfe Würze in die Sudelküchen der Reiseschriftsteller.»

«Bitte keine Beleidigung eines Kunden!» mahnte Hermes mit einem Blick auf mich.

«Sie ist übergeschnappt», sagte Pholos. «Es sollte sie einer in ihren hübschen Pferdehintern kneifen, damit sie wenigstens an den glaubt, wenn schon nicht an unser kentaurisches Ganzes!»

«Was ist los mit dir?» fragte Rhoikos sie. «Reitet dich der christliche Teufel? Was hast du gegen uns, daß du uns unsere Identität nehmen willst, unsere antikische Kontinuität in Geist und Gestalt?»

«Ich wollte euch Hengstdarstellern schon längst einmal die antike Luft rauslassen«, sagte Melanippe mit tückischer Sanftheit. «Das ist alles.»

Da sprang wieder Protestgemurmel von Box zu Box, und auch die schweigsame Ocyrrhoë stimmte diesmal darin ein: Hohohohohohohohohohohohohohohohohohoho...!

Hermes stampfte wieder, Ruhe anmahnend, mit dem Fuß auf den Boden. Er sagte: «Aber Cheiron...!»

«Ja, der Cheiron!» sagte Melanippe spöttisch gedehnt. «Er war schon immer etwas Besseres als alle anderen Kentauren. Erzieher solch veritabler Helden wie Achill und Aeneas, Diomedes und Odysseus war er, ein antikes vierbeiniges Eton-College, sozusagen, oder – Sie kommen aus Deutschland, Herr Klint? – ein langhaariges Schloß Salem. Dazuhin hat er die Heilkunst erfunden und sogar die Musik. So einer kriegt die Unsterblichkeit von den Göttern doch geradezu nachgeschmissen!»

«Halte ein, ich bitte dich!» In der Stimme des Hermes war plötzlich etwas Flehendes. Ich ahnte, daß der Gott als einziger außer ihr und Cheiron die ganze Wahrheit über die hier versammelten Kentauren kannte und sie auch weiterhin als Geheimnis gewahrt sehen wollte. Melanippe schwieg, gehorsam und schockiert von der eigenen lästerlichen Rede. Oder ihre weiteren Worte verschwanden ohne Laut in den Mäulern von Schatten, die wie große lichtfressende Reptilien von den Kentaurenboxen über den Marmorboden zu mir hergekrochen kamen. Mit ihnen kam der Schlaf. Ich ging und lehnte Kopf und Rücken an den alten Olivenbaum.

Der geträumte Schlaf ist der Schlaf der Götter. Als ich daraus erwachte, spürte ich den sanft schwingenden Pferderücken Melanippes zwischen meinen Schenkeln und atmete den Duft ihres von langem Frauenhaar überrieselten nackten Rückens.

Im Tal der Chimären

Ich sah einen schwarzblauen, funkelnd gestirnten Himmel über mir. Der Blauanteil war auf den Horizont ausgefällt zu einem Band, das mit kaltem Leuchten die Konturen des Ostgebirges aus der Nacht schnitt. Das Leuchten kam von einer Sonne, die noch Samarkand beschien. Arkadien war erst auf dem Weg zu ihr. Sein uraltes, schrundiges Berggesicht wurde grau. Ich dachte: wie in Erwartung von Schrecknissen, denen der Tag eine neue, vom Licht gekräftigte Gewalt über die Welt geben würde. Es mußten die Bilder sein, die sich vor meinen Augen aus der Nacht zu lösen begannen: Eingesunken zwischen zwei Bergzügen das neblig bleiche Gesicht der Hochebene, über die ich getragen wurde. Schwarze Bartstoppeln der hangseitig sprießende Wacholder. Wirres Morgenhaar der Wald, der strähnig von den Höhen hing. Nachtschweiß die Rinnsale, die aus ihm niedertropften. Traumschreie die fernen Eselsrufe. Und ein schlechter Atem aus hohen Schloten gleich hinter den Bergen, krank riechend und in die Lungen stechend – *basileisch*, dachte ich mit einem dunklen Wort, wie mir leicht eines zuflog, wenn ich in Bezirke eintrat, an deren Grenzen mir ein Paßwort abverlangt wurde, eines, das noch nicht durch tausend Münder gegangen war und mich darum als hergehörig auswies. Ich fror.

Als ich meine Blicke von den Dingen zu mir zurückzog, sah ich, daß ich nackt war. Melanippe unter mir ging leichtfüßig in einem wiegenden Galopp, so daß mein Gesäß im Mitgehen mit ihrem schwingenden Pferderücken schmiegsam blieb und sie nicht stieß. Ich saß mühelos und hielt mich von den Hüften aufwärts gerade. Meine Hände lagen an den Oberarmen der Kentaurin, in Höhe ihrer Brüste, die sie mit gekreuzten Unterarmen im Zaum hielt. Meine Unterschenkel überließ ich dem Rhythmus der Gangart, so fielen sie weich an Melanippes Pferdeleib, ihn streichelnd mehr als ihn treibend. Die Kentaurin quittierte es hin und wieder mit einem Lachen im zurückgewandten Gesicht. Dann beugte ich mich jedesmal vor, bis meine Brust ihren aufrechten Rücken berührte. Mein Genital nistete warm in ihrem langen Haar.

Noch unter dem Horizont stehend, verdünnte die Sonne das tiefe Nachtblau hinter den Bergen, verteilte es über den ganzen Himmel und machte daraus einen neuen Tag. Ich sah ihr geradewegs ins langsam heraufkommende Gesicht; gewitzt hielt ich die Augen offen: So würde es auch in mir Tag werden und das Dunkel erhellen, das über diesem Ritt lag. Aber die zunehmende Lichtfülle überwältigte meinen Blick und schickte ihn zu Boden. Doch da war kein Boden, wie ich einen kannte. Das von mir in der ersten Dämmerung gesehene Nebelgrau war ein weißleuchtender, stark pulsender Stoff von schwer auszumachender Beschaffenheit, und er füllte das ganze Hochtal aus. Die Berge standen darin knöcheltief, denn der Stoff lag ihnen in einer unnatürlichen Höhe an, so daß ich an eine Auffüllung des Tales dachte. Aber womit? Bäume und Sträucher stiegen an Land wie aus gestautem, weißlich angefrorenem Wasser, aber Wasser war es nicht, aus dem die zuunterst wachsenden Bäume nur die Kronen und erst die darüber lebenden nach und nach die ganze Gestalt sehen ließen. Am östlichen Talausgang, auf das Melanippe zuhielt, machte ich im Gegenlicht der rasch steigenden Sonne einen Kirchturm aus, der bis unter die Fenster seines Glockenstuhls versunken war. Die Glocken fehlten. An ihrer Stelle hingen kopfunter im Gebälk drei schwanengroße Fledermäuse, die mit pathetischer Gestik, so als imitierten sie das Schwingen von Glocken, von den Füßen schaukelten. Aber es gab noch Rätselhafteres: Was immer es war, über das wir dahineilten, Melanippe galoppierte darauf, als griffen ihre Hufe in Luft; man hörte keinen Laut (ich konnte mich auch an keinen Hufschlag erinnern, als ich meine wenigen Erinnerungen an die bisher zurückgelegte Wegstrecke befragte). Die eisenlosen Füße der Kentaurin hinterließen nur schwache Abdrücke in dem rätselhaften Stoff, und es dauerte nicht länger als zwei Galoppsprünge, dann war alles wieder glatt.

Während meine Blicke sich noch auf diese flüchtigen Verformungen richteten, begann der Nichtboden – ich hatte noch immer kein Wort dafür – sich stärker zu bewegen. Wulstige Wellen liefen darüber hin, doch zeigten sie nicht die Ordnung, die der Wind in einem Ährenfeld bewirkt, vielmehr gingen sie ohne ein erkennbares Muster durcheinander in wechselnden Höhen und Tempi. Es waren Bewegungen, dachte ich, wie sie mit leintuchverhüllten Paarungen einhergehen. Hinter meinen Augen sah ich die Konvulsionen eines Meeres aus sich brünstig verknäuelnden Schlangen.

«Bravo!» sagte Melanippe. «Besser kann man einen richtigen Gedanken nicht bebildern.»

Sie fiel in Schritt, wurde mit tiefgenommenem Kopf, als suchte sie etwas, immer langsamer und blieb schließlich stehen. Mit dem rechten Vorderfuß scharrte sie vorsichtig das weißliche Bodenmedium auf. Es entstand nach und nach ein großes kraterähnliches Loch, dessen Ränder bald aussahen wie die zusammengeschobenen Hautränder einer übergroßen Wunde. Ich beugte mich zur Seite und sah auf ein Meer von Organismen hinunter, in dem ich staunend den Mikrokosmos der Gene erkannte: Moleküle und Chromosomen, Enzyme, Proteine und Nukleotide, Ribosomen, Viren und Vektoren. Die Gewißheit, am Ende langer quälender Überlegungen endlich den richtigen Gedanken gefunden zu haben, wärmte mich: Die vermeintliche Nebeldecke war ein Kontinuum aus blasig aufgeworfenen und miteinander verwachsenen Eiweißhäuten lebender Zellen, die mitsamt ihren Kernen ins Riesenhafte gewuchert waren. Das erklärte auch die Behutsamkeit, mit der Melanippe bei der Eröffnung des Loches zu Werke gegangen war. Ich war mir jetzt sicher: Wir standen auf der nacktgeschundenen Haut der Welt.

Alles, was ich innerhalb der Grenzen des Loches sah, setzte sich unter dessen Rändern fort, hinaus in die Hochebene – und also war sie wirklich ein Schlangenmeer! Und als die Mutterschlange dieser Genwelt erkannte ich die in jeder Zelle nistende Crix-Watsonsche Doppelhelix: ein mehrmeterlanges, um die eigene Längsachse gewundenes Gebilde aus zwei Fadenholmen mit Sprossen dazwischen, was ihm das Aussehen einer in sich verdrehten Strickleiter gab. Es ging ein schwach süßlicher Geruch davon aus, wie von nassem Zukker, und der leicht brennige des Phosphors. In geil anzusehender Spreizung öffneten sich die Holme schenkelgleich; dazu glitten die Sprossen auseinander wie die Zähne eines aufgehenden Reißverschlusses, und heraus aus jedem dieser klaffenden Muttermünder krochen neue Helixhälften, die sich nahtlos den alten an deren Innenseiten anlegten. So kam es zu identischen Verdoppelungen ohne Zahl.

Ich geriet nun in eine Erregung, die mich die Finger beider Hände zu Rechen krümmen ließ, mit denen ich mir die nackte Haut aufkratzte, am Hals, an den Schultern, an den Schenkeln und am Gesäß. Ich wütete an mir herum wie von Sinnen, so daß Melanippe unter mir scheute und auf der Hinterhand stieg. Erst da ließ ich von mir ab, denn ich brauchte die Hände nun, um mich, haltsuchend im Haar der Kentaurin, vor einem Sturz zu bewahren. Ursache für den Furor war die plötzlich über mich gekommene, mit einem unwiderstehlichen Juckreiz verbundene Erkenntnis gewesen, daß auch ich, besonders in den Zellen meiner Haut, von Milliarden Genschlangen bewohnt wurde, die sich wanden und spreizten und sich, angestachelt von den organischen Bedürfnissen meines Körpers, in endlosen Kopiergängen zu einem immer neuen Klint häuteten, sich klinteten, dachte ich mit einem Wort, das mich erneut als hergehörig auswies, und als dann noch Stimmen an mein Ohr drangen, die sich ungeboren anhörten, fühlte ich mich belohnt und ausgezeichnet von einer Macht, über die ich nichts Näheres zu sagen gewußt hätte, wäre mir die Frage danach in den Sinn gekommen. Aber ich stellte sie so wenig, wie ich nach dem Grund für die Schläge meines Herzens fragte.

Die Stimmen schienen aus dem Inneren von Zellen zu kommen, in denen die übliche Duplizität der Chromosomen zu Trisomen entartet war, Dreiergebilde mit dem Keim zu Monstern. Von anderen Zellen her kam ein Rauschen, das einem Geschwirr aus synthetischen Stimmen glich, wie ich noch keine gehört hatte. Als ich der molekularen Erregung mit den Augen nachspürte, sah ich Viren, die sich, trojanischen Pferden gleich, mit fremden Genen im Leib Eingang in diese Zellen verschafften, so daß es mit den Autochthonen darin alsbald zu Kämpfen kam, zu neuen Parteiungen und zu Fremdherrschaft.

Unter meinem Starren schien sich die Genwelt in die Tiefe der Wunde zurückziehen zu wollen, denn die Haut an ihren Rändern wurde unruhig und schickte tiefe radiale Falten in die Ebene hinaus. Die Kentaurin scheute wieder. Erst tänzelte sie auf der Stelle, dann brach sie in einen kurzen, aber heftigen Galopp aus. Wieder auf sicherem Grund, hielt sie an und scharrte ein neues Loch. Ich sah nun auf einen Wald aus monströsen Tierphalli hinunter. In ihren Bewegungen waren sie oft rüsselhaft träge, einige hatten aber auch die drängende Starre, die eine zu große Blutfülle verursacht, oder sie vibrierten wie losgelassene Stahlfedern. Die Schäfte waren zylindrisch, dann hatten sie die polierte Glätte eines Maschinenkolbens, oder sie waren in sich verdreht, dann glichen die extremsten unter ihnen einem Korkenzieher. Manche der Phallusköpfe waren abgeplattet und doppellöchrig wie die Nase des Schweins. Andere hatten eine zu Mächtigkeit gedehnte seidenfleischige Eichel, die hominid geschlitzt war. Auch hündisch zugespitzte kamen vor und sogar die eingerollte, zum Sprung in die Länge bereite Form des noch schlafenden Farnblattes. Zwischen den Farben Purpur und Rosa gab es unter den Köpfen alle Schattierungen. Aus vielen ihrer Münder quoll in orgasmischen Schüben ein weißer Rauch, der sich nach allen Richtungen ausbreitete, wie spermienhaltige Fischmilch im Wasser.

Als mir dadurch die Sicht getrübt wurde, ging Melanippe wieder weiter und öffnete in einiger Entfernung vom zweiten ein drittes Loch. Ich sah jetzt Bäume, deren Früchte nicht zu ihren Blättern paßten, und Tiere mit Köpfen, die auf ganz andere Leiber gehörten. Aus Pflanzenblättern starrten mich Tieraugen an, und Tiere gingen auf gelenkigen Blumenstengeln statt auf Beinen. Ich hörte Häute rascheln und Blätter schreien, sah aus Pelzohren Orchideen erblühen und Brennnesselblüten sich zu Rosen häuten. Ringelschwänzige, flügellose Vögel kletterten in Bäumen herum und pickten albinotische Regenwürmer von den Zweigen, fliegende Schuppenechsen jagten gefiederte Schmetterlinge, und die Luftwurzel eines Philodendrons beschlich am Boden nach Schlangenart einen marderköpfigen Hasen. Ich schlug in der Absicht, ihn zu warnen, die Hände ineinander, aber es ergab keinen Laut.

Melanippe schüttelte sich in stummem Lachen, ging dann weiter und scharrte ein gutes Stück abseits von diesem Bestiarium ein neues Loch, das vierte. Eine Abfalldeponie wurde sichtbar. Sie enthielt, was ich den Umständen nach für genetischen Müll halten mußte: normalwüchsige, mir aus Studium und Naturbeobachtung vertraute Tier- und Pflanzengestalten, denen es an der hierorts herrschenden phänotypischen Phantastik gebrach, Verstümmelte nach einem morphologischen Standard, den der neugöttliche Vierbuchstabencode GACU setzte. Melanippe las für mich von einer großen Baustellentafel ab, daß diese Buchstaben für die chemischen Substanzen Guanin, Adenin, Cytosin und Uracil standen. Ich sah, daß einem jeden der auf den Müll geworfenen Körper um Stengel, Schaft oder Bein eine Schnur gebunden war, an der ein Plastikschild hing; auf ihm war die Fehlkombination von GACU verzeichnet, die zu der unmodern gewordenen Formbildung des Schildträgers geführt hatte, zu einem Rückfall in die Unangepaßtheit gestriger Spezies: CUGA etwa am Kadaver eines unglücklichen Feldhasens, der nicht mehr zurechtkam mit der schlagartigen Entblößung ganzer Landschaften durch gigantische Erntemaschinen, vermutete ich, war ich doch bewandert selbst im Kleingedruckten der Roten Listen; CACU an einem Opuntienstamm, der nutzlos geworden war und mit seinem Geilwuchs und den vielen Stacheln nur noch lästig, seit anstelle der ihn bewohnenden purpurblütigen Cochenillelaus die Chemie dem Menschen die Kleiderstoffe färbte; UCAG an einem Hirsch, dessen Geweih sich nicht mehr durch ein Scheuern an Bäumen von der toten Basthaut befreien ließ, seit die Wälder gestorben und abgeräumt waren, weshalb er einem in Fetzen gegangenen Plüschtier ähnlich geworden war, jagdlich ohne Reiz; GAGA an einem Seidenreiher, dessen Federn nicht mehr gebraucht wurden, seit die Gourmets das Essen der Kosten wegen bei sich behielten, statt es verschwenderisch wieder herauszukitzeln.

«Druckfehler», sagte Melanippe zu diesen und anderen beschilderten Kadavern, kalt im Ton beim Gebrauch eines Wortes, das mir zynisch vorkam, regte sich doch noch Leben in der obersten Schicht der Vermüllten. Die Kentaurin ging weiter. Ich sah sie mit den Schultern zucken. Als ich zurückblickte, hatte sich das Loch in der Haut schon wieder geschlossen, und auch die anderen Löcher, die Melanippe gescharrt hatte, waren nicht mehr zu sehen. Ich dachte: Als krampfte sich die bis auf die nackte Zellhaut geschundene Welt in Schmerz und Scham zusammen über die in ihr zutage liegenden Monstrositäten.

«Bravo!» sagte Melanippe. «Wir sind im Tal der Chimären.» Und mit spöttischem Unterton: «Willkommen in meiner Heimat!»

Heiter tänzelnd trat sie mit der Hinterhand zur Seite, so daß ich, ohne den Kopf drehen zu müssen, quer über das Hochtal hinwegblicken konnte, auf einen zwischen zwei Bergen eingesenkten Paßsattel, über den eine unbefestigte, weißleuchtende Straße ins Tal herunterführte. Alsbald stiegen jenseits des Passes große Staubwolken in den Himmel und trieben langsam auf seinen Scheitel zu. Als sie dort angekommen waren, lösten sich aus ihnen, eines nach dem anderen und noch von Staub umwölkt, schwere Lastwagen, eine lange Kolonne, deren Ende erst auf dem Paß erschien, als das Kopffahrzeug schon fast die Talsohle erreicht hatte. Es mußten an die fünfzig Wagen sein, Dreiachser alle, mit hohen Seitenwänden um die Ladepritschen. Auf den Fahrerhäusern blinkten gelbe Warnlampen. Motorenlärm hörte ich nicht, aber das Hochtal war breit, und der Wind stand gegen die Kolonne. Ich sah es daran, daß die Staubwolken über dem Paß erst auf ihm stehenblieben und dann langsam zurückgeweht wurden, so machte ich mir über die anhaltende Stille keine Gedanken.

Unten angekommen, wendete das erste Fahrzeug in die Richtung, aus der die Kolonne kam, und jedes ihm nachfolgende machte es ebenso, wobei es eine Wagenlänge Abstand von dem vor ihm angekommenen hielt. Niemand stieg aus den Fahrerhäusern, sie schienen unbesetzt, und auch sonst rührte sich nichts, sah man von den Wendemanövern ab, die in Anbetracht der schweren Fahrzeuge mit großer Eleganz vonstatten gingen, einem Elefantenballett gleich, das langes Proben verriet. Als alle Wagen mit dem Rücken zum Tal aufgereiht standen, gingen von rechts nach links die Rückwände der Laderäume auf, eine nach der anderen in nahtloser Folge; man konnte meinen, es riefe jeder Wagen dem neben ihm stehenden mit offenem Maul das Kommando zum Öffnen zu. Danach passierte lange Zeit nichts, wenn ich meinem Zeitgefühl noch trauen durfte. Endlich hob sich am ganz rechts stehenden Wagen die Ladefläche zu einer talwärts geneigten Schräge, und eine in durchsichtigen Plastiksäcken steckende Fracht begann zu rutschen. Alle anderen Fahrzeuge taten es dem ersten in der Abfolge gleich, in der sie zuvor ihre hinteren Ladeklappen geöffnet hatten. Ich hatte dabei die Vision von einer großen, welthaltigen Schlange, die sich in ihrer ganzen Länge und in fließender Bewegung, Wirbel um Wirbel, auf die Seite wälzte, so daß sie uns schließlich ihren obszön weißen fetten Bauch darbot. Aus einer Kloake, die ihr vom Hals bis zum Schwanz reichte, stieß sie die der neuen Welt nicht mehr genehmen Lebewesen aus,

Fallobst vom Baum theoretischer Erkenntnisse, Geschöpfe, die das entschlüsselte, neugemischte Abrakadabra der Gene der Lächerlichkeit eines rückständig Normalen ausgesetzt hatten – Lebensunwertes, dachte ich mit einem bösen Wort, lebensunwert nach einer DIN-Norm in postmodern novellierter Fassung. Wissend, aber ihr Wissen nicht wägend, klug, aber die Klugheit der Ruhmsucht opfernd, hatte die Schlange sich diesen neuartigen Unrat der Welt angefressen. Und nun trieb sie ihn ab: Früchte, die nicht zu neuem, exotischem Geschmack oder raumsparenden Formen bastardieren wollten, Nutztiere, deren Erbgut den Treibladungen aus Wachstumshormonen widerstand, und menschliche Föten, die In-vitro-Gezeugte waren und Sturzgeborene aus Reagenzgläsern. Dieser Fracht ledig, wälzte die Schlange sich von der Seite zurück auf den Bauch. Von golden zuckenden Lichtern überglänzt, kroch sie langsam zum Paß zurück. Schließlich war sie dahinter verschwunden.

Melanippe fiel in Galopp. Sie wandte sich, statt wie bisher die Richtung auf den Talschluß zu nehmen, nach rechts und hielt in gerader Linie auf die Grenznaht zwischen Haut und Berghang zu. Dort angekommen, forderte sie mich auf, abzusitzen. Unsicher, aber auch neugierig auf den Grund dafür, gehorchte ich. Bäuchlings und dabei meine Schamgegend an ihrem warmen Pferdeleib reibend, glitt ich zur Erde. Als ich mir ein wenig die Beine vertrat, sah ich zum erstenmal ihren Frauenleib ganz. Er war unten geschlossen, der Venusberg im Abstieg zwischen die Schenkel nicht geteilt, und ohne Schamhaar war er die Kopie eines antiken weiblichen Marmorschoßes. Aber er lebte. Als Folge von Melanippes Galoppaden war er mit einem dünnen Film aus Schweiß bedeckt, der sich rechts und links, wo der Hügel den Oberschenkeln anlag, zu feinem weißem Schaum verdichtet hatte. Ich konnte den Blick nicht davon lassen. Von den Bergen kam wieder das Atmen der Götter, das ich in Megalopolis schon gehört hatte. Aber es kam diesmal nicht aus schlafenden Mündern, war kein sanftes Blasen, das mir nur die Haut gekühlt hätte. Es kam in Böen, als hielten sie da oben in den Pausen zwischen den Windstößen die Luft an, in gespannter Neugier, wie sich die Dinge mit mir und der Kentaurin wohl entwickeln mochten, um dann, wenn ihnen schon die Schläfenadern schwollen, den mit Feuchtigkeit gesättigten Atem herauszulassen. Der Himmel bezog sich. Es war Sand in der Luft, roter Wüstensand, der meine Nacktheit schmirgelte, daß die Haut brannte, als würde sie mir vom Leib geschunden. Auch vermengte sich der rote Sand mit dem klebrigen Schweiß auf Brust, Bauch und Schenkeln, in kleinen Wolken umwirbelte er die Füße. Als ich an mir herunterblickte, sah ich einen Mann, dem man die Haut ausgezogen hatte; linksgewendet und wulstig lag sie auf meinen Füßen. Gedemütigt von einer Nacktheit, die nicht einmal mehr Haut war, sondern nur noch rotes Fleisch, bückte ich mich, um mich wieder zu bekleiden. Ich griff ins Leere, da war keine Haut, zwischen den Fingern hatte ich nur heißen Staub. Für alle Zeit würde ich also im Fleisch gehen müssen.

Da hörte ich, wie sich mir im Geröll des Berghangs vierfüßige Schritte näherten. Gebückt noch, die Augen geschlossen im fliegenden Sand, hob ich der Pferdfrau mein von innen zerstörtes Gesicht entgegen. So blieb ich eine Weile, horchte den augenlosen Augenblick auf Wahrheit ab und erhoffte mir Antworten, zu denen ich die Fragen verloren hatte. Nasses Frauenhaar überrieselte mein Gesicht und kühlte es. Der Atem der Kentaurin war auf meinem Mund. Ich richtete mich auf und stand im Wahn meinen Mann. Weit die Lippen öffnend, trank ich den bitteren Rest. Die Bilder bekamen wieder Dauer. Und immer grellere Farben: Ich spürte, wie eine Hand mich in langsamen Gängen zu streicheln begann. Ich stöhnte, die Götter lachten, es donnerte. Ihre Lachtränen fielen in dicken Tropfen. Ich machte die Augen auf. Ich konnte zusehen, wie mir eine neue Haut wuchs.

In der Höhle des Hermes

Willkommen in Arkadien!» sagte Melanippe. Aus regennassem Gesicht lächelte sie mich schräg an: «Willkommen im Land, das einen jeden zum Dichter macht – sieh hier!» Sie wies mir ihre Hand. Die Finger waren feucht blau befleckt. Ich dachte verstört: wie von Tinte. Melanippe sagte: «Es muß dich nicht beunruhigen. Du hast das blaue Blut Vergils.»

Sie nahm meine Hand und zog mich hinter einen Felsvorsprung. Der Eingang zu einer Höhle wurde sichtbar. Feuerschein drang heraus. Wir gingen hinein, Melanippe voraus. Ihr Hufschlag hallte von den hohen Wänden, die schwarz waren von Rauch. Es roch nach zehntausend Jahren Schafe. Die Leiber der Herden hatten im Andrängen gegen den Stein den unteren Umgang glattgeschliffen, das Wollfett ihrer Vliese ihn eingespeckt. Sein dunkler Glanz warf willkommenes Licht vor meine Füße; es kam von einem kleinen Feuer am Ende der Höhle. Als wir es erreichten, stand dahinter ein Mann auf. Die Flammen beleuchteten ihn nur spärlich. «In dieser Gegend liegt Unzucht einfach in der Luft», sagte er so leichthin, als spräche er vom Wetter.

Ich unterließ es wohlweislich zu fragen, wie das zu verstehen sei; gerade noch rechtzeitig war mir eingefallen, daß Götter nicht nur allwissend, sondern auch allsehend sind. Ich hatte den Mann an der Stimme erkannt. Es war Hermes. In meiner Verlegenheit fiel mir nichts Besseres ein, als plump zu fragen: «Aber warum sind Sie jetzt nackt?»

«Das ist, von einem ebenfalls Nackten, eine gute Frage!» lachte er. «Aber ich will sie Ihnen gern beantworten: In meines Vaters Haus schulde ich den alten Sitten Respekt. Bitte, nehmen Sie doch Platz, Herr Klint! Dort, auf dem Ölbaumklotz! Er ist nicht sehr bequem, dafür saß Zeus darauf, mein Vater, als er sich am Bild der üppigen Maia ergötzte, die hier bei einem Feuer schlief. Dann fiel er über sie her. Ich bin das Ergebnis dieser berühmten Vergewaltigung, wie Sie wohl wissen. Nun setzen Sie sich schon, beim Zeus! Die Erinnerung daran wird Sie beflügeln, wenn Sie, wieder in Rom, über Arkadien schreiben werden. Sie werden doch schreiben?»

Ich hob unschlüssig die Schultern. Wir setzten uns, Hermes auf ein Schaffell, ich auf den Stuhl des Zeus. Der Schein des Feuers spielte in unseren Schößen. Hermes sagte: «Natürlich werden Sie schreiben! Nur keine Angst vor dem Schatten eines großen Namens. Publius Vergilius Maro war niemals hier, und so lesen sich seine arkadischen Poeme denn auch: alles an der Wahrheit vorbei!»

«Es zählt in der Dichtung nur die innere Wahrheit», sagte ich, entschlossen, meine flackernde Blöße wenigstens mit Bildung zu bedecken. «Wenn Vergil die Kuh in bukolischer Idyllik beim Löwen ruhen läßt, dann ist es, verzeihen Sie, banausisch, dagegen einzuwenden, es gäbe keine Löwen in Arkadien. Er meint Kuh und Löwe ja nicht als berührbare Tiere. Sie sind für ihn die heiter hochgezogenen Mundwinkel eines sanftlippigen Lächelns, das Arkadien ihm nun einmal war. Er nimmt die Tiere in ihrem vorgeschöpflichen Zustand, als sie noch die Traumpartikel eines die Schöpfung erst denkenden Gottes waren, Wort noch nicht, namenlos und also nicht wirklich. Weil aber Dichtung das Wort braucht wie die Farbe das Licht, mußte Vergil, der die Schöpfung neu träumte, Löwe und Kuh und all die anderen, die seinen arkadischen Traum vom heraufkommenden Goldenen Zeitalter belebten, wie soll ich sagen: personifizieren, benennen, beleiben – suchen Sie sich's aus! Aber damit verloren sie für diejenigen, die nicht tief genug blicken, alles Ätherische, Ideelle. Der Löwe wurde ihnen zu einem Afrikaner und stank aus dem Maul, und die Kuh war zu einer Arkadierin geworden, die unterm Schwanze roch. Zwischen beiden lag das Mittelmeer, nicht bloß der Schatten eines arkadischen Ölbaums. Nieder deswegen mit Vergil, dem Verfälscher der Wahrheit? Wer ihn so liest, der liest seine eigenen Gedanken, nicht die des Dichters.»

Hermes schien nicht zuzuhören. Er blickte unverwandt auf den Flammenschein, der in meinem nackten Schoß spielte. Melanippe, die abseits stand, schob rückwärts gehend ihre Hinterhand zwischen den Gott und das Feuer. So warf sie einen Schatten über mich wie eine Decke.

«Gut, gut!» sagte Hermes säuerlich. «Er gehört dir. Und nun nimm deinen Pferdehintern aus unserem Gesicht. Wir möchten reden.»

Gehorsam trat die Kentaurin wieder ins Halbdunkel der Höhle zurück, wobei sie mir mit dem Schweif zärtlich über Hals und Brust strich. Über die Schulter lächelte sie zu mir zurück, wehmütig, wie mir schien. Ihr Hufschlag verlor sich zum Höhlenausgang hin. Seufzend warf ich alle meine Gedanken an sie ins Feuer. Es loderte hell auf. Als die Flammen wieder in sich zusammengefallen waren, legte ich halblaut einen mir rätselhaften Satz nach: «Die Sprache ist der Traum.» Weil aber das Feuer darauf nicht mit Helligkeit reagierte, kamen mir Zweifel an seiner Wahrheit.

Hermes sagte: «Es ist ein Unterschied zwischen dem geträumten und dem geschriebenen Traum. Während der geträumte, der originäre, jede Narrenfreiheit hat in der kühnsten Verwirbelung von Zeit und Ort und auf seiner Bühne die disparatesten Gestalten erscheinen dürfen, ohne daß sie einer nach ihrem Woher und Wohin fragte oder gar nach der Berechtigung ihrer Präsenz überhaupt, kommt der geschriebene Traum ohne ein Mindestmaß an Plausibilität nicht aus. Seine Leser, die ja im Zustand der Wachheit sind, humpeln an den Krücken Logik und Realität fragend durch den Text.»

Ich sagte mißmutig: «Ich schreibe nicht für Leute, deren Elle, die sie an einen Text anlegen, die primitive Kalibrierung des Ölmeßstabs hat; mit der mögen sie ihrem Automotor den tiefinnersten Zustand abfragen.»

«Es rüttelt wieder Welt an dir», sagte Hermes warnend und setzte mich mit dem brüderlichen Du fester auf die arkadische Wolke, auf der wir segelten. «Überhaupt – Zorn ist kein Haltbarkeitsingredienz für Träume.»

«Wie sollte ich nicht Zorn empfinden, wenn du mir anrätst, meinen Stil zu verraten um des Beifalls der simpel Denkenden willen! Sicherlich hast du schon Homer, während er an der Odyssee schrieb, in den Ohren gelegen, die Verbreitung des Werks im griechischen Lesepublikum nicht dadurch zu gefährden, daß er sich von der strahlenden Götter- und Adelswelt seiner voraufgegangenen Ilias abwandte und sich im Nachfolgewerk den sozialen Niederungen der Menschen bis hinab zu den Schweinehirten widmete. Du hast ihn wohl auch ermahnt, der Zugkraft der erotischen Lotterhaftigkeit der Ilias-Götter eingedenk zu bleiben, davon in der Odyssee nicht abzugehen und vor allem die Tugendhaftigkeit der Penelope im Kreis ihrer Freier nicht zu übertreiben. Kein Wunder, daß du den schwer zu lesenden Vergil nicht magst.»

«Typisch journalistisch», sagte Hermes, «aus zwei Vermutungen, die jeder faktischen Grundlage entbehren, eine

Anklage zu machen! Erstens war zu Homers Zeiten die Schrift noch nicht erfunden, zweitens ist Homer nicht der Autor der Ilias ...»

«Philologenstreit!»

«Und drittens haben meine Vorbehalte gegenüber Vergil nichts zu tun mit der heldischen oder bukolischen Tugendhaftigkeit an sich, die aus allen seinen Werken spricht.»

«Dabei könnte man es einem Gott der Kaufleute und der Diebe nicht einmal verübeln.»

«Es hätte, wie du weißt, genügt», sagte Hermes leicht gekränkt, «diese Sottise nur zu denken, damit sie bei mir ankommt, du mußtest sie nicht auch noch aussprechen. Die Zuordnung der Diebe zu meinem olympischen Geltungsbereich ist üble Nachrede und hat ein Gran Wahrheit allenfalls in der Tatsache, daß sich das Wort Dieb hier und da auf Kaufleute anwenden läßt, die einem Klienten mit unseriösen Praktiken, nicht aber mit den Fingern in die Tasche greifen – ein metaphorischer Diebstahl nur, versehen dazuhin mit dem mildernden Umstand der Dummheit des Geschädigten. Meiner Patronage untersteht aber auch das nicht.»

«Ich bitte um Vergebung», sagte ich mokant.

«Sie sei dir gewährt.»

Es klang noch immer damenhaft pikiert. Das Feuer zwischen uns knackte müde mit kleinen Flammenfingern, ein paar blasse Funken stoben ins Dunkle, aus dem heraus Hermes fortfuhr: «Was mich an Vergil bis zur Bewunderung stört, das ist seine fast göttlich zu nennende Nonchalance, mit der er die Misere der römischen Bauern umlog in große Kunst. Ich war damals gerade in Rom ...»

«Als Merkur.»

«Als Merkur, richtig. Vergil schrieb versifizierte Gebrauchsanweisungen für die Zucht der Bienen und für einen fruchtträchtigen Schnitt der Reben, für die Umsorgung der kleinen Herde und die Bewahrung des einfachen bäuerlichen Lebens, das er zum sittlichen Ideal, zum Hort der Götter erhob in einer Zeit, der augusteischen, da der Bauer zum Proletarier geworden war, mit keinem anderen Besitz mehr als seiner Nachkommenschaft. Verdrängt hatte ihn eine großräumige Latifundienwirtschaft mit wahren Heeren von Arbeitssklaven. Landwirtschaft war eine Sache für Geldanleger aus der Oberschicht geworden, wiewohl sie noch immer *cultura* hieß. Aber die Römer hatten bis zu Vergil im Grunde nur diese stiergezogene eine.«

«Wie klug du bist.»

«Ich lebte ja damals, wie gesagt, auch in Rom, wohin ich von Griechenland aus ...»

«... den Geldströmen ins neue Machtzentrum der Welt folgte. Ein Pendler zwischen Herzen und Sesterzen.»

Er beachtete meinen Einwurf nicht. «Nahe der Porta Capena befand sich meine römische Filiale, eine sprudelnde Quelle in jedem Sinn.»

«Von der aus du zu den Geschäften der griechischen auch die der römischen Plebs unter deine Fußfittiche nahmst.»

«When in Rome, do as the Romans do, mein Freund. Im übrigen gleicht dein Witz unserem Feuer.» Er stieß einen Stock hinein, aber nur Asche stob. Da warf er mir eine Decke zu. «Wir haben morgen eine anstrengende Wanderung vor uns.» Er gähnte. «Eine arkadische Wanderung durch den Kopf Vergils.» Er kicherte, ich muß schon sagen: idiotisch. Gleich darauf hörte ich ihn mit blasenden Lippen atmen.

Das Geräusch glich dem Atmen der Götter, wie ich es auf der Agora von Megalopolis, unter der alten Platane, gehört hatte. Ich blickte mich um, ob ich noch ein anderes Vertrautes entdecken konnte. Und wirklich – ich saß auf der niedrigen

Mauer unter der Platane, den schmerzenden Rücken an ihren Stamm gelehnt, den Hals steif. Neben mir im Staub flöhte sich mit langen Zähnen ein fahlgelber magerer Hund. Schwerfällig stand ich auf. Der Hund ging davon, fragend blickte er zu mir zurück. Menschen erschienen auf dem Platz. Von mir nahmen sie keine Notiz, so als wäre ich gar nicht da. Die Sonne sackte von den Hausdächern langsam in die Höfe dahinter. Ein Bild von golden überglänztem Gerümpel und Unrat ging mir durch den Kopf. Dann war das grelle Licht mit der Sonne fortgegangen. Die schmuddeligen Fassaden der Häuser färbten sich gelb, und es roch auch nach Urin. Der Bus, mit dem ich von Patras heraufgekommen war, stand abfahrbereit. Ich sah es daran, daß er sich im Leerlauf den pudrigen Staub der Agora von der Motorhaube schüttelte. Ich ging über den Platz in das Kaffeehaus, trank an der Bar im Stehen einen türkischen Mokka, löste an der Kasse ein Billett nach Patras und bestieg den Bus. Ich war der einzige Passagier. Der Chauffeur kam hinter einem Bretterzaun hervor, die Finger noch am Reißverschluß der Hose. Gesicht und Haar waren schmierig von getrocknetem Schweiß, die Augen von Schlaf geschwollen. Für mich hatte er nur einen kurzen Blick, dem nicht zu entnehmen war, ob er sich an mich erinnerte. Krachend legte er den ersten Gang ein, und wir fuhren los.

Als ich das Busbillett in die Brusttasche meines Hemdes steckte, stießen meine Finger an ein Blatt. Ich zog es hervor und sah, daß es vom Zweig eines Olivenbaums stammte. Ich war nur flüchtig verwundert. Ich war gefangengenommen von einem Satz in meinem Kopf, der ein Titelhaftes, Programmatisches an sich hatte: *Eine Arkadische Wanderung durch den Kopf Vergils.* Wieder in Rom zurück, würde ich mich an seiner Ausformung versuchen.

Der Mord (II)

W*ieder zurück(?) in Rom schrieb Klint:*
Ich traf Hermes, zufällig, wie ich in jenem Augenblick glaubte, an der Porta Capena wieder, nahe beim Circus maximus. Er lehnte auf der gegenüberliegenden Seite der Viale Aventino in lässiger Haltung an der Mauer des Postministeriums, im Stehen ein Bein vor das andere gestellt. Obwohl der starke Autoverkehr zwischen uns ihn immer wieder verdeckte, hatte ich ihn gleich erkannt. Er stand da und rauchte eine Zigarette. Dem ruhigen Strömen seines Blicks zu mir herüber nahmen die Autos wenig oder nichts von seiner Wirkung auf mich. Ich stand in diesem Strömen wie in einem Bündel gerichteten Lichts, das nur ich sah. Ich dachte: *Er gießt Arkadien über dich aus!* Zwischen meinen Schenkeln bewegte sich wieder der Rücken der Melanippe, und Hermes stand in der Höhle der Maia hinter seinem Feuer auf, nackt. Eine der Scham verschwisterte Verlegenheit empfindend, hob ich ohne Armaufwand eine Hand zum Gruß. Er gab mir auf die gleiche zurückhaltende Weise Antwort und löste sich dann von der Mauer, um zu mir herüberzukommen. Ruhig schritt er aus, geradewegs durch die Autos hindurch, als seien es Wolken, die ihm nichts anhaben konnten. Ihr wütendes Hupen und abruptes Bremsen schien ihn so wenig zu kümmern wie die obszönen Drohgebärden einiger Fahrer.

«Ciao!» sagte ich, als er vor mir stand, und reichte ihm die Hand. Der italienische Gruß schien ihn zu wundern. «Wissen Sie noch?» setzte ich darum hinzu: «When in Rome, do as the Romans do!» Da lächelte er, nahm meine Hand und wünschte mir auf Griechisch einen guten Tag: «Kalimera!» Sein Gesicht unter dem an Nacken und Ohren lang getragenen blonden Haar, sein Hals und seine Hände waren tief gebräunt; mehr von seiner Haut sah ich diesmal nicht; er trug wieder dieselben, am Fußsaum viel zu weiten hellblauen Hosen und das modisch taillierte beige Jackett, darunter ein großkragiges, offenes Hemd, das auf der Brustmitte mit Rüschen besetzt war. Genauso, ganz Athener Dandy, hatte er in Megalopolis ausgesehen, als ich ihm im Hof der Kentauren das erste Mal begegnet war. Er lächelte – über meine Gedanken, vermutete ich, denen er auch dann zu folgen schien, als sie zwanghaft zu seinen Füßen hinuntergingen.

«Ich habe die Dinger ein bißchen kupiert», sagte er im Konversationston, wie man einem anderen mitteilt, man habe eine gute Reise gehabt. Er sprach nun italienisch, das konnte er also auch. Natürlich. Mit Daumen und Zeigefinger faßte er sein eines Hosenbein in Kniehöhe und zog es ein wenig nach oben, weg von seinem nackt in einer Sandale steckenden Fuß. «Ich verstehe nicht», sagte ich, konsterniert ob der sichtbar gewordenen Verstümmelung am Außenknöchel, «wie Sie damit von Griechenland noch herfliegen konnten. So stutzt man exotischem Zoogeflügel die Schwingen, damit es am Ort bleibt.»

Hermes ließ das Hosenbein wieder über den Flügelstummel fallen. «Seien Sie nicht albern, Klint!» sagte er gleichbleibend freundlich. «Der Traum ist aus. Ich kam mit Olympic Airways.»

Einer handschriftlichen Notiz, die zwischen den Seiten dieses Textes lag, ist zu entnehmen, daß Klint hier zutiefst irritiert war und das Schreiben abbrach:

Starre auf den Markennamen der Schreibmaschine. Olympia. Bin sicher, allein durch das Anstarren dieses Namens auf den Einfall mit den Olympic Airways gekommen zu sein. So funktionieren Träume. Erster Verrat an Hermes. Fühle mich elend.

Wir standen jetzt beim Zeitungskiosk an der Metrostation Circo Massimo. Es gab dort reichlich Baumschatten. Gewohnheitsmäßig überflog ich die Schlagzeilen der in Drahthaltern ausgestellten Blätter. An einer kleineren Überschrift blieb mein Blick hängen: «Mord im Pferdebordell weiter rätselhaft – Hauptzeuge geisteskrank?» Ich fragte Hermes: «Wie geht es Melanippe?» Er sagte: «Melanippe wurde von Nessos, der Ihnen beiden in jener Nacht heimlich gefolgt war, unweit des Eingangs zur Höhle der Maia erschlagen. Er muß ihr dort aufgelauert haben, während wir mit ihr drinnen waren. Aus ihrer blauschwarzen, samtenen Pferdevulva lief noch sein Sperma, als ich sie fand. Also hatte er sie auch noch vergewaltigt. Nessos war so. Mein Beileid, Klint. Sie haben sie ja wohl geliebt. Gehen wir?»

Ich war über das, was Hermes mir über das Ende Melanippes erzählt hatte, nicht entsetzt, wie es zu erwarten gewesen wäre in Anbetracht der Gefühle, die ich für sie gehegt hatte. Irgendwie hatte ich es geahnt.

Was hatte ich geahnt?

Hermes ließ mir keine Zeit, meine Gedanken zu ordnen. Er drängte: «So gehen wir doch endlich!»

Ich fragte: «Ins Tal der Chimären?»

Er schüttelte den Kopf: «Meines Wissens wollen Sie dort gar nicht hin. Sie wollten doch in den Kopf Vergils.»

«Ja, richtig, ich erinnere mich: ich hatte da so eine Idee.»

«Sie meinen, *ich* hatte eine Idee.»

Ich sagte: «Es ist das eine so wahr wie das andere. Sie hatten die Idee zu einer Reise durch den Kopf Vergils in meinem Traum, also gehört sie auch mir.»

Hermes sagte: «Wie Sie möchten. Bringen wir diese Sache endlich zu Ende. Ich führe Sie hin.»

«In den Kopf Vergils?»

«Ja, natürlich! Wohin denn sonst? Also gehen wir!»

Er drehte sich zur Fahrbahn und winkte einem Taxi, das auf der gegenüberliegenden Seite der Viale Aventino fuhr. Der Fahrer hielt vor dem Postministerium und forderte uns durch Handzeichen auf, zu ihm herüberzukommen, es schien ihm dies einfacher zu sein, als den dichten Fahrzeugstrom mit dem Auto zu queren. Hermes betrat bei der ersten Lücke im Verkehr sofort die Fahrbahn und marschierte los. Seine Mißachtung der Autos war die gleiche wie auf dem Herweg. Wieder kreischten Bremsen, schrien Hupen und flogen Flüche gegen ihn. Ich folgte ihm durch die Furt, die er uns bahnte. Wir stiegen ein.

Auf der Piazza San Silvestro, vor der Hauptpost, ließ Hermes halten. Er stieg aus, zahlte an seiner Wagenseite, der linken, durch das offene Fenster, winkte das angebotene Wechselgeld weg und ging vorn um das Auto herum auf das Portal zu, ohne sich nach mir umzusehen. Ich folgte ihm. Was hätte ich anderes tun sollen? Die Dinge waren zu weit gediehen, um sie in der Luft hängenzulassen. Wir betraten eine große Halle, in der das übermannshohe und noch breitere Planrelief des antiken Roms hing. Hermes blieb an der Kette stehen, die davor zwischen niedrigen Pfosten aufgehängt war und die Betrachter nötigte, Abstand zu halten. Wir waren indes allein vor dem Bild. Die Postkunden strömten in Eile rechts und links hinter uns vorbei, zu den Schaltern.

Hermes deutete auf das Relief. «Voilà, Klint, da haben Sie den Kopf Vergils! Ich wünsche in ihm gute Reise.»

Ich starrte, nicht verstehend, das Bild an. Erst als meine Augen den Umrissen des alten Roms folgten, begriff ich. Sie waren deutlich abgesetzt gegen den Siedlungsbrei der Neustadt, markiert vom Tiber im Westen, der aurelianischen Mauer im Norden und der servianischen im Osten und Süden, und das ergab in Umrissen das En-face-Kopfbild eines vermutlich großen und hageren Mannes mit einem knochigen, dünnbehaarten Schädel und zwei Ohren, die, als Marsfeld das rechte und als Esquilin-Ausläufer das linke, bäurisch derb von den Seiten abstanden. Es fiel mir wie Schuppen von den Augen. So oft ich dieses Stadtbild schon angeschaut hatte (fast jedesmal, wenn ich meine Manuskripte zum Versand hierhertrug), nie hatte ich gesehen, was ich nun sah, nie gedacht, was mir jetzt durch den Kopf ging: daß man mit den Adjektiven groß, hager, knochig, bäurisch das Aussehen Vergils zu seinen Lebzeiten im augusteischen Rom beschrieb. Ich sah noch mehr: Das Gewirr der alten Straßen, die den Kopf – mal rundlaufend, mal geradeausgehend – anfüllten, glichen Gehirnwindungen und Nervenbahnen, und in den zahllosen Häusern sah ich ebenso viele Gehirnzellen und in den kreuz- und querlaufenden Gassen die sie verbindenden Synapsen. Ich ertappte meine Lippen dabei, wie sie stimmlos in den Vergilschen Gehirnwindungen lasen:

«Von ungefähr war unter einer tönenden Steineiche Daphnis niedergesessen, / und Corydon und Thyrsis hatten ihre Herden zusammen an die gleiche Stelle geführt ...»

Hermes sagte: «Siebente Ekloge, schlecht übersetzt, viel zu umständlich: ‹Forte sub arguta consederat ilice Daphnis / compulerantque greges Corydon et Thyrsis in unum›, dichtete Vergil nur. Dreizehn Wörter gegen dreiundzwanzig.»

«... Thyrsis Schafe, Corydon von Milch schwellende Ziegen, / beide blühend in Jahren, Arkader beide / im Singen gleich und zum Erwidern gerüstet...»

Hermes sagte: «Thyrsis ovis, Corydon distentas lacte capellas, / ambo florentes aetatibus, Arcades ambo, / et cantare pares et respondere parati...» Da läßt sich wenig gegen sagen, siebzehn zu zwanzig. Gleichwohl wieder Vorteil Vergil.

Ich sagte: «Übersetzen ist kein Tennisspiel. Sie sind wieder genauso banausisch wie in der Höhle der Maia.»

Hermes sagte: «Gehen wir. Zur Einstimmung mag es reichen. Wir fliegen nach Brindisi, nehmen von dort das Schiff nach Patras und dann den Bus nach Megalopolis.»

«Und was ist mit meiner Reise durch den Kopf des Vergil?»

«Nessos wird Sie tragen. Er erwartet Sie am Bus.»

Das Geständnis des Nessos

«Sie können angekleidet bleiben, Herr Klint. Auf mir tut sich nichts.» Nessos lachte wiehernd. «Und Jeans sind o. k.» Peinlich berührt schaute ich mich nach den Leuten um, die mit mir im Bus von Patras heraufgekommen waren. Sie stiegen gleichmütig aus und entfernten sich wortlos, den Blick abgewandt, und wenn doch einer herschaute zu Nessos und mir, geschah es schnell und aus den Augenwinkeln heraus, aber es war kein Staunen in seinem Gesicht darüber, daß ein leibhaftiger Kentaur am Bus einen Mitpassagier in Empfang nahm.

Nessos, der meine Verwunderung bemerkte, sagte: «Erstens sind sie uns hier gewohnt, zweitens halten sie es für möglich, daß wir unglückliche Mißgeburten aus unklaren sodomitischen Verhältnissen sind. In einem Hirtenland ist der Verkehr mit einer Eselin oder einer Maultierstute ebenso Wirklichkeit wie Wunsch. Über dergleichen schaut man am besten hinweg; man könnte sich sonst die Seele mit unkeuschen Gedanken beschmutzen. Nun geht auch noch das Gerücht um in Arkadien, die Kentauren von Megalopolis hätten vielleicht etwas mit den neumodischen Genmanipulationen zu tun, von denen die Zeitungen mit Untertönen der Angst ja häufig genug berichten. Man habe schon Schweine mit Ziegenköpfen gesichtet und Ziegen mit nackten Ringelschwänzen, wie man sie von den Schweinen kennt. Warum dann nicht auch ein hier so Bekanntes wie ein Kentaur, der von altersher in den arkadischen Landschaften lebte. Ihnen sage ich damit nichts Neues, Melanippe klärte Sie ja auf. Auch darum erschlug ich sie. Ich ertrug ihren Spott nicht, nicht der

Nachfahre des mythologischen Nessos, sondern der Vorfahre einer Generation von Reagenzglasmonstern zu sein. Erst nach der Tat erfuhr ich von Hermes, daß Melanippe, als sie Ihnen das Tal der Chimären mit all seinen Scheußlichkeiten öffnete, die Wahrheit offenbart hatte. Hermes... ja wo ist er denn, kam er nicht mit Ihnen?»

«Er verließ den Bus in Olympia, es zog ihn in die Tempelruinen dort...»

«... an den Ort, wo er einst als Statue stand, togagewandet von Phidias statt in Klamotten von der Stange. Und mit einem Lustknäblein zu Füßen. Waren das noch Zeiten!»

«Er wollte nachkommen. Aber sagen Sie, Nessos, warum vergewaltigten Sie Melanippe denn obendrein?»

«Sie fing an, von Ihnen zu schwärmen.»

«Ach ja?»

«Wie klug Sie seien, wie glatthäutig und wie gut bestückt... wahrhaftig, sie sagte *bestückt*! Ich verstand zuerst nicht, da nannte sie mich einen Dummkopf mit Hengstmanieren. Sie drehte mir das Hinterteil zu und blitzte. Erregt schachtete ich aus und besprang sie, gut bestückt! Sie konnte mir nicht auskommen, weil sie sich, als sie flüchten wollte, mit den Schultern eingekeilt hatte zwischen der Felswand und einem Baum. Also war's wohl Gewalt. Als ich von ihr abstieg, zitterte sie, nicht vor wohliger Erschöpfung, nein, vor Wut, und sie fing an, von meinem skandalösen Ursprung in einer Athener Genfabrik zu erzählen. Als ob es nicht auch der ihre gewesen wäre! Das Ende kennen Sie: Ich erschlug sie mit einem großen Stein, der dort herumlag.

Ich sagte: «Sie wußte also Bescheid. Aber woher? Und warum nicht auch ihr anderen Kentauren?»

«Das fragte ich Hermes auch. Er sagte es mir dann; es gab nach dem Verrat Melanippes keinen Grund mehr, uns anderen Kentauren die Geschichte noch länger vorzuenthalten. Sitzen Sie auf, ich kann Ihnen die Herkunft von Melanippes Wissen genausogut unterwegs erzählen.»

Er nahm meine Reisetasche auf, knickte etwas in den Hinterbeinen ein, damit ich leichter hinaufkam auf seinen zum Pferd verlängerten Rücken und trabte los, kaum daß ich meinen Sitz gefunden hatte. Er ging sehr hart, und weil es weder Sattel noch Bügel gab, worin ich mich hätte abstützen, die Stöße mildern können, fuhr ich im Takt seiner Hufe mit meinem Gesäß auf ihn nieder wie der Stößel auf den Mörserboden.

Wir kamen nicht weit. Nessos ging unter der Platane hindurch, bedachte aber nicht, daß ich mit meinem Kopf ein gutes Stück über seinen hinausragte. Vielleicht wollte er mir auch eine Lektion erteilen, weil ich ihn so im Rücken stieß. Jedenfalls prallte ich mit der Stirn heftig gegen einen starken Ast. Es warf mich in den Staub, dem Baum zu Füßen...

Klints Text bricht hier ab. Es gibt nur ein Stichwortszenario, dem zu entnehmen ist, wie er sich den Fortgang der Handlung dachte. Es ist daraus seine Überraschung zu entnehmen, eine Art von innerem Kopfschütteln, daß er aus Gründen, die er nicht nennt, den Ritt beendete, noch bevor er richtig begonnen hatte. Dabei mußte in seinem Kopf der Schluß der Melanippe-Erzählung längst fertig vorgelegen haben. Aus dem Szenario läßt sich schließen, wie er sie im Anschluß an den Wegritt von Megalopolis entwickeln wollte, im Dialog zwischen sich und Nessos. Einige der Dialoge sind ausgeführt, andere blieben hingeworfene Andeutungen.

Melanippe, so sollte Nessos gleich zu Anfang sagen, habe mit drei Jahren das erste Mal die Rosse gehabt. «Wir alle hofften auf Spaß mit ihr, aber sie wies uns mit Zähnen und Hufen ab.»

Hermes hatte die Kleine, die unter schlimmen Leibkrämpfen litt, nächtens in ein Tierspital in einem Vorort von Athen geführt. Dort wußte er einen Veterinär, der seinerzeit an den Genexperimenten beteiligt gewesen war, die zu unserer In-vitro-Zeugung und Austragung in einer Pferdestute führten. Er erkannte Melanippe sofort wieder. Sie hatte, als sie zur Welt kam, zwischen den hinteren Schenkeln, innen in ihnen verborgen und ziemlich weit oben, einen Pigmentschaden, der aussah wie der Umriß einer kleinen weißen Eule. Inzwischen war mit Melanippe auch die Eule groß geworden, nistete aber immer noch an derselben Stelle. In der Freude des Wiedererkennens und weil er inzwischen schon ein bißchen senil geworden war, auch wohl mit einem schlechten Gewissen behaftet wegen der Experimente und darum aufs Beichtigen aus, erzählte der Doktor Melanippe alles.

So etwa hatte es gehen sollen während des Rittes. Statt dessen lag Klint nun unter der alten Platane im Staub der Agora von Megalopolis. Was war in ihn gefahren, daß er die Erzählung mit ein paar rasch hingetippten Sätzen, ohne große Überlegung, umbrachte? War er ihrer überdrüssig geworden? Dauerte sie ihm schon zu lange? Kam sie ihm abstrus vor? Oder drohte sie, ihm ins Burleske zu entgleiten?

Klint wird sich hier ratlos nach einer Übereinstimmung zwischen sich, dem realen Klint, und dem Klint in Arkadien, nach ihrer gemeinsamen Identität gefragt haben. Denn war er der eine nicht, konnte er auch der andere nicht sein. War er nicht dieser, dann war er auch nicht jener. Und dann: War es dieser Klint oder war es jener, an dem die Wahrheit der Erzählung abgefragt werden mußte? Aber wessen Wahrheit – die des Erzählers Klint oder die des Erzählten? Es gab auf all das schon deshalb keine Antwort, weil es sich in ihm verwischte, welcher von den zwei Klints er denn nun war: dieser oder jener, der römische Klint oder der arkadische. War er beide oder keiner? Gab es ihn überhaupt?... Gab es wen überhaupt? Ich schließe das aus dem folgenden, das Klint schrieb:

Schwindelgefühle kommen in mir auf. Meine Gedanken nehmen von Frage zu Frage wie ein schweres Schwungrad an Umdrehungen zu und reißen meinen Körper mit in den Taumel...

Übelkeit trieb mich auf die Toilette, wo ich einen mit Galle versetzten, die obere Speiseröhre ätzenden Magensaft heraufwürgte. Als ich mir über dem Handwaschbecken den Mund spülen wollte, sah ich im Spiegel mein Gesicht, dessen Stirn sich zunehmend rötete und anzuschwellen schien, die Haare waren wirr, die Augen blutunterlaufen und naß. Mir ging durch den Kopf, daß auf eine starke Gehirnerschütterung, wie ich sie mir am Ast der Platane zugezogen haben könnte, just die Symptome folgten, die ich an mir bemerkte. Da spürte ich Zufriedenheit: Alles wurde mit einemmal eins: Rom und Arkadien, innen und außen, Vergangenheit und Gegenwart. Ich lächelte meinem Spiegelbild zu: *Ich gehe, und die Götter kommen, wie stets auf griechischem Boden, wenn einem Menschen das Unerlebte geschieht, und was anders als das Unerlebte sind Götter? Wem es nie widerfuhr, als ein nie Gedachtes, nie Gefühltes, nie Erlittenes, der trat auch nie heraus aus einem Leben als Lauer unter Lauen, und sein Blick auf die Welt geht wie durch Milchglas.*

Ich war unsicher auf den Beinen, als ich ins Zimmer zurückging. Auch hatte ich wieder diesen leichten Speichelfluß. Keine drei Schritte von der Olympia entfernt, zu der ich auf dem Weg war, brach ich in die Knie und kippte langsam zur Seite; ein Umfallen konnte man es nicht nennen, es war eher die Geste einer großen Müdigkeit, ein Ausdruck meiner

Gleichgültigkeit gegenüber meinem Platz im Leben. Ich nahm meine Einschlafhaltung ein, indem ich die Knie dicht an den Leib zog und den Kopf in die Beuge eines Armes legte. Mit der freien Hand zeichnete ich die Muster des abgewetzten Teppichs nach, der in ausgeblaßten Farben das antike Forum Romanum mit dem Palatin zeigte. Die Lippen dicht am Nabel der Welt, der Rostra, von der aus alle Straßen in die Welt gehen, nach Irgendwo für Täter, nach Nirgendwo für Träumer, und darum auch eine Straße für mich nach Arkadien, sagte ich mit Staub im Mund: «Die Logik des Mythos ist die Unlogik. Ein Leben in Zusammenhängen ist ein Leben in Ketten. Aber ich, der große Klint, bin frei!» Um mich meiner Freiheit, alles denken, alles sagen zu können zu vergewissern, tastete ich mit Gedanken, die von der Fingerfühlsamkeit des Chirurgen waren, meinen Körper aus – Kopf, Hals, Brust und Bauch, sogar Arme und Beine, aber nirgendwo stieß mein Bewußtsein an Körperinnenwände, die es abgegrenzt hätten gegen die Welt. So konnten meine Gedanken entweichen: ein Schwarm Tauben, denen man die Auslässe ihres Wohnturms geöffnet hatte. In ihren Kröpfen trugen sie meine in ihnen aufkeimenden Lesefrüchte, in ihren Federkielen glänzte der reine blaue Äther, und der Abwind von den Flügeln der einen war der Aufwind für die Flügel der nachfolgenden. Im Fluge verging eine Zeit der kühnen Blicke hinter alle Horizonte und des Wissens von nicht Wißbarem. Schließlich ließen sie sich nieder.

Ich war im Kopf des Vergil.

(Im Palatin)

OKTAVIAN: Du bist Vergil, der Dichter. Maecenas empfahl dich meiner Aufmerksamkeit. Was willst du?

VERGIL: Ich komme meines Landgutes wegen.

OKTAVIAN: Was ist damit?

VERGIL: Es wurde mir vom Staat genommen, ein gottloser Söldner hat jetzt mein Feld, ein Barbar meine Ernte.

OKTAVIAN: Es mögen die neuen Besitzer deines Landes gottlos sein, Söldner und Barbar, aber es sind ruhmbedeckte Veteranen von Philippi, wie alle, die mir im Bürgerkrieg gegen Brutus dienten und denen ich darum, nachdem ich sie nach Italien zurückgeführt hatte, Versorgung schuldete. Dieser unselige Krieg um Cäsars Erbe...

VERGIL: ...das dein ist nach dem Testament deines Onkels...

OKTAVIAN: Ich danke dir. ...verlangt Opfer von allen, die den inneren Frieden Roms herbeisehnen. du, der du keine Waffen trägst, behieltest dein Leben und gabst dem Vaterland dafür dein Land. Jetzt forderst du es von mir zurück. Forderte ich jemals von dir dein Leben?

VERGIL: Wenn du es so siehst... Ich zeige dir, indem ich mich, um Entlassung bittend, vor dir verneige, einen Rücken, der nicht nur von Ehrerbietung gebeugt ist, die ich einem römischen Triumvir schulde, er ist es mehr noch vom harten Los des Vertriebenen. Leb wohl.

OKTAVIAN: Warte! Angenommen, ich gäbe dir dein Land zurück – was gäbest du mir?

VERGIL: Ich bin kein reicher Mann.

OKTAVIAN: Du bist reich an Gedanken und an Worten, sie zu sagen.
VERGIL: Du sprichst freundlich von mir. Ist Hoffnung also nicht ganz und gar aus der Welt?
OKTAVIAN: Es kommt darauf an ...
VERGIL: ...
OKTAVIAN: Und es hätte die Sache auch ihren Preis.
VERGIL: Du nanntest selber schon die Münzen, die einzigen, mit denen ich zahlen könnte.
OKTAVIAN: Ich akzeptiere dein Zahlungsmittel. Du bekommst dein Landgut zurück.
VERGIL: O, ich Glücklicher! Dann bleibt mir mein Ländchen also zu eigen? Ich danke dir, Oktavian. Hier glänzt das Göttliche im Menschen auf.
OKTAVIAN: Das Göttliche bedarf der Verkündung, Vergil.
VERGIL: Und eines Namens.
OKTAVIAN: Eines Namens?
VERGIL: Des Namens Augustus.
OKTAVIAN: Das hat Zeit, bis ich Alleinherrscher bin. Aber ich muß sagen, der Name Augustus hat Größe, Klang und Aura.
VERGIL: Und was hätte ich zu tun, bis Oktavian Augustus heißen wird?
OKTAVIAN: Als Dichter meiner Wahl wärest du gehalten, das Amt eines Geschichtsschreibers und Geschichtsbegründers zu versehen.
VERGIL: Eines Geschichtsbegründers?
OKTAVIAN: Du hättest, nimmst du das Amt an, das Göttliche in allen Handlungen des ... Augustus aufzuspüren und zu verkünden. Im Grunde ist alles ganz einfach: Indem du die Götter lobst, woran niemand Anstoß nehmen kann, lobst du den Herrscher, weil er ihnen in allen seinen Gedanken

und Taten folgt. Geschichtsschreibung diene seiner Verewigung, und was anders kann das heißen, als seiner Erhöhung ins Überirdische!

VERGIL: Wie frei bin ich in diesem Amt?

OKTAVIAN: So frei wie der Bauer unter dem Regiment der Jahreszeiten. Aber das ist es nicht. Maecenas wird dir sagen, daß ein Bündnis zwischen der politischen Macht und einem Dichter dessen Genius nichts an Freiheit nimmt, im Gegenteil aus seinem Innern erblühen läßt, was darin angelegt ist. Es ist wie mit der Sonne und dem Acker.

VERGIL: Du vergaßest den Regen, Oktavian.

OKTAVIAN: Ich sehe, du bist wirklich Dichter und Bauer. Aber gut: alle Kosten deiner Veröffentlichungen gehen zu Lasten des Staates – wenn sie für ihn von Vorteil sind. Do ut des, Vergil. Im übrigen halte dich an Maecenas. Er ist reich und hat eine offene Hand für die Kunst. – Apropos Bauer: Was wirst du auf deinem Ländchen, wie du es nennst, säen?

VERGIL: Wörter, so einfache wie Brot und Wein, Gerste und Weizen, Stier und Kuh, Esel und Pferd. Tugend auch und Mut und Treue.

OKTAVIAN: Und was wird daraus wachsen?

VERGIL: Das Rom der Väter.

OKTAVIAN: Die gute alte Zeit ...

VERGIL: ... in der wir den Pflug noch selber über die römische Erde führten, statt sie, wie es heute Sitte ist, von Unfreien aufbrechen zu lassen für den Samen. Wir sind nur noch die Grundherren, Kapitaleigner, welche die von anderen erwirtschaftete Rendite fernab vom Land in der Stadt verzehren.

OKTAVIAN: Du meine Güte! In welcher Zeit lebst du? Alles, was du beklagst, ist nicht eben neu. Die Anfänge liegen schon anderthalb Jahrhunderte zurück, wie du gut weißt. Wir gaben den Getreideanbau damals auf und stellten um auf Oliven, Reben und Viehweide. Die Körnerwirtschaft bekam nur noch dem Leib, nicht mehr dem Vermögen. Getreide indes ließ sich importieren: Rom nahm siegreich Quartier in anderer Völker Kornkammern. Die Umstellung aber kostete Geld, denn sie bedeutete, während die Bäume und die Rebstöcke heranwuchsen, Ernteverzicht auf Jahre, auch Landerwerb im großen Stil, Herdenaufstockung, Sklaven. Für den kleinen Bauer hieß das wachsen oder weichen.

VERGIL: Er wich, und dem Land bekamen die neuen Monokulturen der auf Ertrag versessenen Investoren nicht. Die Olivenbäume stehen nicht mehr in der Ordnung der Natur, sondern tief gestaffelt und ausgerichtet wie deine Legionen. Die Rebstöcke fangen unter dem Zwang zur Geldvermehrung an, nun auch schon die Ebenen zu überziehen, wie Räude. Der Wein wird davon nicht besser. Die Herden wachsen. Rinder fressen, was sie selber mit ihrem Kot düngten. Schafe nagen am jungen Wald. Ziegen klettern zum Fressen gar in die Eichen.

OKTAVIAN: Die ländliche Idylle holt keiner zurück. Im übrigen: Was klagst du? Dein neues altes Gut liegt im Norden, soviel ich weiß, in Gallia cisalpina, da ist die Welt, der du nachtrauerst, noch heil. Du kannst also den Pflug in die Hand nehmen. Du kannst aber auch dein Land verpachten; es ist groß genug für drei, vier Pächter. Vom Zins, den sie dir zahlen, könntest du gut leben. Deine Wörter säest du besser in den Köpfen und Herzen des Volkes, damit sie darin aufgehen zu Gefühlen der Liebe und Verehrung...

VERGIL: ... für Augustus?

OKTAVIAN: Das hast du gesagt. Ich dachte eigentlich mehr an Rom. Aber nun sag, wo wirst du Wohnung nehmen?

VERGIL: ... In ... in R ... rom.

OKTAVIAN: Du stotterst ja tatsächlich, Vergil. Aber man sagt auch, du seiest, sobald du deine Poesie vorläsest, von mitreißendem Redefluß, ein «Beweger des Geistes und Erschütterer der Herzen». Ich bin neugierig. Laß hören, wie du das Amt eines Staatsdichters auffassen wirst. Du hast ganz sicher etwas mich Betreffendes vorbereitet für heute.

VERGIL: Es ist nicht fertig, aber als Probe, die du verlangst ...

OKTAVIAN: erbittest ...

VERGIL: ... mag es hingehen: Eher weidet der flüchtige Hirsch in den Lüften, eher verebbt die See und strandet der Fisch am Gestade, eher vertauschen die Völker ihr Land, und das Wasser der Saône trinkt der Perser, oder am Tigris trinkt der Germane, ehe aus unseren Herzen das Bild des Augustus entschwindet.

OKTAVIAN: Sehr gut. Sehr gut, Vergil! Du bist engagiert. Und nun geh, und grüße mir Maecenas!

(Im Haus des Maecenas.)

MAECENAS: Heil, Vergil!

VERGIL: Heil, Maecenas!

BEIDE: Heil, Oktavian!

PECTUS: Heil, allerliebste Sprüche!

MAECENAS: Störe dich nicht an ihm, Vergil. Mein Sekretär heißt zwar nach seinem Herzen, redet aber oft nach seinem Hintern. Ich weiß nicht, warum ich ihn schon so lange um mich dulde.

PECTUS: Du brauchst halt ein Abführmittel für deine nationalen Verstopfungen, Maecenas. Aber vielleicht sollte ich mich bei Oktavian, Eurem Gott im Wartestand, um eine Anstellung bewerben. Der Herr Neffe und präsumtive Erbe des gemeuchelten Caesar hätte meinen Witz als Laxativum noch nötiger als du, ist er doch verstopft von den vielen, die ihm hinten hineinkrochen, seit er die Caesarmörder Brutus und Cassius bei Philippi schlug – im Bett, denn während der Schlacht, die Antonius für ihn führte, war er krank, wie üblich. Schaut Euch doch nur sein Gesicht an unter dem strohfarbenen Haar: bleich ist es, und der Mund schmal und verkniffen – sieht er nicht wirklich aus, als presse er ständig Fäzes?

MAECENAS: Hinaus jetzt! Du redest am Ende uns alle ins Unglück.

PECTUS: Ich gehe schon. Reinige dich von mir mit Versen aus Vergils arkadischen Hirtengedichten, papieren genug dafür sind sie ...

VERGIL: Mir ist speiübel.

MAECENAS: Verzeih, Vergil. Ich werde das Schandmaul gleich morgen entlassen.

VERGIL: Was hülfe es? Er entliefe in die offenen Arme deiner Feinde im militärischen Gefolge Oktavians. Es kämen seine Lästerungen von dort zu uns zurück, verstärkt noch um den fauligen Geschmack in den Mündern, durch die sie auf dem Weg zu uns gingen.

MAECENAS: Es paßt ihnen nicht, was sie die Ästhetisierung Oktavians nennen. Sie fürchten, er könnte Einbuße erleiden an seinem Gespür für politische Realitäten.

VERGIL: Und haben sie nicht recht? Sind meine Hirtengedichte denn noch von dieser Welt, sind sie nicht tatsächlich papieren, wie der abscheuliche Pectus sagte? Angesiedelt in Arkadien, einem Land, das es so nicht gibt.

MAECENAS: Wie kannst du bloß so reden?

VERGIL: Frag mich lieber: Wie kannst du bloß so schreiben? Hör doch: «Moosige Quellen und Rasen, sanft wie Schlaf, und grüner Erdbeerstrauch, der euch mit lockerem Schattenlaub bedeckt. Haltet die Sonnenglut meinem Vieh fern, schon kommt der Sommer, dürr, schon schwellen an biegsamer Rebe die Knospen. Hier ist mein Herd und fette Kienscheite, hier reichlich Feuer, immer, und von ständigem Rauch die Pfosten schwarz. Hier sorg' ich mich so wenig um Frost vom Nordwind wie um Zahlen der Wolf sich sorgt oder der wildreißende Bach um die Böschung...»

MAECENAS: Hinreißend!

VERGIL: Rede ehrlich mit mir, Maecenas. Ich bin nicht Oktavian. Ich bitte dich: Rasen, sanft wie Schlaf. Ein sich nicht um Zahlen sorgender Wolf! Ein Wildbach, den seine Böschung nicht interessiert! Was soll das in einer Zeit, deren Wölfe sich um nichts anderes sorgen als um Zahlen: Geld zum Kauf von Soldaten und Stimmen; und die Bäche bis hin nach Griechenland und Asien führen Blut. Eine Schlächternatur auch Oktavian! Ich blickte in seine hellen, eisigen Augen und sah Verschlagenheit, Berechnung und Grausamkeit darin. Berechnung ist es auch, daß er mir meinen mantuanischen Besitz zurückgibt. Er will dafür meine Seele.

MAECENAS: Ein Gott will immer die Seelen der Menschen. Oktavian wird sich läutern, ich weiß, er ist auf dem rechten Weg. Ist er erst Augustus, ist er Deus agrestis mit dem Bauerntum als seinem Anteil am Göttlichen. Und der Berg, auf dem er wohnen wird als Divus, der Palatin, hat seinen Namen von der Hirtengöttin Pales. So mußt du es sehen. So machst du deinen Frieden mit ihm. Bis es soweit ist, heulst du auf deine olympische Art mit den Wölfen. Mache weiter deine Verse, sie sind so schön! Laß mich zitieren: «Kaum war der kühle Schatten der Nacht vom Himmel gewichen – taubeperlt ist das Gras um die Zeit und erquicklich den Schafen –, da begann Damon sein Lied, an glatten Olivstamm sich lehnend ...»

VERGIL: Gut, gut. Aber, ein bißchen Himmel, ein paar Schafe, ein Hirtenlied unter Oliven – soll das schon alles sein? Müßte ich nicht mit Worten, statt sie zu Blumenkränzen für arkadische Nymphen zu winden, klirren wie mit Waffen, und müßten meine Verse nicht, statt wie die Weidenflöte Pans zu klingen, rollen wie Steine auf die Häupter der Machttrunkenen?

MAECENAS: Dafür hast du nicht die Statur. Politik ist deine Sache nicht. Sie ist die Lobpreisung der bukolischen Natur, die Verkündigung einer heilen Welt in einem unter Oktavian heraufziehenden goldenen Zeitalter. Deine Kunst gibt einer alten Menschheitshoffnung Sprache, ist Sinnentrost, der von den italischen Bergen grünt. Jeder Deiner Verse verkündet die gelassene Herrlichkeit, Unerschütterbarkeit, ja Unzweifelbarkeit des Daseins. Diese Erde ist wohlgesinnt, jeder Zweig ist eine Hand, die sich liebreich hinstreckt. Süßer Boden, allem Lebendigen hold, allem Gestorbenen gleich! Der Schwung der Hügel, sanft und mutig zugleich, kehrt in der Kuppel wieder. Alles hat nur ein Ziel: das Leben still zu verherrlichen.

PECTUS: Oktavian kommt!

MAECENAS: Beuge dich, Vergil. Wenigstens *ver*beuge dich.

PECTUS: Ja, verbiege dich!

VERGIL: Oh, wär' ich in Arkadien doch ...

PECTUS: ... hingesunken zwischen schwarzen Schweinen und Ziegen in faunischer Einsamkeit, die Glieder wohlig gedehnt und die im taubeperlten Gras versteckte Faust geballt gegen die lärmende, streitende, unzüchtige Stadt.

ALLE DREI: Heil, Oktavian!

Die Tauben flogen wieder. In den Kröpfen hatten sie nun den Zynismus des Pectus, in den Federkielen färbte das harte Blau des römischen Himmels sich um in das Rosa des schönen arkadischen Scheins, und ich hatte, als meine Gedanken in mich zurückkehrten, eine Idee. Ich lachte, daß der Staub aufwirbelte über dem Forum Romanum. Im Aufstehen klopfte ich ihn mir von der Hose und setzte mich an meine Schreibmaschine. Ich hatte auch das Blatt schon im Kopf, dem ich die Arbeit zum Abdruck schicken würde: Pauls Zeitschrift.

Der Schausteller (II)

Der elegante Pullmanbus, mit dem wir am Vormittag eines heißen griechischen Tages von Patras heraufgekommen waren, ins peloponnesische Hochland nach Megalopolis, hielt im Staub eines armseligen Kleinstadtplatzes vor der blatternarbigen Fassade eines Kaffeehauses namens «Agora». Beim Aussteigen sah ich, daß der graulivrierte Chauffeur Ekelgefühle im Gesicht zeigte; offensichtlich litt er, stellvertretend für seine Luxuskarosse, an diesem trostlosen Halteplatz, war der Bus doch von einer Art, wie sie vor prächtigen Athener Hotelportalen, etwa dem des «Grand Bretagne» am Syntagmaplatz, auf reiche Touristen wartet. Als dann noch aus dem Schatten einer alten Platane, die inmitten des Platzes stand, ein magerer, hochbeiniger Hund herangetrabt kam und sich anschickte, an der Zierblende eines Vorderrades ein Bein aufzuheben, verlor er vollends die Fassung und verjagte den Hund mit einem Fluch und dem Schwenken seiner in Wut vom Kopf gerissenen Uniformmütze. Wir lachten. Es stimmte ihn nicht fröhlicher.

Wir, das waren zehn Journalisten aus ebenso vielen westeuropäischen Ländern, acht Männer und zwei Frauen, eingeladen vom Staatlichen Griechischen Fremdenverkehrsverband nach Arkadien, «ins Hirtenland Vergils», wie es an einer Stelle in den Reiseunterlagen hieß, die ein Beauftragter Athens uns nach dem Ausschiffen in Patras überreicht hatte, eine ansehnliche Mappe, gefüllt mit mehrblättrigen Exkursen über die alte und die neuere Geschichte Arkadiens, mit Karten seiner Landschaften und den Sozialdaten ihrer Bewohner. Keine sehr froh stimmenden Auskünfte darin: die

Geschichte voller blutiger Kriege, die Landschaften gebirgig, entlegen und karg, die meisten Menschen arm und viele ohne Arbeit, so daß die jungen abwanderten. Der antike Geograph Strabon war zitiert, unter Ausdehnung seines zweitausend Jahre alten Urteils auf die Gegenwart: «Es scheint, daß die arkadischen Völker die ältesten Griechenlands sind. Aber wegen der vollständigen Verödung des Landes verlohnt es nicht, von ihnen näher zu handeln.» Das sollte nach dem Willen der Athener Tourismusbehörde von jetzt an anders werden.

Ihr Repräsentant, ein hochgewachsener, elegant gekleideter Herr mit Olivenhaut und grauem Haar, komplimentierte uns in das Kaffeehaus. Beim Wirt bestellte er für alle türkischen Mokka und Ouzo (nicht ohne mit großer Armgeste zu verkünden, daß die Behörde, die zu vertreten er die Ehre habe, selbstverständlich für alles aufkomme). Als wir den heißen schwarzen Sud zu schlürfen begannen, setzte er zu einer Rede an in einem Englisch, das den antiken Ruinen seines Heimatlandes insofern glich, als es wie diese eine gewisse Kombinationsgabe verlangte in der Zusammenfügung der Brocken zu einem sinnvollen Bild.

Er sagte etwa dies: Da die Natur das von abweisenden Bergen umstellte Arkadien benachteiligt habe mit kommerziell, und das könne in Griechenland nur heißen: touristisch verwertbaren landschaftlichen Schönheiten, überdies sich die Zahl der Tempelreste *and such old things* in engen Grenzen halte, habe man in Athen lange überlegt, wie der Armut der Region beizukommen sei. Die Sache habe Kabinettsrang erhalten, und es sei der Herr Ministerpräsident persönlich gewesen, der dank seiner umfassenden humanistischen Bildung jene Idee gehabt habe, deren seither weit gediehene Verwirklichung vorzuführen der Zweck dieser Pressereise sei: *Arcadia vergiliana*, die Umgestaltung des rauhen Arkadiens in eine *lovely* Hirtenlandschaft, wie sie sich erstmals im Kopf des vorchristlichen römischen Dichters Vergil abgezeichnet habe und wie sie seither, spätestens jedoch seit ... er suchte in seinen Papieren ... seit Goethe (er sagte *Gothi*) jeder Gebildete als Ziel seiner Sehnsucht nach Ruhe und Frieden in sich trage: *Me too in Arcadia!*

Er wandte sich nach seinem Assistenten um und trug ihm auf, diesen sprachlichen Einfall schriftlich festzuhalten, man würde ihn auf Slogantauglichkeit prüfen, für die Tourismuswerbung in Nordamerika, *don't you think so?* Man habe keine Kosten gescheut, eines der arkadischen Hochtäler, wir würden es sehen, zu bukolisieren, *to bucolize it*, sagte er, aus der Not seiner Vokabelarmut die Tugend der Sprachbereicherung durch ein apartes neues Wort machend. Dem Baustab, sagte er, gehörten neben Ingenieuren und Landschaftsarchitekten auch drei Professoren der Universität Athen an: ein Romanist als Vergilkenner, ein Philologe für Fragen der griechischen Mythologie und ein Agrarhistoriker mit speziellen Kenntnissen auf dem Gebiet der antiken Viehzucht und Weidewirtschaft. Ihre Namen fänden sich in unseren Unterlagen, es würde auch Gelegenheit sein, sie zu interviewen. *Last but not least* habe das Griechische Nationaltheater Kostümzeichner und Maskenbildner zur Verfügung gestellt. Auch Lichttechniker und Toningenieure der bekannten französischen *open air*-Historiendarbietungen «Son et Lumière» habe man als Berater gewinnen können. Möglich geworden sei das alles, weil die EG zu diesem *pilot project* beträchtliche Geldmittel zugeschossen habe. Im Erfolgsfall, so sei aus Brüssel zu hören, wolle man im Zuge der Entwicklungshilfe für wirtschaftlich schwache Regionen diese griechische Idee einer «körperlichen Poetisierung von benachteiligten Landschaften» (so jedenfalls übersetzte ich mir sein *the bodily poetifying of poor landscapes*) auch in andere europäische Länder tragen. Man denke an die spanische Mancha des Don Quijote und – er suchte wieder in einem seiner Papiere – an das Lusitanien des Camoes.

«Shall we go now, ladies and gentlemen?»

Wir gingen in die Sonne hinaus, die seit unserer Ankunft ein gutes Stück vorangekommen war auf ihrem Weg nach Westen. Ihr Gegenlicht hüllte die wenigen Menschen und Maultierkarren, die den kleinen, von verlotterten Schachtelhäusern umstandenen Platz belebten, in durchsichtige, perlmutten schimmernde Schleier ein, was der Alltagsszenerie ihr Gewöhnliches nahm und sie zu einer Kulisse von beträchtlichem Illusionswert machte für den göttlichen Jux, zu dem man uns nun führte.

Der Grieche geleitete uns quer über den Platz, auf ein in einer Häuserzeile freistehendes breitbrüstiges Haus zu, das die Blicke auf sich zog, weil es sich von den anderen Häusern durch seine Fensterlosigkeit unterschied. Von den ganzen Umständen der Reise auf Überraschungen eingestellt, sogar auf Rätselhaftes gefaßt, war ich von diesem augenlosen Haus dennoch wie vor den Kopf gestoßen; ich mußte stehenbleiben, mein Herz schlug schneller, ich hatte das Gefühl einer unerwarteten Begegnung mit einem Bild, das ich gut zu kennen meinte, niemals aber in der Wirklichkeit anzutreffen erwartet hatte. So überraschten mich auch die Ausrufe des Staunens nicht, die aus der Gruppe zu hören waren, als sie vor dem Haus ankam. Es hätte ihrer nach oben gekehrten Gesichter nicht bedurft, damit ich wußte, woher die Überraschung kam. Sie ging von einem fußmattengroßen Blechschild aus, das wie eine über der Haustür gehißte Fahne aus der Wand herausstand. Auch mußte ich nicht mehr in Leseweite herangehen, um zu wissen, was auf dem Schild stand. In primitiver Malmanier war es mit Weinranken verziert und enthielt in lateinischen Großbuchstaben die Inschrift: RENT A KENTAUR und klein darunter: *Arcadian Tours*. Der Gruppe weit hinterdreinhängend, betrat ich mit Schritten, die mehr ein Stehen als ein Gehen waren, als letzter das Innere des Hauses. Als ich wieder zu den Kollegen stieß, die auf Geheiß des Griechen vor einer Tür am Ende eines langen zwielichtigen Korridors auf mich warteten, bemühte ich mich, die mit Neugier gepaarte Lustigkeit der anderen auch auf meinem Gesicht zu zeigen; in Wirklichkeit war jede berufliche Neugier in mir erloschen.

Als die Tür geöffnet wurde, hielt das Bild, das sich der in Sprachlosigkeit verfallenden Gruppe bot, für mich keine Überraschung mehr bereit. Es war jener Innenhof, um den in Rundform die Stallungen der Kentauren angeordnet waren. Weder fehlte der exquisite, von Fugengrün belebte Marmorboden, noch der alte Ölbaum, von dem ich ein Blatt gepflückt hatte. Auch die Namen der Kentauren standen in griechischer Schrift auf den Brettern über den Türen. Und als der Grieche, der uns hereingeführt hatte, beim Vorlesen dieser Namen zu dem des Cheiron kam, brach das Pandämonium los, das ich schon kannte: ein hörbares Hochwuchten von Leibern, das Scharren von Hufen auf Stein und das lärmige, brachiale Erscheinen kentaurisch aussehender Männeroberkörper über den unteren Hälften der geteilten Stalltüren. Nicht einmal das Geräusch von Urinstrahlen auf Boxenböden schien zu fehlen. Und so war ich auch nicht überrascht, als plötzlich, wie einstudiert, Stille einkehrte und in unserem Rücken eine Stimme, die nicht die unseres Cicerones war, mit starkem griechischem Akzent sagte: «I am Hermes. What can I do for you, ladies and gentlemen?»

Alle drehten sich um, auch ich. Und da stand er wieder in seinem Dandylook: am Fußsaum zu weite Hosen, die sich über den Fersen stark auswärts bauschten, ein zu enges Jackett mit zu breiten Revers und ein Rüschenhemd von billiger Machart. Gelächter brandete auf. Es galt einem Geschehen, das für die Gruppe nur ein gelungener Theatercoup war. Der Mann aber, der sich als Hermes vorgestellt hatte, blieb ernst in der allgemeinen Heiterkeit. Unverwandt blickte er aus Augen zu mir her, deren Blicke ein einziges Strömen von Licht waren, das mich mit seinen Strahlen aus der Folie der Gruppe herauszuschneiden schien. Unter einem plötzlichen Andrang von Tränen schloß ich die Augen. Ich fühlte mich verwundet von diesem grobschlächtigen Gruppenlachen, obwohl es mir nicht galt. Hermes sah es mir an und sagte: «I am sorry.» Als jemand aus der Gruppe ihn lachend fragte, warum er sich für diesen doch gelungenen Gottesbeweis entschuldige, antwortete er leise: «Weil ich nicht bin, der ich in Wahrheit bin.» In der allgemeinen Heiterkeit ging diese kryptische Antwort unter. Ich aber verstand sie; ich deutete sie mir von rückwärts, so wie man sich einen Traum beim Erwachen von den zuletzt gesehenen Bildern her zu entschlüsseln sucht. Ich begriff, daß er mich trösten wollte: Sieh her, ich bin es ja doch!

Ich habe nun wirklich Tränen in den Augen. Das Schriftbild verschwimmt. Ich spüre den Schmerz, den ich mir als Ich-Erzähler zuschrieb. Dazuhin bedrückt mich die wachsende Erkenntnis, daß mir ein journalistisches, dicht an der Wirklichkeit bleibendes Schreiben immer schwerer gelingt. Im Weg steht mir dabei ein ungewohnter Hang zu düsteren und mehrdeutigen Adjektiven, deren Farben dann in meine Sätze einsickern und sie in einem Maße verändern, daß dem Text die Logik abhanden kommt, wenn nicht gar die ganze Handlung. Das beginnt unmerklich, etwa indem ich dem Haus, durch das man zu den Kentaurenstallungen gelangte, die Eigenschaft *fensterlos* zuschrieb. Dafür gibt es, wie ich mir im Starren auf diese Textstelle Rechenschaft ablege, keinen zwingenden Grund, das Wort tut zur Rolle des Hauses, die es in der Reportage spielt, nicht das geringste hinzu, es ist bedeutungslos, ob dieses Haus Fenster hat oder nicht. Aber die Folgen sind schwerwiegend. Dieses eine Wort, das ich nur hinschrieb, weil mir der geheimnisvolle Ton gefiel, der mit ihm aufklingt, verändert alles. Im Weiterschreiben war ich wie ein Maler verfahren, dessen Phantasie sich an einem eher zufällig hingetupften Farbklecks entzündet, so daß er den Konturen der Bleistiftskizze auf der Leinwand nicht mehr folgt, sondern sich in fiebrig aufgetragenen neuen Farbstrukturen verliert, die nur noch dem Sog folgen, der von dem Farbklecks ausgeht. Mit den Konturen verschwimmt dann alsbald auch das Ziel: Ich hatte während des Schreibens nach dem verhängnisvollen Gebrauch des Wortes *fensterlos* die Rolle des ironisch distanzierten Reiseberichterstatters aufgegeben und war zum tragischen Helden des Stückes geworden, der Gedanken reflektierte, die ihren Ursprung außerhalb des schon Mitgeteilten hatten und darum nur ihm verständlich waren. Was als Reportage begann, war ins Private, ja Esoterische entgleist. Journalistisch jedenfalls war es verdorben.

Diese Einsicht, so sehr sie mich auch trifft, nehme ich als die längst fällige Selbstvertreibung aus einem beruflichen Paradies, in welchem Sein und Schein der Dinge, die ich ein Leben lang beschrieb, stets identisch zu sein hatten, *matter of fact, you know*; wo Fragen nach der Wahrheit mit der Höhe von Spesenrechnungen für Recherchen beantwortet wurden; wo es Sache spitzfindiger Hausjuristen war, die Prozeßrisiken forsch vorgetragener Halbwahrheiten zu mindern. Auch ich hatte am Ende kapituliert vor der Jahr für Jahr wachsenden Aussichtslosigkeit, eine in ihrer Komplexität längst unbeschreibbar gewordene Welt journalistisch noch anders beschreiben zu können als in Appetithappen für ein leseunwilliges, bildsüchtiges Publikum. Von einem so gearteten Faulbaum der Erkenntnis hatte ich meine Sätze wie rotbäckige, glänzende Äpfel gepflückt, sie zu verlockenden Warenkörben drapiert und mit Erfolg vermarktet. Dabei wußte ich nur zu gut, daß es raffiniert geschönte Äpfel waren, ihre Sprachhaut begiftet mit einem gefälligen, weltläufigen Zynismus, ihr Fleisch wäßrig von schrecklichen Vereinfachungen und ihr Nährwert zu oft reduziert auf eingängige Titel.

Ich mache mir nichts mehr vor: Es ist ein lange schon verlorenes Paradies, aus dem ich endgültig hinausging, als ich soeben, unter Mitnahme der ersten Seiten eines als Reisebericht begonnenen Textes, endgültig überlief zum Schreibstrang II, um in freier Assoziation der Wortbedeutungen weiterzuschreiben. Für einen ehrbaren Journalisten lügt es sich mit Literatur leichter.

Auf ein Händeklatschen des Hermes hin stießen die Kentauren die Stalltüren auf und traten in den Hof. Nach einem Augenblick der Verblüffung brandete erneut das Gelächter der Gruppe auf: Jeder der in Kurzrock und Maske befindlichen, wild ausschauenden Männer zog an einem Strick einen Esel hinter sich her; die Tiere waren den Blicken durch die Türhälften entzogen gewesen. Spontaner Beifall belohnte die clevere Idee. Der die Gruppe führende Grieche bedankte sich mit Schaustellergrazie, als sei er ihr Erfinder und sagte: «Ladies and gentlemen, was Sie hier sehen, ist eine prähistorische Version der Kentauren, weiß man doch, daß sie ursprünglich Eselzüchter waren, Bewohner der Wälder des Pelion und zunächst ganz und gar Mensch, hinten wie vorn. Bis dann einem von ihnen in der Abgeschiedenheit der Berge einfiel, sich mit einer Eselin zu vergnügen, was nicht ohne mythologische Folgen für den ganzen Clan blieb. Heute arbeitet man erneut daran, wenn natürlich auch auf subtilere Weise, die Genetik leistet ja inzwischen Wunderbares. Bis es soweit ist, daß die Wissenschaft uns echte Kentauren präsentiert, werden wir mit dieser pränatalen Ausgabe vorlieb nehmen. Kentauren müssen sein. Arkadien ist als Fremdenverkehrsland ohne sie nicht denkbar. Und nun sagen Sie mir, wer einen unserer Kentauren für einen Ritt mieten möchte...» Die Frage war rein rhetorisch, denn der Bus auf der anderen Seite des Platzes, vor dem Kaffeehaus, ließ ein Hornsignal hören als Aufforderung zum Einsteigen.

Ich schrieb noch drei weitere Fassungen dieses letzten, eher banalen Satzes, der keine andere Funktion hat, als die Geschichte wieder auf den Weg zu bringen, hinaus aus dem Kentaurenhof in die arkadische Landschaft, in den Kopf des Vergil endlich, dem erklärten Ziel der Reise.

Fassung A: Die Frage des Griechen konnte nicht ernstgemeint gewesen sein, ließ doch der Bus im selben Augenblick, da sie gestellt wurde, die Hupe ertönen: Alles einsteigen!

Fassung B: Eine Frage dies, auf die zu antworten der Bus uns ersparte, indem er mit der Hupe zum Einsteigen aufforderte.

Fassung C: Just in diesem Augenblick hupte, wie abgesprochen mit dem Griechen, der Bus. Es war die von Busreisenden auf der ganzen Welt verstandene Aufforderung, zur Abfahrt wieder an Bord zu kommen.

An die zwanzig Minuten lang denke ich nun schon über die Unterschiede zwischen den drei Fassungen nach, und mit jeder Minute, die darüber vergeht, wächst meine Lustlosigkeit, in dieser den Leser wie den Autor gleichermaßen ermüdenden Art eines Schritt-für-Schritt-Schreibens fortzufahren. Ich gleiche einem Mann, der, während er eine sich selbst erklärende, banale Tätigkeit wie das Gehen ausübt, die feinstrukturierte gedankliche Analyse des Setzens seiner Füße betreibt, die Zerlegung dieses Vor-Gangs in zeitliche und räumliche, muskuläre und hautspezifische Details, so daß er darüber schließlich das Ziel vergißt, zu dem er unterwegs ist.

Im Tal der Lügen

Hinauf, hinauf, mit nagelndem Diesel hinauf aufs arkadische Gebirg! Im Ohr die mikrofonverzerrte Stimme Glaucos ...

Glauco? Ich lasse den Namen stehen, er macht mit einem Schlag alles so logisch, färbt alles, woran ich unter Qualen schrieb, mit Wahrheit ein, ein Name, der aus der dunklen Tiefe des Geschriebenen heraufleuchtet, den glitzernden Augen der Ratte gleich, die aus der Dunkelheit des Grabmals der Cecilia Metella zu mir heraufgeleuchtet hatten: Glauco, der zeitlose Sohn des Sisyphos, mit nichts im Herzen als Gelächter für das Leid des Vaters: den Stein der Läuterung immer wieder hinaufwuchten zu müssen auf den Berg aus menschlicher Schuld an der Zerstörung der Erde, trittlos im Schlakkengeröll aus verderbten Gedanken. Glauco, die ins Leere springende Ratte. Glauco, der Schausteller auf dem Rummelplatz Welt: *Da unten, Damen und Herren, die Hochebene Kampos!* ... Nasen an Fensterscheiben. Im Blick fünf Bergzüge, die sich, von links ins Bild kommend, mit fünf von rechts kommenden ineinander verschränken: weißgrindige, spärlich grünbehaarte Finger, gefaltet über einem grasgrünen Bauch. Ein unreiner Bauch: pickelig von herumliegenden grauen Steinen und überkrochen von Ziegen, wie von hungrigen Läusen. Ein behaarter Bauch auch: Borsten aus Bergfichten und Flaumhaar aus Gras. Ein arkadischer Bauch dann: tausend und mehr Meter aufgewölbt zu diesem Hochtal. Und draufzuhaltend der Bus: eine von Touristen fette bunte Made, die sich durch bemoosten, krüppeligen Bergwald träge hinunterwälzt auf diesen grünen arkadischen Bauch namens

Kampos, von einem Paß herkommend, auf einer Schotterstraße zwischen immer lockerer stehenden Fichten hindurch, deren nächststehende bepudert sind mit mehligem Staub. So kriecht die Made dahin, blökt um die Wette mit auseinanderstiebenden Herden, winkt mit zehn gepflegten Schreiberhänden an jeder Seite leutselig den zerlumpten, stumm und dumm glotzenden Hirten zu, mal links, mal rechts, und weiter so, nun schon drauf auf diesem arkadischen Bauch namens Kampos, an dem so wenig Besonderes ist, daß selbst der geschwätzige Glauco rein nichts dazu ins Mikrofon zu sagen weiß. Es ist dieser Bauch, denke ich, ein von zweitausendjährigem Hunger nach bukolischer, nach vergilscher Schönheit hoch aufgetriebener Landschaftsbauch wie so viele in Arkadien und gefällig nur den Bernsteinaugen der Ziegen, deren Strichpupillen keinen Mangel leiden, fehlt die Weite des Horizonts und das blaue Strömen lieblicher Konturen.

Und dann kriecht die fette Busmade in einer engen Rechtskurve zwischen zwei Bergzüge, und mit einemmal ist alles ganz anders, nichts paßt mehr zu den Bildern von eben noch, dahin ist ihr lakonischer Mythos und die Kargheit Spartas! Arbeiter statt Ziegen überkriechen jetzt, auch sie wuselnd wie Läuse, den Boden des Seitentals. Erde schluckende Lastwagen bedienen unter röhrendem Rangieren den Fleiß von tausend Schaufeln. Bagger nagen sich mit zahnbewehrten Breitmäulern in die Hänge, und Schubraupen verbringen den Auswurf an andere Orte. Es ist ein Heben und Senken, ein Schleifen und Schwenken von Eisentrögen an hydraulischen Kopfgestängen schmutzstarrender Maschinen, ein malmendes Auf-der-Stelle von Raupenbändern. Für immer verloren die Pfade der Arkader und Lakonen, der Korinther und Spartaner. Die Grillen schweigen. Die Eidechsen blähen zitternd die Hälse. Noch in Mykene wird die Erde beben unter dem

Ansturm der Maschinen hier und ein Zittern das steinerne Fell der Torlöwen des Agamemnon überlaufen.

Es sei, sagt Glauco stolz, erst der fünfte Tag der Schöpfung und ganz ungriechisch der rasche Fortschritt der Arbeit.

Es ist, denke ich wider Willen fasziniert, eine Schöpfung aus Gewalt: Hügel wachsen auf, wo platteste Ebene war, und Planierraupen geben ihnen die schon erkennbare Lieblichkeit eines bukolischen Gedichts und die Reihung seiner sich in Schönheit steigernden Verse. Rechen glätten ihnen Rücken und Flanken, räumen Steine hinweg, zerren die Wurzeln gemeuchelter Fichten heraus und machen die Erde bereit für hundert Gärtner mit Tragkörben voller fremdartiger Pflanzen, mit Rasensoden und Placken eines hier nie gesehenen Mooses. Kräne senken frisch gebrochenes Gestein, das noch die Rauchspuren von Sprengungen und die Meißelrinnen der Preßluftbohrer zeigt, in vorbereitete Erdnischen hinab, wo Maurer es zu Grotten schichten oder zu Uferböschungen eines zwischen den Hügeln mäandrisch ausgeschürften, noch wasserlosen Baches verbauen. Auf die Dächer der Grotten werden sie das Moos packen und die Fugen zwischen den Ufersteinen damit schmücken. Nahebei liegen Jungbäume aus, nach Arten geschichtet, ihre Namen auf hölzernen Schildchen an die schon armdicken Stämme gebunden.

Es gibt kein Durchkommen mehr für die Busmade. Glauco führt den Fußmarsch an, der jetzt beginnt, drei oder vier Kilometer weit in Richtung Talschluß. Die Strecke ist gegliedert von zehn haustürgroßen Tafeln auf hohen eisernen Pfosten. Aber nicht über Bauherrschaft, Finanziers und Architekten geben sie Auskunft, keine Pläne sind ihnen aufgemalt, sondern Verse – in griechischer Sprache für die Arbeiter, deren Vormänner die Texte von Zeit zu Zeit konsultieren, und in Latein für Besucher von Bildung und Rang, sagt

Glauco stolz – Priester, Mediziner, Advokaten, Manager und Modemacher, jawohl! Die Texte, sagt Glauco, seien Verszeilen aus den zehn Eklogen, den arkadischen Hirtengedichten des Publius Maro Vergil, erhoben auf den Tafeln zu Bauanweisungen.

«Erniedrigt!» sagt eine der beiden Frauen in unserer Gruppe. Glauco schluckt, aber er schweigt.

Wo sie die Grotten bauen, steht die erste Tafel, und man liest:

Frühlingsleuchten ist hier, hier läßt an den Bächen die Erde / Blumen in farbiger Pracht entspringen; hier ragt ob den Grotten silbern die Pappel, / hier weben sich Ranken zu flimmernden Schatten ...

Wo die Gärtner ihre Pflanzkörbe niederstellen, liest man auf einer zweiten Tafel:

Komm, schöner Knabe, zu mir. Es bringen dir, siehe, die Nymphen / Körbe voll Lilien dar; es pflückt dir die weiße Najade / gelbe Violen und Blüten des Mohns; sie windet Narzissen / dir mit wohlriechendem Dill, auch Seidelbast, duftende Kräuter, / goldgelbe Ringelblumen mit purpurnen Hyazinthen ...

Eine dritte Tafel, bei den Baumpflanzen stehend, vollendet den vergilschen Vers:

Hellgraue Quitten mit weichem Flaum will ich selber dir pflücken, / auch Kastanien, wie Amaryllis, die mein war, sie liebte. / Wachspflaumen bringe ich dir – es ehrt sie, wenn du sie annimmst. / Lorbeer, dich pflücke ich ab, und die Myrte, dir zur Seite blühend ...

Sprengwagen, die Kessel voll Wasser, das man, sagt Glauco wichtigtuerisch, bei Korinth entsalzt, wässern die schon angewelkten Blumen und die gepflanzten jungen Bäume. Derweil suchen Tiefbohrer mit stählernen Rüsseln nach Wasseradern, um Quellen zu schaffen in Befolgung der Bauanweisung auf Tafel vier:

Hierher finden von selbst zur Tränke den Weg deine Färsen / durch die Wiesen zum Mincio, wo grünendes Schilfrohr das Ufer / säumt, und von heiligen Eichen ertönt das Summen der Bienen ...

Aus Ginsterbüschen hoch am Hang und zu Füßen eines Pinienwaldes überdröhnt plötzlich gellende, kreischende Musik den Baustellenlärm. Hundertfach verstärkt, aus versteckten Lautsprechern, tremoliert eine Hirtenflöte, verstummt und kommt wieder mit lautem Krachen, wie es beim Einpegeln von elektronischen Rockmusikanlagen entsteht. Das Kreischen aus den Lautsprechern verstummt abrupt. Eine englische Stimme, männlich und rezitationsgewohnt, wie nur ein Schauspieler sie hat, dröhnt über uns: «Pan auch, der Gott Arkadiens, kam, gefärbt mit Mennige und Saft aus den Blättern des Attichs ...» Gleich danach setzt die Flöte wieder ein, gebändigt nun und sehr melodisch. Glauco strahlt: «Isn't it wonderful? I hope you like it!»

Die Frau, die schon einmal das Wort zu einer kritischen Bemerkung nahm, nutzt die Stille des einsetzenden Arbeitsendes und deklamiert mit spöttischem Blick in Antwort auf Glaucos Stolz laut zwei Verszeilen aus der dritten vergilschen Ekloge, die sich auf der Tafel nicht fanden: «Standest du nicht, elender Pfuscher, am Kreuzweg und quiektest / blasend auf kreischendem Strohhalm mißtönig verdorbene Weisen?»

Kaum daß sie geendet hat, kommt von oben das laute Händeklatschen eines einzelnen Menschen, und die Schauspielerstimme von vorhin sagt: «Bravo, Madame, bravissimo! Geben Sie es diesem zynischen Bastard aus Gestern und Heute, diesem Ausbeuter modischer Perversionen, diesem nichtsnutzigen PR-Einpeitscher der Schändung lateinischer Dichtung und arkadischer Landschaft in einem! It's all bullshit, you know. Und ich kündige hiermit diesen Scheißjob, hast du gehört, Grieche?»

Alle Köpfe fliegen ins Genick, und da steht Pan, grobschlächtige Felle um Schultern und Hüften, Ziegenhörner im wirren Haar, rotgefärbt der schon etwas rundliche Bauch und blattgrün die dünnen Beine. In der linken Hand hält er die siebenrohrige Hirtenflöte und in der rechten ein Mikrofon. Beides schleudert er theatralisch in die Büsche, dreht sich um und ist mit zwei, drei Bocksprüngen zwischen den Pinien verschwunden, sein Lachen zieht er wie einen Kuhschwanz hinter sich her.

Glauco sagt bleichgesichtig: «Den Hermes kann er spielen, der verdammte Narr, den Pan nicht.»

Es muß nach diesem letzten, Glauco in den fauligen Mund gelegten Satz gewesen sein, daß Klint von der Schreibmaschine aufstand und sich entkleidete. In der Nacktheit seines Leibes wird er in diesem kritischen Augenblick eine Geste der Brüderlichkeit gegenüber Hermes gesehen haben, den Ausdruck einer Bitte um Vergebung dafür, daß er den Gott, der in den Seelen der Träumenden lebt, umbrachte, indem er ihn um einer Pointe willen zur Farce machte. Nackt, in der Höhle der Maia, waren sie Brüder in einem arkadischen Traum gewesen. Dorthin, zu Hermes und den Kentauren, wollte er nun zurück. Er verließ seine Wohnung, ging aus dem Haus und betrat die Straße. Ich fand im Archiv der Repubblica *eine Meldung darüber. Man habe aus einem Haus am Campo de'Fiori einen gänzlich unbekleideten Mann fortgeschrittenen Alters treten sehen. Ohne sich um das Starren des Marktvolkes zu kümmern, sei er zum Denkmal des Giordano Bruno hinübergegangen, wo er niederkniete und wie im Gebet verharrte. Eine Frau sagte, sie habe den Mann dabei lautlos weinen sehen. Zwei Polizisten hatten ihm schließlich eine Plane übergeworfen, die sie von der Auslage eines Marktstandes nahmen, und ihn zu einem Streifenwagen geführt. Beim Einsteigen habe man ihn zu den Beamten sagen hören: «Hirten Arkadiens, kränzet mit Efeu den Poeten ...» Der offensichtlich Geistesgestörte sei in die psychiatrische Klinik des Spitals Umberto I. verbracht worden.*

Ich fand ohne Mühe den Arzt, der Klint damals aufgenommen, mit Kleidern versorgt und behandelt hatte. Er erinnerte sich noch gut an diesen auf eine stille Weise erregten, aufsässigen Mann, aus dessen Mund die Wörter gefallen waren wie Münzen aus einem lichterloh flackernden Spielautomaten, richtige und falsche durcheinander, silbern klingende und blechern scheppernde, und alle geprägt von Einsichten in den eigenen Zustand und den der modernen Gesellschaft, Zustände, die er für identisch hielt: ein kranker Mann am morschen Kreuz der Zeit. Aus der sehr detaillierten Beschreibung ihres ersten Gesprächs, die der Arzt mir gab, etliche Zeit nach jenem mysteriösen Bordellmord, in den Klint verwickelt gewesen war, läßt sich der Hergang des Treffens leicht rekonstruieren, ohne daß man den Fakten und dem Wortwechsel mehr als eine gewisse formalistische Gewalt antun muß.

Der Reporter der gequälten Seelen

Sie kommen spät, Signore!» hatte der Arzt etwa begonnen, ein Mann mittleren Alters mit Augen, die hinter einer dicken Brille ohne Neugier gewesen sein mußten auf Klint: Wieder einer mehr mit schiefgehaltenem Kopf, flackernden Blicken und zuckendem Mund. Klint wird die Teilnahmslosigkeit des Arztes gesehen und sich nicht gewürdigt gefühlt haben in seiner Trauer über den Verlust seines arkadischen Traums. Ein aggressives Gefühl mußte in ihm aufgestiegen sein und plötzlich Licht gemacht haben in seinem Kopf. Aber er hatte Angst, das Licht könnte gleich wieder gehen, wie der Schein eines langsam kreisenden Leuchtfeuers, das lange nicht wiederkam, und also mußte er sich beeilen mit dem, was er sagen wollte: daß er nicht verrückt war, und er mußte es so sagen, daß dieser Arzt überzeugt war, daß er, Klint, nicht verrückt war und also hier nichts verloren hatte. Mißachtung mit Unhöflichkeit vergeltend, blieb er auf dem Stuhl hinter dem Tisch an einer Wand des Krankenzimmers sitzen und sagte, indem er vom Deutschen ins Italienische fiel und wieder zurück, so daß der Arzt Mühe hatte zu verstehen, was er sagen wollte, aber nicht recht sagen konnte, obwohl es in seinem Kopf war, so daß ich hier nichts anderes tun kann als das, was an Gedanken in Klints Kopf war, Wörtern anzupassen, die zu diesem Zeitpunkt gewiß nicht die seinen waren, zu einer anderen Zeit aber sehr wohl die seinen gewesen waren: in Triest, in den frühen siebziger Jahren, in einer großen, von mir nachgelesenen Reportage über das San-Giovanni-Spital, das der Nervenarzt Franco Basaglia gegen den erbitterten Widerstand der pensionssatten, banksatten, versicherungssatten, kaffeehaussatten, sonnensatten Triestiner Bürger geöffnet hatte, so daß die geistig Kranken, denen noch etwas Licht in die Seelen fiel, fortgehen konnten aus ihren bis dahin geschlossen gewesenen großen und kleinen Irrenhäusern unter den Thujen und Zedern des heimeligen Parks von San Giovanni, fortgehen wann immer sie wollten und wohin sie wollten, zurück auch zu ihren Familien, die sie aber meist nicht mehr haben wollten, hatte es doch Mühe und Geld genug gekostet, den im Kopf nicht mehr richtigen Vater, die nur noch dumpf vor sich hin brütende Mutter, die der schwarzen Galle anheimgefallene Tochter, den schiefgesichtigen Sohn loszuwerden ans Haus des Vergessens hoch über Stadt und Meer, waren Vater, Mutter, Tochter oder Sohn doch, sichtbar für jeden Gesunden, aus einer Norm herausgefallen, die diejenigen setzten, Ärzte, Politiker, Beamte, die sich für gesund hielten und zur Norm erklärten, weshalb sie als krank bezeichneten, was ihnen selber in Aussehen und Verhalten nicht entsprach – Klint also sagte von unten herauf zum Arzt, der vor ihm stand, während er sitzengeblieben war: «Eine Seele mehr, dieser da! Das denken Sie doch, Dottore, ich sehe es Ihnen an – eine Seele mehr dieser da! eine Seele, denken Sie, die sich in diesem Haus aus ihrem Körper lösen wird, wie eine Fledermaus, die zur Nachtzeit ihre Höhle verläßt. Es fliegen viele Seelenfledermäuse in diesem Haus umher und machen mit spitzen kleinen Schreien, die keiner hören kann außer ihnen, Jagd auf Bilder, die keiner sehen kann außer ihnen ... Haben Sie sich schon einmal dabei ertappt, Dottore, wie Sie auf einem Ihrer Gänge über die Flure dieses Hauses mit der Hand in die Luft schlugen, dicht an Ihrem Kopf vorbei, in verärgerter Abwehr einer gar zu dicht an Ihnen vorbeifliegenden kranken Seele, die doch bloß probieren wollte, wie nah es sich Ihren Gedanken kommen ließe, Dottore, klugen Gedanken, gelehrten Gedanken, gesunden Gedanken, gesellschaftskonformen, staatstragenden, norm- und niveausetzenden Gedanken, von denen sich, könnte man sie nur ein kleines bißchen anschneiden, vielleicht ein Geschmack gewinnen ließe davon, was Normalität eigentlich ist. Aber zum Glück, denn es hätte schlecht geschmeckt und nichts gebracht als möglicherweise die Wiedererweckung eines längst gestorbenen Leidens an der Normalität der Welt – zum Glück, sage ich, war da Ihre Hand vor, Dottore, eine feine Hand, eine gepflegte Hand, Stütze Ihres gedankenschweren Kopfes wie auch Stütze der gedankenlosen Gesellschaft, und dann eine gewaltsame Hand, Dottore, und so schleuderte sie denn auch die kranke Seele, die an Ihnen vorbeihuschte, aus ihrem Flug zu Boden. Aber es klatschte da unten, zu Ihren Füßen, nichts auf, und so war es wohl doch bloß ein Luftzug gewesen, der an Ihrem Kopf vorbeistrich, Dottore... Klint hatte sich erschöpft, man denke doch: zwei Sprachen und keine richtig! Viele große, komplizierte Wörter und alle richtig! Da kann man verstehen, daß das Licht langsam wieder fortwanderte von Klint. Er muß es daran gemerkt haben – nicht ohne Entsetzen gewiß, denn es war dies seine Art sonst nicht –, daß er dem Arzt die Zunge herausstreckte. Es reichte ihm das Licht gerade noch, um zu sagen: «Sie schauen mich an, Dottore, als gingen Sie in Gedanken die Psychopharmaka durch, die für einen wie mich in Frage kommen. Und schicken Sie Ihren Muskelmann von Pfleger hinaus. Ich habe schlechte Erinnerungen an Muskelmänner.» Dann war er am Tisch in sich zusammengesunken.

Der Arzt hatte nichts gesagt, bloß prüfend auf Klint geblickt. Mit einer Handbewegung entließ er den Pfleger. Er setzte sich auf den Stuhl Klint gegenüber und hielt sich ein mitgebrachtes Schriftstück vor die kurzsichtigen Augen. Er wies auf ein Datum am Kopf des Papiers. «Sie waren uns von der Justiz für früher avisiert worden. Man hat schon gefragt nach Ihnen.»

«Ich hatte zu tun», sagte Klint. Er richtete sich auf, wie in Berufsstolz: «Und zwar als Reporter im Kopf des Vergil.»

«Sie lasen Vergil.»

Klint schob das Kinn vor und starrte in das Gesicht seines Gegenübers. Es klang gereizt, wie in Ungeduld mit soviel Nichtverstehen, als er sagte: «Dazu hätte ich Rom nicht verlassen müssen. Ich reiste in Vergils Kopf umher. Sie hörten es doch schon: als Reporter.»

«Also körperlich?»

«Ja, wie denn sonst als Reporter?»

«Aber man fand Sie in Rom.»

«Ich fiel heraus aus Vergils Kopf.»

«Ins richtige Leben zurück.»

«Ins richtige Leben zurück.»

«Und davon wurden Sie krank.»

Klint beugte sich weit über den Tisch und sah lauernd zum Arzt auf: «Dann geben Sie zu, Dottore, daß auch Sie krank sind?»

«Bin ich das?»

«Sie befinden sich doch auch, wie ich wieder, im richtigen Leben!»

Der Arzt – ich beschreibe seine Angewohnheit, wie ich sie sah – setzte die Brille auf, als wollte er hinter den dicken Gläsern ein Lächeln verstecken, das um seine Augen zu spielen begann. Er sagte: «Das ist nicht ohne Logik und läßt sich nicht bestreiten. Also sind wir beide ein bißchen krank, weil wir beide im richtigen Leben stehen.» Er schrieb etwas auf die Rückseite des Papiers. Dann sagte er: «Ich gebe Ihnen jetzt eine Spritze, damit Sie schlafen können. Ihre Reise in den Kopf des Vergil muß ziemlich aufregend gewesen sein. Morgen oder übermorgen können Sie wieder nach Hause. Ich besuche Sie vorher noch einmal. Mit dem Untersuchungsrichter werde ich telefonieren. Man wird Sie in Ruhe lassen, denke ich, jetzt, wo die Untersuchungen ruhen, man kam einfach nicht weiter in der Suche nach Tatort und Täter.»

«Es war Nessos», sagte Klint mit Bestimmtheit. «Er brachte sie aus Eifersucht um. Arme Melanippe.»

Der Arzt konsultierte wieder das Justizpapier. «Melanippe? Sie meinen Melania. Melania Gattoni.» Er schaute fragend vom Papier auf.

Klint nickte. «Wie Sie wollen!» Und dann, mit einem kleinen Lächeln und während er aufstand und die Hose öffnete: «Wo möchten Sie denn spritzen, Dottore – links oder rechts?»

Über das, was folgte, nach seiner Entlassung mittags gegen zwei, fand sich wieder eine Niederschrift, die ich im Wortlaut wiedergebe. Es ist nicht recht klar, warum Klint sich die Mühe machte, diese mehr den Alltag betreffenden, mit den eigenen Erregungszuständen wenig oder keine Verbindung aufweisenden Sätze zu Papier zu bringen, es sei denn, dies ist meine Vermutung, er wollte sich mit der Beschreibung einer Pedanterie, zu der er durchaus auch fähig war, seine Normalität beweisen.

Die Ruinen der erhabenen Wörter

Ich ging zu Fuß in meine Wohnung. Den Nachmittag verbrachte ich damit, mein Fortgehen von Rom vorzubereiten. Zum Scheck über das Mietgeld für den laufenden und den kommenden Monat legte ich einen Zettel mit der Nachricht für die Hausverwaltung, daß ich Rom aus beruflichen Gründen überstürzt verlassen müsse, ich gab der Überzeugung Ausdruck, daß es nicht schwer sein werde, die schöne Wohnung innerhalb der von mir bezahlten Zeit neu zu vermieten. Beides, Scheck und Nachricht, tat ich in einen Umschlag; ich würde ihn beim Weggehen dem Hausmeister geben.

Ich ging in die Küche und wusch das Geschirr ab. Ich räumte es ein, säuberte Küchentisch und Spüle und kontrollierte die Nullstellungen der Herdschalter. Den Kühlschrank ließ ich offen, er war leer. Auch im Mülleimer fand sich nichts, das ich hätte wegschaffen müssen. Ich war, wenn ich nicht arbeitete oder schlief, in Cafés und Restaurants zu Hause. Ich zog im Schlafzimmer das Bett ab und legte die Wolldecke, das Inlett, das Laken und den Kopfkissenbezug ordentlich gefaltet auf die Matratze. Im Wohnzimmer rückte ich die Stühle zurecht. Dabei fiel mein Blick auf den Teppich mit dem eingewebten Forum Romanum. Das gab mir den Gedanken ein, daß die Kaiserforen ein guter Ort zum Abschiednehmen von Rom sein würden. Ich sah auf die Uhr an meinem Handgelenk; für einen kurzen Besuch würde es noch reichen, sie schlossen das Ruinengelände nicht vor sechs.

In Eile warf ich ein paar Sachen in meine schwarze Nylontasche (um mein Großgepäck würde sich die Spedition, die es mir schon hergeschafft hatte, von München aus kümmern), verließ die Wohnung, winkte mit Erfolg einem Taxi und nannte dem Fahrer als Ziel die Forumskasse hinter der Basilica Aemilia. Unterwegs dachte ich darüber nach, wie das Abschiednehmen im einzelnen vor sich gehen sollte. Als wir über die Piazza Venezia fuhren und in die Via dei Fori Imperiali einbogen und die ersten Säulen auftauchten, wußte ich es: Ich würde mit den Steinen reden! Von Stein zu Stein! Das war gut, denn es war logisch, war es doch in letzter Zeit vorgekommen, daß ich mich nicht mehr fühlen konnte, wenn ich mich dachte. Es reichte dann nur noch zu einem Gefühl, wie es in den Steinen sein mußte, in einer mannshohen Amphore vielleicht, die nichts enthält als Zeit, ihr einstiger materieller Inhalt ist ihr längst durch die Poren entwichen, und klopft menschliche Rede an sie an, antwortet sie mit einem dumpfen Ton, dem Widerhall ihrer Leere.

An der Kasse löste ich ein Billett. Man gab es mir mit dem warnenden Hinweis, daß man in Bälde schließen werde. Ich nickte, deponierte meine Reisetasche und ging auf kürzestem Weg und ohne einen Blick zu haben für andere Ruinen zur Rostra, der von Cäsar erbauten öffentlichen Rednertribüne am Nordwestende des Forums, dicht beim Bogen des Septimius Severus. Ich spielte mit dem Gedanken, mich einschließen zu lassen und nach Eintritt der Dunkelheit eine Abschiedsrede an die Steine zu halten. Im Schutz der Rostramauer setzte ich mich auf eine herumliegende Säulentrommel und dachte darüber nach, was ich sagen würde. Dabei wurde ich abgelenkt vom Leben auf einer Ameisenstraße, die zwischen meinen Füßen hindurchging. Es waren Pharaonenameisen, römische Kohorten hatten die Art aus Asien eingeschleppt. Die rasch einsetzende Kühle des Abends verlangsamte den Gang der Tiere und ließ sie wie auf müden Beinen gehen. Es gefiel mir zu denken, daß sie deshalb so gingen, weil sie schwer an den Ruinen erhabener Wörter trugen, die hier seit den philippischen Reden Ciceros in Massen herumliegen mußten, unbeachtet von den Heutigen und Nahrung nur mehr für die Unterirdischen. Der Gedanke an die große Beredsamkeit Ciceros entmutigte mich in meiner Absicht, an diesem geschichtsträchtigen Ort zu reden. Auch hörte ich die Aufseher umhergehen und mit den letzten Besuchern sprechen: Es sei Schließenszeit.

Ich wußte nun hier mit mir nichts Rechtes mehr anzufangen, stand auf und ging zum Ausgang, wo ich meine Tasche auslöste und eines der dort wartenden Taxis bestieg. Ich ließ mich zum Bahnhof Termini fahren. Beim Studium der großen Tafel mit den Abfahrtszeiten der Züge sah ich, daß der nächste nach Norden gehende Expreßzug Mailand zum Ziel hatte. Während ich unschlüssig zum Fahrkartenschalter ging und an das Ende einer Menschenschlange trat, faßte ich einen Entschluß: Ich würde nach Mailand reisen, ein Auto mieten und ein paar Tage lang, eine Woche oder so, an den Lago Maggiore fahren, den ich sehr liebte, dort ausspannen, den Kopf ausruhen. «Milano, uno, prima...», sagte ich, als ich an der Reihe war.

So war Klint nach Ronco gekommen, am Vorabend des Tschernobyljahres, wie das Jahr 1986 später allgemein genannt werden sollte.

Im Lotussitz

Gegen sieben Uhr morgens am ersten Tag des Jahres 1986 war ich, von Ronco kommend, in meiner Wohnung in München. Im Badezimmer schnitt ich meinem Spiegelbild eine Grimasse und sagte in das hohlwangige, von Bartwuchs verschattete Gesicht mit den tiefliegenden, an den Lidrändern geröteten Augen hinein: «Ein glückliches neues Jahr, Klint – may all your dreams come true!» Dazu lachte ich so laut und scheppernd, daß ein Zahnputzglas in der Halterung klirrte. Ich ging zur Toilette und urinierte. Nach dem Spülen lehnte ich die Stirn an die Kachelwand über dem Becken und blieb so stehen. Den Penis in der Hand, starrte ich nach unten, in die Toilettenschüssel hinein. Es kam mir der Einfall, die Erinnerungen an die Schrecknisse der vergangenen Nacht in die Schüssel *hineinzudenken*, die Gedächtnisbilder – ich kicherte: als *Seelenkot* – aus mir auszupressen und wegzuspülen. So würde die Schrift an der Wand verschwinden! Ich richtete mich auf, atmete tief ein, hielt den Atem an und lenkte allen Muskeldruck, zu dem ich fähig war, vom Bauch in den über die Schüssel geneigten Kopf. Dabei rief ich mir die Bilder ins Gedächtnis zurück, die ich angesichts der mitternächtlichen Roncouhr gehabt hatte, auch meine atomisierte Sehweise der Landschaft des Lago Maggiore und die davon hergeleiteten Einsichten in die Unvermeidbarkeit einer Weltzerstörung durch ein diesem Sehen analoges, punktsüchtiges Denken.

Der Spülmechanismus war undicht, aus dem Kasten in der Wand rieselte Wasser nach und schuf auf dem Boden der Toilettenschüssel einen kleinen, von Miniaturwellen geriffelten See. Ich triumphierte: die Bewegung des Wassers, dachte ich, mußte von der Aufprallenergie meiner Gedanken herrühren! Hatte nicht auch die Kälte der Tessiner Abendluft, als sie auf den Lago hinunterstieß, dessen Wasser so geriffelt? Als ich ein Stechen im Kopf verspürte, ließ ich den zurückgestauten Atem mit einem Stöhnlaut entweichen. Während ich die Hose schloß, dachte ich über die physikalischen Gründe für die energiereiche Körperhaftigkeit von Gedanken nach, und darüber entfielen mir die Roncobilder. Ich fühlte mich deutlich erleichtert. Da ich in den Tag hinein schlafen wollte, nahm ich zwei Schlaftabletten aus dem Wandschrank, legte sie mir, während ich ins Wohnzimmer ging, auf die Zunge, goß mir vierfingerhoch einen Brandy ein und leerte den großen Schwenker in einem Zug. Danach zog ich mich aus, die Kleider ließ ich fallen und am Boden liegen. Nachdem ich im Schlafzimmer die Fensterläden heruntergelassen hatte, legte ich mich nackt zu Bett. Ich zitterte in der klammen Kälte des Bettzeugs. Um die Körperwärme in den Schlaf hinüberzuretten, krümmte ich mich ein wie ein kleines Kind. Ein Zittern befiel mich, das nicht allein von der Kälte kam; ich merkte, daß ich weinte, die Bilder waren wieder da. «Ich habe die Welt verloren», flüsterte ich. «Sie ist in Stücke gegangen.» Mit Heftigkeit setzte ich mich auf und machte Licht. Ich ließ die Augen über die Zimmereinrichtung gehen – wohin ich auch blickte, stets sah ich nur ein winziges Detail, einen Kommodengriff, die abgestoßene Ecke eines Bilderrahmens, den Einschaltknopf der Nachttischlampe, einen Zehennagel meines im Experiment unter der Bettdecke hervorgestoßenen rechten Fußes. Also war, was ich meinen Seelenkot genannt hatte, bei mir geblieben, und mein Versuch, ihn in der Toilette wegzuspülen, kam mir nun lächerlich vor, als ein neues Zeichen, ein Ausrufezeichen hinter der Schrift an der Wand. Schließlich wirkten die Tabletten.

Ich bin in meinen beruflichen Kreisen zum großen Kopfschütteln geworden. Texte, die ich noch anbiete, gelten als schwierig. Man verzögert ihren Druck, offenbar ratlos. Meine Mahnschreiben beantwortet man mit Änderungswünschen, denen ob ihres Umfangs anzumerken ist, daß man im stillen hofft, ich würde sie verweigern. Ich fordere dann die Arbeit zurück, um sie anderswo mit ähnlichem Ergebnis anzubieten. Inzwischen haben auch die gutwilligsten Redaktionen resigniert. Wohl um mich nicht zu verletzen, lassen sie meine Einsendungen entscheidungslos liegen. Ich mahne den Druck nun auch nicht mehr an. Zwar schreibe ich noch – polemische Auseinandersetzungen mit Politikern, deren veröffentlichte Meinung zu Themen, die die meinen gewesen sind, ich nicht teile, auch Leserbriefe in Antwort auf Dümmliches, das ich in den von mir bevorzugten Blättern finde, schicke aber nichts davon mehr ab. Seit die Nachricht von der Tschernobylkatastrophe kam, hörte ich auch damit auf. Wozu noch schreiben.

Ich lese jetzt viel. Sachen, die jahrelang nur angelesen auf meinen Regalen gestanden hatten. Genialisches von Joyce und Beckett, Esoterisches von den Neutönern der Physik, dann viel Fernöstlich-Meditatives, vor allem aber Fallstudien aus Psychotherapeutik und klinischer Psychiatrie. Entdecke ich darin Analoges zu meinem eigenen sporadischen Verhalten, versehe ich es am Rand mit Ausrufezeichen, ganz so, als sei es auf mich gemünzt und machte mich zu einem des Zitats würdigen Menschen. Über die ärztlichen Einstufungen meines Verhaltens als Symptome eines fortschreitenden geistigen Zerfalls lese ich hinweg; unter Berufung auf meine bis dato noch immer wiedergekehrte Ratio (wenn sie mir denn überhaupt je verlorenging) tue ich sie ab als die Äußerungen von bemitleidenswert engsichtigen Ärzten, die sich vom inneren

Reichtum ihrer hellsichtig gewordenen Patienten dünne Scheiben eines kleinen wissenschaftlichen Glücks abschneiden. Als ich eines Tages las, daß japanische Zen-Mönche sich nach dem Abwurf der Atombombe auf Hiroshima in Berghöhlen zurückzogen, um im Lotussitz den Strahlentod zu erwarten, und daß man Jahre später ihre mumifizierten Leichen in unveränderter Sitzhaltung auffand, nahm ich diese Art von Meditation, die ich schon einmal, gegen Ende der Sechziger, als sich in satten westlichen Bäuchen ein spirituelles Hungergefühl meldete, ohne rechtes Ergebnis angefangen hatte, wieder auf. Zweimal täglich sitze ich jetzt mit aufgerichteter Wirbelsäule, gekreuzten Beinen und auf den Teppichboden gedrückten Knien wieder auf meinem schwarzbezogenen runden Kapokkissen, das ich damals für zwanzig Mark, ich erinnere mich gut, in einer Zen-Schule im Hessischen erwarb. Zusammen mit dem Kissen fand sich im Keller, unter alten Sachen, auch die Tonbandkassette mit der Stimme eines Zen-Lehrers wieder, die mir damals den Weg in die Selbstfindung hatte weisen sollen – mit keinem rechten Erfolg, wie gesagt. Der Weg war mir rasch zu steinig geworden: Rückenbeschwerden, schmerzende Knie und Durchblutungsstörungen in den hoch auf die gekreuzten Beine gelegten Füßen. Darum begnüge ich mich jetzt mit dem halben Lotussitz: einen, an den Leib gezogenen Fuß lasse ich auf dem Boden liegen. Zur Neueinstimmung höre ich das Tonband ab – – *Die linke Hand, die Handfläche nach oben, liegt in der rechten Hand. Die Daumen berühren sich, bilden eine Horizontale, streben nicht aufwärts, was innere Spannungen anzeigt, fallen nicht in die Handflächen, woran man Müdigkeit erkennt . . . Der Mund ist geschlossen, auf den Lippen liegt ein ganz leichtes Lächeln. Die Zähne sind aufeinandergelegt, die Zunge berührt zwanglos den oberen Gaumen . . . Atmen durch die Nase . . . so . . . Die Augen sind offen, damit nicht Schläfrigkeit aufkommt. Der Blick ruht in einem abwärts gerichteten Sehwinkel von 45 Grad unverwandt auf einem Bodendetail, bis der Blick blicklos wird . . . Nun sitze, atme, denke – nichts. Und kommen dir Gedanken, lasse sie ziehen wie Wolken um einen Berg. Nie schicke einem Gedanken einen anderen hinterdrein. Erwecke den Geist, ohne ihn irgendwo zu binden. Habe den Mut zu gehen, ohne zu wissen wohin . . .*

Oft, wenn ich so sitze, denke ich: Du übst das aufrechte Sterben! Darüber wurde es Sommer. Den Ablauf der Tage nehme ich fast nur noch durch die aufgestellten Lamellen der Jalousien vor meinen Fenstern wahr. Ganz ziehe ich sie nicht mehr auf und verschließe sie sofort wieder, wenn ich mich durch Leben von draußen gestört fühle. Telefonanrufe leite ich auf einen Anrufbeantworter und höre das Band dann mit der Genugtuung ab, von den Lebenden noch erwünscht zu sein. Auf Klingelzeichen an der Haustür reagiere ich nicht, und habe ich den Eindruck, daß jemand schon an der Wohnungstür läutet, schleiche ich auf Zehenspitzen ans Guckloch. Einmal schnitt ich dem Davorstehenden, einem Spendensammler wohl, eine Grimasse. Dabei stellte ich mir vor, wie es sein müßte, wenn man als Toter, aus dem Sarg in der Erde, unerwünschten Grabbesuchern eine Nase drehen würde. Das leise Kichern, das mich bei diesem Gedanken ankam und das mich dem Klingelnden hätte verraten können, konnte ich gerade noch rechtzeitig verschlucken. Seit in kurzen Abständen der Briefträger, der Bäcker und meine Waschfrau nach besorgten Blicken auf meine vernachlässigte Kleidung und die lang getragenen, oft strähnig fetten Haare nach meinem Wohlbefinden fragten, meide ich jeden Kontakt mit ihnen und gehe kaum noch aus dem Haus. Zum Einkaufen des Allernötigsten suche ich einmal die Woche in aller

Frühe einen nahe gelegenen Supermarkt auf. Hier wechselt das Kassenpersonal ständig, und niemand fragt mich nach meinem Befinden. Die langen Gänge zwischen den Regalen geben mir überdies Schutz: Passiert es mir, daß ich ein bekanntes Gesicht entdeckt zu haben glaube, greife ich mir, ohne mich durch genaueres Hinsehen von der Richtigkeit meiner Vermutung überzeugt zu haben, unter Vortäuschung eines Irrtums in meinen Kaufabsichten an die Stirn, schüttle dazu den Kopf und retiriere rasch in einen anderen Gang.

Darüber wurde es Herbst. Dann kam ein Brief von meiner Bank. Man könne die Abbuchungen der Wohnungsmiete und anderer Zahlungsverpflichtungen nicht mehr vornehmen, mein Guthaben sei aufgebraucht, das Konto überzogen. Man sei indes bereit, mir in Anbetracht meiner bisher mehr als geordnet gewesenen Finanzen und zur Überwindung gewiß nur eines Engpasses einen größeren Kredit einzuräumen; ich möge doch, falls ich von dem Angebot Gebrauch machen wolle, in der Bank vorsprechen. Drei Tage ließ ich tatenlos verstreichen. Dann ging ich zum Telefon.

Paul klang zurückhaltend, was Wunder: Mein nicht gerade billiger Romaufenthalt war ein Fehlschlag gewesen, meine Verstrickung in einen Mordfall bis nach Deutschland gedrungen und unvergessen. «Aber gut», sagte er, «fahre nach Triest!» Man höre zur Zeit aus Italien, daß es dort wieder starke Bestrebungen der politischen Rechten gebe, das Gesetz 180 wieder aufzuheben, das 1978, ich wisse es, in Italien die geschlossenen Irrenhäuser abgeschafft hatte. Es habe Zwischenfälle mit den befreiten Kranken gegeben. «Bis hin zu Mord», sagte Paul ominös. «Du warst doch in den Siebzigern in Triest, das Thema scheint dir zu liegen. Ich schicke dir einen Vorschuß. Servus.» Er legte auf.

Bei den Lemuren

Ich überquerte den Bahnhofsplatz und fand das billige Hotel wieder, in dem ich schon einmal gewohnt hatte. Der Nachtportier gab mir nach einem Blick auf meine abgewetzte kleine Reisetasche ein Zimmer im fünften Stock. Der enge Fahrstuhl ächzte mit mir nach oben.

Hier sitze ich nun. Im Zimmer riecht es nach Armut und zurückgelassenen verzweifelten Gedanken, nach einsamen, am eigenen Fleisch verübten Akten der Trostlosigkeit und der Gewalt. Ich stieß, als ich eintrat, gleich die Fensterläden auf und lehnte mich weit hinaus. Ich sah in einen engen schwarzen Schacht hinunter und hatte einen ebenso schwarzen, ebenso bodenlosen Gedanken. Als mir aber Küchendunst in die Nase kam, trat ich angewidert ins Zimmer zurück.

Ich habe mir im Bad Gesicht und Hände gewaschen. Mein Spiegelbild war erschreckend: bleich und eingefallen die stoppeligen Wangen, blaulippig der Mund und rotgerändert die Augen... Es fiel mir dabei ein, daß ich gekommen war, um für Paul über Triest und seine neuen alten Verrückten zu schreiben, und daß ich das Geld brauchte...

Hier weist Klints Text eine zeitliche Lücke auf. Ich versuchte noch in Triest, sie zu schließen, indem ich den Nachtportier des Hotels befragte. Klint sei gegen Mitternacht mit dem Fahrstuhl von oben gekommen und habe gebeten, ihm ein Taxi vom Bahnhof herüberzurufen, es regnete stark. Als der Fahrer hereinkam, hörte der Portier Klint sagen: «Ospedale Maggiore». Gegen drei in der Frühe war er wieder zurück, und danach setzt auch sein Text wieder ein.

Wieder zurück. Es geht gegen Morgen, in der Küche unten fangen sie an, mit Geschirr und Töpfen zu hantieren. Ich muß diesen Text zu Ende bringen, solange die Spritze, die mir der Pfleger gab, noch wirkt. (Vergaß, ihn nach dem Namen der Droge zu fragen, sie bringt das dunkle Haus der Angst, in dem ich zu solchen Zeiten wohne, zum Einsturz, läßt aber die Bausteine unbeschädigt herumliegen, so daß ich sie, ruhig und ohne Furcht dann, wieder zusammenfügen kann, zu einem Haus der Erinnerung.)

Ich kannte mich durch frühere Recherchen hier aus. Die psychiatrische Notaufnahme ist in den Kellergewölben des Krankenhauses. Ich würde schreiben: *... unten, bei den Lemuren*. Das Bild kam mir, als ich die Nachtgesichter der Wartenden im Neonlicht musterte. Dann passierte es, und ich bin überrascht, wie distanziert ich jetzt darüber schreiben kann. Ich bin wohl doch noch nicht an den Wahnsinn verloren.

Am Ende der Stuhlreihe, rechts neben dem vorletzten, noch freien Sitz, sah ich mich selber sitzen; ich erkannte mich an dem Gesicht, das ich eben erst im Badezimmerspiegel des Hotels gesehen hatte. Darüber vergaß ich, was ich hier wollte. Ich setzte mich neben mich, und das Platznehmen an diesem fahlen Ort schien mir Besuchszweck genug zu sein: Wir beide und die anderen – wir gehörten einfach hierher, es war für uns alle, die wir auf uns selber warteten, das Selbstverständlichste von der Welt, hier zu sitzen, unter Gleichgesichtigen, Gleichgerichteten auch, da wir doch alle, fast wie aus einem Mund, «Buona sera, Dottore!» sagten, als der Stationspfleger erschien und sich mit einer kleinen, ganz ernsthaften Verbeugung für die akademische Anrede bedankte, die ihm, wie die meisten zu wissen schienen, nicht zukam, denn sie grinsten dabei; aber es machte ihm sichtlich

Freude, und also war sie berechtigt. Er wünschte ebenfalls einen guten Abend und fragte in die Reihe: «Seid ihr alle wieder da?», worauf wir im Chor lebhaft «si si, Dottore!» sagten, nur um gleich danach wieder in ein Vorsichhinstarren zu verfallen und in ein Schweigen, das wie eine Tür hinter uns zuschlug.

«Aber dieser Herr da» – der Pfleger wies mit dem Kinn auf mich am Ende der Reihe – «dieser Herr ist neu hier! Habe ich recht?»

«Wen von uns beiden meinen Sie, Dottore?» fragte ich.

Der Pfleger sah nur mich an, mir, dem Anderen, schenkte er keinen auch noch so flüchtigen Blick. Er lächelte nur und sagte: «Dachte ich mir's doch, daß Sie beide zusammengehören!» Und fragte in die Reihe der Schweigenden hinein, übertrieben laut, so als wollte er sie zwingen aufzumerken, ihren Stupor brechen: «Nicht wahr, die Herren?» Und, mit der Hand hinter dem Ohr, noch einmal: «Nicht wahr?!» Da beugten sie sich alle vor und drehten die Gesichter langsam und in einem Gleichmaß der Bewegung, als sei sie von einer Maschine verursacht, zu mir und dem Anderen. «Si si, Dottore!» riefen sie im Chor. Dann setzten sie sich wieder aufrecht und starrten vor sich hin.

Der Pfleger forderte mich mit einem Handzeichen auf, ihm zu folgen. «Zunächst nur einer, Signore!» sagte er und lächelte wieder. «Welcher ist egal.» Er ging voraus, einen langen Korridor hinunter, und ich folgte ihm in einigem Abstand. Der Andere war ungeachtet der Anweisung des Pflegers zusammen mit mir aufgestanden und ging neben mir, aber ich konnte seine Schritte, obwohl ich darauf lauschte, nicht aus meinen und denen des Pflegers heraushören. Wir betraten ein Behandlungszimmer. Der Pfleger schien auf den Ungehorsam des Anderen nichts zu geben, schien ihn nicht einmal bemerkt zu haben, oder er ließ es sich nicht anmerken. Er fragte nach Namen und Adresse und notierte alles auf einer Karte. Noch während er schrieb, bat er, wie nebenbei, den linken Arm freizumachen. Aus einem Wandschrank holte er eine in einer Plastikfolie verpackte Spritze und eine Ampulle. Ich sah es mit wachsender Erregung. «Das dürfen Sie nicht tun!» rief ich.

«Aber es wird Ihnen guttun, Signore!»

«Es gibt ein Loch in meiner Haut!»

«Ein kleines nur, und es schließt sich sofort wieder.»

«Aber es gibt ein Loch!»

«Und was befürchten Sie wegen dieses lächerlich kleinen Loches, Signore?»

Ich sagte mit der Stimme eines Verschwörers und nachdem ich zum Pfleger hinübergegangen war dicht an dessen Ohr: «Ich fürchte, daß meiner Haut, wenn Sie sie punktieren, die Fähigkeit verlorengeht, Dinge zu spüren, die andere nicht spüren.»

«Zum Beispiel?»

«Zum Beispiel die seit Tschernobyl radioaktiv verseuchte Luft.»

«Ach ja?» sagte der Pfleger und zog die Spritze auf.

Ich schwieg. Ich wartete gespannt auf die Wirkung meiner Worte im Gesicht des Pflegers. Als seine Miene unbeeindruckt blieb, war ich enttäuscht: Wieder einer, der es nicht glauben will! Ich seufzte und sagte: «Also gut, Dottore, es ist wohl auch nicht mehr wichtig!» Ich zog Mantel und Jackett aus, krempelte den linken Hemdärmel hoch, legte mich, wie gebeten, auf eine Liege und ließ mir die Spritze geben.

«Bleiben Sie ein paar Minuten liegen», sagte der Pfleger, als er mir den Einstich abdeckte. Danach ging er hinaus. Ich hielt die Augen geschlossen. Ruhe zog in mich ein. Ich fiel in Schlaf.

Als ich aufwachte und mich umschaute, war ich allein. Ich hatte auch nur den Pfleger zu sehen erwartet. Ich kleidete mich an, verließ das Zimmer und ging in Richtung Ausgang. Die Stuhlreihe war leer, der lange Korridor lag verlassen, eine Wanduhr zeigte Viertel vor drei. An der Treppe nach oben begegnete ich dem Pfleger. «Buon giorno, Signore!» sagte er. «Ich bin sicher, Sie finden den Heimweg jetzt auch allein.»

Ich verstand nicht. «Wie meinen Sie das?»

«Na», sagte er, «weil Sie doch zu zweit herkamen... Aber den Anderen, den behalten wir am besten für eine Weile hier.» Er lächelte dabei. Ich wußte darauf nichts zu antworten, sagte darum wie er, «Buon giorno!» und ging die Treppe hinauf zur Pforte und weiter auf die nachtdunkle Straße. Ich hatte vergessen, ihn nach der Droge zu fragen. Im Licht einer Laterne las ich an einer Hauswand den Straßennamen *Via Slataper*.

Ich studierte die beiden Wörter lange. Sie wiesen mir endlich den Weg, den ich gehen mußte. Aber erst ging ich ins Hotel zurück, um meine Papiere zu Ende zu bringen.

Schreibe an diesem hier nun schon fast drei Stunden, es geht gegen sechs. Mit dem ersten Grau, das in den Küchenhof und in mein Fenster fällt, kommt mir der Gedanke, daß alle diese Nachtsätze für Paul wieder einmal keinen Wert haben, und damit, wenigstens auf eine materielle Weise, auch keinen für mich. Ich überschlage in Gedanken meine Barschaft – wie lächerlich! Wie die Frage eines zum Tode Verurteilten, der den Strick schon um den Hals hat, nach dem Wetter von morgen.

Die Bora

Die Wahrheit verlangt es an dieser Stelle, mein Unvermögen einzugestehen, noch weiter von innen heraus aus einem Menschen zu berichten, dessen Leben offensichtlich einen Punkt erreicht hatte, den man in der Sprache der Flieger den Point of no return nennt, ein Ort dies, der jeden Gedanken an eine Rückkehr ausschließt und auch den Weg nach vorn mit der Wahrscheinlichkeit des Scheiterns behaftet, denn alle Gewißheiten sind dahin, die Glattheit aller Verläufe ist zutiefst gestört, das Leben wird wieder wild. An einem solchen, inneren Ort mußte Klint angekommen sein, als er das Triestiner Hauptkrankenhaus verließ, um in sein Hotel zurückzugehen, den angefangenen Text zu Ende zu bringen und alle Manuskripte an sich zu nehmen – auf einen Weg, der sich aus Presseberichten und Polizeiprotokollen einigermaßen zuverlässig rekonstruieren läßt. Die Wege aber, die Klints Gedanken nahmen, verlaufen sich hier für uns auf immer.

Der Hotelbesitzer hatte die Polizei gerufen. Der deutsche Gast sei seit seinem zweiten Weggang am frühen Morgen nach der Nacht seiner Ankunft vor nunmehr einer Woche nicht mehr zurückgekehrt. Sein Gepäck, eine alte Reiseschreibmaschine und eine nicht der Rede werte Nylontasche, die in der Hoffnung auf einen Hinweis man zu öffnen sich erlaubt habe, sei noch da. Sie fuhren zu dritt hinauf. Das Bett war nach Auskunft des Zimmermädchens nie benutzt worden, im Bad hatte es nur Spuren einer flüchtigen Hand- oder Gesichtswaschung gegeben. Auch das am Morgen nach dem Weggang des Gastes offen gewesene Fenster samt den nach außen gestoßenen Läden war wieder geschlossen worden. Als einer der beiden Beamten zum Fenster gegangen war, um es zu öffnen und, einem Verdacht folgend, in den Schacht hinunterzuschauen, hatte der Hotelier gesagt: «Daran dachten wir zuerst auch, als wir drei Tage nach dem Wegbleiben des Gastes bei der Befragung des Zimmermädchens von dem offenen Fenster hörten, aber da unten lag keiner.» Der andere Beamte hatte sich der Tasche zugewandt. Sie enthielt drei Oberhemden, etwas Leibwäsche, einen Lederbeutel mit Waschzeug, einen elektrischen Rasierapparat und einen Pullover. In einer Seitentasche steckte ein Buch, *Il mio Carso*, der Verfasser hieß Scipio Slataper, ein in Triest bekannter Dichter, dessen Foto ihn auf dem Titelblatt als einen Mann mittleren Alters in Barttracht und Kleidung der Zeit vor dem Ersten Weltkrieg zeigte. Beim Blättern klaffte das Buch an einer Stelle nahe der Mitte von selber auf. Am Seitenrand waren ein paar Sätze mit Bleistift angestrichen: *Der Karst ist eine Landschaft aus Kalk und Wacholder ... Ein furchtbarer, versteinerter Schrei ... Felsen, grau von Regen und Flechten ... Stundenlang Kalk und Wacholder ... Kalte, dunkle Grotten ... Presse den Mund an die Erde und sprich nicht ...* Als der eine Polizist weitergeblättert hatte, waren aus dem Buch einige lose eingelegt gewesene Papierstücke herausgefallen: ein Zeitungsausriß sowie die Zusammenfassung einer gedruckten wissenschaftlichen Arbeit, ferner ein Kartenausschnitt. Das Wissenschaftspapier war die Kurzbeschreibung einer ausgeklügelten Pendelmaschinerie, die vom geophysikalischen Institut der Universität Triest in der Grotta Gigante, einer hundert Meter hohen mächtigen Karsthöhle unweit der Stadt, betrieben wurde und mit deren Hilfe man die vertikalen und horizontalen Gezeitenbewegungen der Erdkugel unter dem Einfluß von Sonne, Mond und der beweglichen Wasserlast der Ozeane maß. Der Zeitungsausriß enthielt eine Notiz, wonach man in einer anderen, der Öffentlichkeit nicht zugänglichen Karsthöhle ein Kontrollpendel installieren werde, das, von der Höhlendecke hängend, geeignet sein solle, auch die tektonischen Erschütterungen der Erde, wie sie Erdbeben oder unterirdische Atomexplosionen verursachten, in Stärke und Dauer sichtbar zu machen. Überschrieben war die Meldung «Wenn es die Erde schaudert». Der Kartenausschnitt zeigte am unteren Rand die Nordstadt von Triest, darüber die topografische Darstellung der Triestiner Karstlandschaft. Drei Orte waren mit einem breiten Tintenstift eingekreist: das Spital San Giovanni, die Grotta Gigante und eine weitere Karsthöhle, deren kleingedruckter Name durch die Tinte unleserlich geworden war.

Die Nachforschungen begannen im Spital San Giovanni, und man war auch sogleich auf eine Spur gestoßen. Eine Umfrage unter dem Pflegepersonal ergab, daß ein Mann hier gesehen worden war, auf den die Personenbeschreibung paßte, die der Nachtportier von Klint gegeben hatte. Man habe sich nicht groß um ihn gekümmert, das sei nicht üblich, es kämen viele Besucher hierher, darunter auch Verwirrte (das Wort Geisteskranker war in San Giovanni verpönt), man sei eben ein offenes Spital, in dem ein jeder, gleich welcher seelischen Verfassung, ob Hilfe suchend oder nicht, kommen und gehen könne, wie es ihm beliebe, ohne Umstände auch über Nacht bleiben, dafür gäbe es stets freie Betten, auch genug leerstehende, verwahrloste Häuser, Kasernen einstigen Schreckens, wo einer, der die Bloßlegung seines mentalen Zustands scheue, schon mal umbemerkt nächtigen könne. Nein, angemeldet hätte der Gesuchte sich nicht, lediglich in der Cafeteria, oben bei den Arkaden, öfter einen Espresso getrunken. Das einzig Auffällige an ihm, sagten die Patienten, die ihn gesehen hatten, sei ein Packen Papier gewesen, eingeschlagen in alte Zeitungen oder ganz aus ihnen bestehend, Obdachlosengepäck eben, und mit Bindfaden verschnürt. Er habe sich nie davon getrennt. Und immer, wenn er seinen Espresso trank, sei er in Zeitungen vertieft gewesen, besonders in Artikel, die von dieser Tschernobylsache handelten, und er habe dann wiederholt mit dem Kopf genickt, so wie einer, der Altbekanntes oder Erwartetes mit Zustimmung las: *Vero, vero! Corretto!* Und jedesmal nach dem Verlassen der Cafeteria habe er den Platz davor überquert und sei drüben unter die Arkaden gegangen.

Dort stehen zwei Mülltonnen vor einer Wand, die in den Siebzigern, zur Zeit der Öffnung von San Giovanni, wie so viele Wände hier, mit einem Symbolbild der Freiheit bemalt worden war, einem fahrenden Segelboot in diesem Fall. Ich beschrieb das schon. Während die Polizeibeamten hinübergegangen waren, um das zu den Mülltonnen so gar nicht passende luftige Bild zu betrachten, war einer der Patienten, ein Mann in Jeanskleidung, ihnen gefolgt und hatte sich zu ihrem Erstaunen wie zum Schlafen auf die aus der Bildwand herausragende breite Betonabdeckung der Mülltonnen gelegt, hart unter die Wasserlinie des Segelboots. Er wolle der Polizei zeigen, sagte ein hinzugekommener Pfleger, wie man den Gesuchten hier manchmal habe liegen sehen. Alle starrten schweigend auf ein Wort, das mit dickem Pinselstrich quer über die Mülltonnen gemalt war: INFERNO. Ein Polizeireporter des *Piccolo* schoß ein Foto von der Szene. (Ich besorgte es mir und gebe es diesem Buch bei.)

Auch in der Grotta Gigante, dem zweiten eingekreisten Ort auf dem Kartenausschnitt, wurde Klint nicht gefunden;

die Verwaltung gab zu bedenken, daß täglich Hunderte von Besuchern die Höhle wegen ihrer gewaltigen Ausmaße und ihrer pittoresken Tropfsteinbildungen besichtigten, und nachts sei sie absolut sicher verschlossen. Ein die Polizei begleitendes Mitglied der Triestiner geophysikalischen Fakultät entdeckte jedoch, daß sich jemand an der kastenförmigen Abdeckung der Pendelanlage zu schaffen gemacht haben mußte, eine Tür im Aufbau war unbefugt geöffnet worden und ließ nun einen Blick zu auf zwei horizontal aufgehängte bleigefüllte Rohrstücke, die als die Enden der Pendel an je einem kunststoffummantelten Stahlseil von der einhundert Meter hohen Höhlendecke hingen und ständiger fotografischer Beobachtung ausgesetzt waren. Die Öffnung mußte mit ziemlicher Gewalt geschehen sein, wie in Eile oder Besessenheit, denn eines der Pendel hatte sie registriert und auf dem fotografischen Papier einen markanten, mit einer natürlichen Erdbewegung nicht erklärbaren Ausschlag hinterlassen. Das Meßpapier nannte die vorletzte Nacht, acht Uhr abends, als den Zeitpunkt der Türöffnung. Also hatte der Mann (die Polizei zweifelte wegen der Beschreibung der Pendelanlage, die man im Gepäck des Vermißten gefunden hatte, nicht daran, daß es sich um diesen handelte) sich abends einschließen lassen, was wegen der vielen Klüfte und Stalagtiten in der Höhle nicht schwer war. Er mußte aber nach dem Einbruch in die Abdeckung erkannt haben, daß die Anlage für seine Zwecke, was immer diese gewesen sein mochten, ungeeignet war. Vermutlich hatte er dann hier übernachtet und sich am Morgen unauffällig dem ersten Besucherpulk angeschlossen, um mit ihm die Höhle unbemerkt zu verlassen. Für eine Nächtigung sprach, daß auf einer der beiden Steinbänke, die in der Nähe der Anlage für wissenschaftlich Interessierte errichtet worden waren, einige alte Zeitungsseiten wie zum Schutz gegen die Kälte ausgebreitet lagen. Sie wurden beherrscht von prominent aufgemachten Spekulationen über die Folgen der Tschernobylkatastrophe. Eine Kernschmelze im Reaktor wurde – nach voraufgegangener Verneinung dieser Gefahr durch Wissenschaft und Politik – nun nicht mehr ausgeschlossen. Es könne zu verheerenden, die Erde womöglich zum Taumeln bringenden Schwappeffekten kommen, zuerst im flüssigen Magma des Erdinnern und dann, das Taumeln noch steigernd, im Wasser der großen Ozeane. Die Himmelsrichtungen könnten sich verschieben, Nord zu Nordwest, Süd zu Südost werden, mit unabsehbaren Folgen für Erdwetter und Klima und damit für jegliches Leben auf dem Planeten.

Die Höhlenverwaltung, erfuhr ich, habe sich von den unordentlich herumliegenden Zeitungsseiten an diesem berühmten Ort der Wissenschaft peinlich berührt gezeigt.

Sie fanden Klint, als sie am dritten Kartenort, in der Frühe des siebten Tages nach seinem Verschwinden aus dem Hotel, über eine Eisenleiter in eine tiefe Höhle im Karst hinabstiegen. Den oberirdischen Zugang, eine eingestürzte Doline, sicherte ein Drahtzaun mit einem Schild daran, das Unbefugten im Namen der Triestiner Universitätsverwaltung den Eintritt untersagte. Die Tür im Zaun stand offen, auch sie war aufgebrochen worden. Schon von oben sahen sie Klint am Boden der Höhle sitzen. Während ihres Abstiegs über die Leiter sagte der Geophysiker, der wieder mit von der Partie war, daß die Meßstation nicht fertig, die für sie erforderliche Konstanz einer Temperatur knapp über Null wegen des Deckenloches noch nicht gesichert und das Pendel nicht am Meridian ausgerichtet sei, auch die Fotoapparatur zur Aufzeichnung der Pendelbewegungen fehle noch.

Klint saß im halben Lotussitz in der Haltung meditierender Zen-Mönche vor dem offen von der Decke hängenden Pendel, die Augen starr auf das bleigefüllte Rohrstück gerichtet, das als Pendelende diente. Als Sitzkissen benutzte er einen Packen Papier, der aussah wie zum Bündel geschnürte alte Zeitungen. Die Gesichter der Beamten drückten Ratlosigkeit aus, weil der Sitzende sich trotz ihrer Anwesenheit, die ihm unmöglich entgangen sein konnte, nicht rührte.

Klint hatte die Beine gekreuzt, die Unterschenkel waren an den Leib gezogen, die Knie an den Boden gedrückt, so daß sie zusammen mit seinem Gesäß seinem aufrechten Körper ein stabiles Dreipunktfundament gaben. Der Kopf war brustwärts geneigt, wodurch die Augen das Pendel fixieren konnten. Die Schultern waren nach vorn gesunken (was der Rigidität der Zen-Regeln eigentlich widersprach, weshalb es in den japanischen Klöstern mit einem Stockschlag des Zen-Meisters auf eine Schulter des Ermüdeten geahndet wurde). Die mit den Innenflächen nach oben ineinandergelegten Hände ruhten im Schoß. Er saß barhäuptig, sein Haar war eisgrau, was indes zu der Personenbeschreibung, die die Beamten von ihm hatten, nicht paßte. Als sie, um ihn im Dämmerlicht der Höhle besser sehen zu können, von hinten an ihn herantraten, wobei sie die Füße so leise setzten, daß man hätte meinen können, sie hätten ein Gefühl entwikkelt für die Unschicklichkeit der Störung eines augenscheinlich in tiefer Meditation versunkenen Menschen, den sie ja nicht wegen eines Vergehens suchten, da sahen sie, daß es Rauhreif war, was das Haar grau machte, und sie sahen nun auch, daß der leichte weite Lodenmantel, den der Mann trug und der zu seinen Seiten dem Bodengestein auflag, während er vorn wie eine Kutte über die Knie gebreitet war, ebenfalls von Rauhreif überzogen, ja offenbar gefroren war, denn er fühlte sich, als sie Klint vorsichtig an den Ärmeln faßten, brettsteif an.

Nun gaben sie ihre Diskretion auf, rasche ärztliche Hilfe schien geboten. Sie riefen Klint an, und obwohl ihre Stimmen von den Höhlenwänden hallten, rührte er sich auch jetzt noch nicht. Da rüttelten sie ihn zu zweit an den Schultern. Als sie ihn wieder losließen, taumelte er wie eine unsanft angestoßene und davon aus dem Gleichgewicht geratene große Buddhastatue und fiel dann zu ihrem Entsetzen mit einem dumpfen Laut auf den Rücken. Ihr Entsetzen rührte vor allem daher, daß Klint auch in dieser Lage die Haltung beibehielt, die seine Hände und Beine im Sitzen eingenommen hatten. Nur sein Kopf sank ganz langsam ins Genick, auf den Kalkstein, so daß die offenen Augen jetzt nach oben starrten, zum großen, schrundigen Eingangsloch hinauf. Es sah aus, als wollte Klint sich vergewissern, daß es dort oben noch einen Himmel gab.

Es war ein Winterhimmel, und er füllte das Loch mit eisigem Blau. Hätte Klint noch gelebt, es wäre seinem nach düsteren Bildern süchtigen Gehirn wohl der Gedanke gekommen, es seien die gezackten Ränder des Loches, die der Einsturz der Doline hinterlassen hatte und die ins Himmelsblau stachen, die Zähne der Erde, mit der sie sich in den Himmel verbiß, um nicht aus ihm heraus ins Nichts zu stürzen.

Unablässig fiel Kälte in die Höhle, seit in der voraufgegangenen Nacht die erste schwere Bora des Jahres 1986 über den Karst und die Stadt Triest hergefallen war. Der eisige Nordoststurm, der auch in die Höhle hinunterstieß, ließ das von der Decke hängende Stahlseil vibrieren, und die Vibrationen teilten sich dem Pendelrohr an seinem Ende mit wie ein Schauder, der die Haut der Erde überlief.